新型城市化和城乡一体化丛书

北京市
新型城市化研究

A STUDY ON
NEW-TYPE URBANIZATION
IN BEIJING

张英洪 等 著

社会科学文献出版社
SOCIAL SCIENCES ACADEMIC PRESS (CHINA)

目　录

前　言

2012年11月,党的十八大提出"坚持走中国特色新型工业化、信息化、城镇化、农业现代化道路","加快改革户籍制度,有序推进农业转移人口市民化,努力实现城镇基本公共服务常住人口全覆盖"。同年12月,中央经济工作会议提出,"城镇化是我国现代化建设的历史任务,也是扩大内需的最大潜力所在",要"积极稳妥推进城镇化,着力提高城镇化质量",要把"有序推进农业转移人口市民化作为重要任务抓实抓好",要把"生态文明理念和原则全面融入城镇化全过程,走集约、智能、绿色、低碳的新型城镇化道路"。从此,新型城镇化这个重大命题成为社会关注的焦点、理论研究的热点、政府决策的重点。如何认识新型城镇化,怎样推进新型城镇化,是我们面临的不可回避的重大现实课题。

在党和政府明确将新型城镇化提上政策日程以前,学术理论界已经对新型城镇化问题进行了许多研究和讨论。自2010年以来,北京市农村经济研究中心就对新型城镇化问题开展了持续的调查研究,取得了一系列研究成果。记得2010年3月,郭光磊同志调任北京市农村经济研究中心党组书记、主任后,专门找到我,要我开展城镇化问题的研究,并说如果我们持续研究三年,就会成为这方面的研究专家。我长期从事农村基层工作和农村问题研究,虽然对城镇化问题也有所涉猎,但尚未对城镇化做过专门的系统调研。城镇化将农村与城镇联系起来,既涉及农村问题,也涉及城镇问题,研究城镇化问题,对我个人来说,既是新的挑战,也是新的机遇。从此,我就将城镇化作为自己的一个重要研究领域进行研究和学习。当然,与许多城镇问题研究学者所做的城镇化研究视角和侧重点不同,我们主要从"三农"的视角来研究城镇化。这是我们从事城镇化研究的一个重要特点。本书主要是我于2010~2013年间主持和主笔完成的有关新型城市化课题研究总报告的汇编,有关分报告或专题报告未收入。

2010 年我们做的第一项城镇化调研课题是"北京市城乡结合部经济社会发展问题研究"。在该课题调研中，我们发现，北京存在明显的双重二元结构，即城乡二元结构和城市内部本地人与外来人口的二元结构。我们提出，推进新型城市化，加快城乡一体化，必须同时破除双重二元结构。[①] 在后来的总报告撰写中，我们提出了"走以人为本的新型城市化道路"这一命题，以此作为总报告的主标题。在总报告中，我们对新型城市化的内涵作了初步的理论界定，认为新型城市化是空间布局合理的城市化，是维护农民权益的城市化，是善待外来人口的城市化，[②] 是产业结构优化的城市化，是生态环境友好的城市化，是民主法治的城市化。

2011 年，我们做的重点课题是"新型城市化发展路径比较研究"。我们基于人口城市化和土地城市化这两个基本维度，提出对农村集体所有制与城乡二元体制所构成的双重封闭排斥体制进行协同改革的分析框架和基本思路，这个分析框架和基本思路可以概括为以下两方面：一是紧扣中国城市化的两个基本体制前提，即农村集体所有制和城乡二元体制；二是着眼于新型城市化的两个基本任务和目标，即（1）改革农村集体所有制，维护和实现农民的集体财产权，保障农民带着集体产权进入城市化；（2）改革城乡二元体制，维护和实

[①] 2010 年 5 月，笔者在城乡结合部调研中，首次提出要破除双重二元结构问题。当时撰写的调研报告《城乡结合部改造要关注外来人口问题》载于北京市农村经济研究中心主办的《领导参阅》2010 年第 6 期（2010 年 6 月 2 日）。之后，笔者与周作翰教授共同署名撰写了《城乡一体化要破除双重二元结构》，刊发于 2010 年 7 月 14 日的《光明日报》。在此基础上，笔者对破除双重二元结构问题又作了进一步思考与研究，以"城乡一体化的根本：破除双重二元结构"为题刊于《调研世界》2010 年第 12 期。2011 年 5 月 3 日，《农民日报》刊发记者施维与笔者的对话文章《推进城乡一体化不能忽视城市内部的二元结构》。2012 年 9 月 25 日，时任副总理李克强在全国资源型城市与独立工矿区可持续发展及棚户区改造工作座谈会上强调，要着力破除城市内部二元结构，走新型城镇化道路。

[②] 在报告初稿中，笔者提出新型城市化是实现外来流动人口市民化的城市化这一基本观点。在课题评审中，专家当时不赞成实现外来流动人口市民化，建议全部删去这部分内容。笔者再三思考后，没有接受专家的建议，仍然坚持原来的观点，对报告中有关外来流动人口的观点未作任何删减，但将小标题改为"新型城市化是善待外来人口的城市化"。在报告正文中，笔者写道："以农民工为主体的流动人口，是北京人口的重要组成部分，对北京的经济社会发展作出了重要贡献。流动人口是移居北京的新市民，是北京发展的重要力量，是拥有人力资本的新市民。……外来流动人口在北京创造财富，缴纳税金，应当平等享有公共服务，要逐步将流动人口纳入就业、教育、医疗、社保、住房等基本公共服务保障体系，实现基本公共服务对流动人口的全覆盖，让公共财政的阳光同样照耀流动人口"。

现农民的身份平等权，保障进城农民享有公民权利实现市民化。① 走以人为本的新型城市化道路，就是在农村土地转变为城市用地中，维护和发展农村集体经济组织和农民的土地权益；在农民退出集体经济组织中，维护和保障农民的集体资产权益；在农民进入城市就业生活中，保障农民公平地获得市民身份，享有基本公共服务。用一句话概括就是，新型城市化要切实保障农民财产权，充分实现农民工市民化。为此，我们提出：把加强制度供给作为新型城市化的基础工程，把依法改革创新作为新型城市化的基本方式，把深化土地制度改革作为新型城市化的关键环节，把推进农村产权改革作为新型城市化的重大任务，把实现农民工市民化作为新型城市化的战略目标。

通过上述课题的研究，我们对新型城市化的基本内涵和总体框架有了更深入的认识和理解。在此基础上，我们对城市化进程中农民的土地权利、户籍制度改革、农民财产性收入、农民工市民化等问题作了专题研究。这些研究成果构成了本书的基本内容。

在城市化研究中，我们还常常遇到两个基本概念：一个是中国特色城镇化；另一个就是新型城镇化。许多人对这两个概念有不同的认识和理解。笔者对这两个概念的基本理解是，中国特色城镇化是相对于国外的城镇化道路或模式来说的，是不同于欧美发达国家的城镇化，不同于东亚地区的城镇化，不同于拉美国家的城镇化。新型城镇化是相对于我们过去的城镇化道路或模式来说的，强调的是要克服过去传统城镇化的严重弊端，这些严重弊端主要有三方面：一是损害农民的土地财产权利；二是将进城农民和其他人员视为农民工和外来流动人口，而不是进的市民；三是严重破坏生态环境，造成日益严重的"城市病"。

不管是学术理论研究还是政策研究，都需要保持独立性和前瞻性。虽然政策研究主要是服务于决策、服务于领导，但我们的研究应当既独立于领导偏好之外，又立足于领导思考之前。我们都明白的一个基本道理是，检验真理的标准是实践而不是领导，也不是书本上的权威。我们恪守"不唯上、不唯书、只唯实"的研究原则。正因如此，尽管本课题研究都是在领导的关心、支持下开展和完成的，但我们始终坚持了作为学者应当具备的独立性和前瞻性。如

---

① 我们在报告中提出，要实现统筹城乡发展的第二次大跨越，就是要将农民工等外来流动人口纳入统筹发展的制度框架，树立农民工等外来人口是城市的新市民的观念，实现基本公共服务向城市全部常住人口的全覆盖，保障农民工等外来流动人口享受基本公共服务，成为新市民。各个城市的市长不再只是户籍居民的市长，而是城市全部常住人口的市长。

果读者发现书中有任何观点错误和论述欠妥之处，我负主要责任。

我们的研究除了得到许多领导的大力支持外，还得益于我们研究团队的共同努力、团结协作和奉献精神。在本书出版之际，我谨向所有支持我们研究的领导以及参与研究的团队成员表示由衷的感谢。

新型城市化是一项刚刚起步的崭新事业，还需要我们继续研究探索。

张英洪

2013 年 8 月 25 日

第一篇

Part 1 ←

走以人为本的新型城市化道路

——北京市城乡接合部经济社会发展问题研究

城乡接合部是城市建成区与农村交接的地区，既是城市的边缘地带，又是农村的前沿地区，具有城市和农村的双重特点。在推进城市化中，城乡接合部处于前沿地带；在推动城乡一体化中，城乡接合部属于先行示范区。城乡接合部也是贯彻落实科学发展观、加快转变经济发展方式的前沿阵地。北京市委、市政府高度重视城乡接合部的建设，先后出台了一系列政策措施，有效促进了城乡接合部经济社会的发展。2009 年，北京市委、市政府选择海淀区的北坞村和朝阳区的大望京村作为推进城乡一体化的试点村，取得了显著成效。2010年，北京市委、市政府确定城乡接合部 50 个重点村进行城市化建设，力争在两年内完成 50 个重点村的城市化建设任务。

2010 年 3 月，北京市农村经济研究中心将城乡接合部经济社会发展问题作为年度重点课题进行调查研究，调研组分成 6 个小组对全市 13 个区县的城乡接合部 26 个乡镇的 26 个村进行了大规模的集中调研。调研组深入乡镇、村庄和农户，召开了多种形式的座谈会，并结合北京市农经信息平台，对调研情况进行了认真分析与讨论，2010 年 12 月，调研组完成了 1 个总报告和 26 个分报告。

总报告共分五部分，主要介绍调研的基本情况，总结城乡接合部城市化建设的基本模式，分析城乡接合部存在的主要问题，对走新型城市道路作了初步的理论思考，最后提出推进城乡接合部城市化建设的政策建议。

一　城乡接合部调研的基本情况

城乡接合部一般指城市建成区与农村接壤的地区。据有关学者界定，城乡接合部有狭义和广义之分。狭义的城乡接合部是指与城市建成区毗连，兼具城市与乡村的某些功能与特点，但在行政上不属于城区街道管辖，而属于郊区乡（镇）管辖的地区，非农产业发达，但仍有少量农业，人口密度介于城区与一般乡村之间。广义的城乡接合部除了上述地区外，还包括已被列入城区街道管辖，但在城市基础设施、人口密度方面还不及城区、与郊区乡村交叉的地区以及郊区乡村中由于某些特殊原因（如建在郊区的农副产品供应地、旅游区、住宅小区、大中专院校等）而与城区有特别密切联系的地区。本次调研的城乡接合部主要包括城市建成区中的城中村、中心城区与郊区农村接壤的地区以及新城周边乡村地带。

1. 地域分布

本次调研的 26 个村中，位于城市功能拓展区的有 6 个，位于城市发展新区的有 10 个，位于生态涵养发展区的有 10 个。其中属于 2010 年全市城乡接合部 50 个重点建设村的有 3 个，分别为朝阳区来广营乡红军营、房山区拱辰街道东羊庄、通州区永顺镇杨庄。26 个村中已经改造完成的有 6 个村，分别为海淀区东升乡大钟寺、海淀区四季青镇曙光、顺义区马坡镇小孙各庄、顺义区南法信镇卸甲营、延庆县八达岭镇营城子、延庆县张山营镇龙聚山庄，其他 20 个村正在进行改造和建设。26 个村的地域分布情况如表 1 所示。

表 1　26 个村的地域分布情况

功能区	区县	乡镇	村
城市功能拓展区	朝阳	高碑店	高碑店
		来广营	红军营
	海淀	东升	大钟寺
		四季青	曙光
	丰台	南苑	花园
		卢沟桥	大井
城市发展新区	昌平	东小口	白坊
		回龙观	二拨子
	顺义	马坡	小孙各庄
		南法信	卸甲营
	大兴	庞各庄	民生
		西红门	星光社区
	通州	梨园	西总屯
		永顺	杨庄
	房山	西潞街道	苏庄
		拱辰街道	东羊庄
生态涵养发展区	门头沟	永定	苛罗坨
		龙泉	大峪
	平谷	大兴庄	白各庄
		马昌营	南定福
	怀柔	杨宋	花园
		怀柔	东关
	密云	密云	李各庄
		太师屯	太师庄
	延庆	八达岭	营城子
		张山营	龙聚山庄

2. 人口概况

26 个村共有户籍人口 27248 人，平均每个村 1048 人。其中，人口最多的是通州区永顺镇杨庄村，达 3579 人；人口最少的是丰台区南苑乡花园村，仅 50 人。

从户口性质看，26 个村共有农业户口 17857 人，占户籍人口的 82%；非农业户口 9391 人，占 18%。具体到各村，户别结构差异较大。非农业人口所占比例达 100% 的有 3 个村，分别为曙光、小孙各庄和卸甲营；非农业人口所占比例为 75% ~ 100% 的有 2 个村，分别为苏庄和白坊；非农业人口所占比例为 50% ~ 75% 的有 3 个村，分别为大钟寺、西总屯和东羊庄；非农业人口所占比例为 25% ~ 50% 的有 4 个村，分别为红军营、杨庄、大峪和杨宋镇花园；非农业人口比例在 25% 以下的有 8 个村，分别为高碑店、大井、二拨子、星光社区、岢罗坨、白各庄、营城子和龙聚山庄；全部为农业户口的村有 6 个，分别为南苑乡花园、民生、南定福、东关、李各庄和太师庄。

除了整建制转居村和整建制拆迁村之外，绝大多数村仍有比例不等的农业户口村民，农业人口比例高于 50% 的有 18 个村。

2009 年 26 个村的流动人口为 72868 人，是户籍人口（27248 人）的 2.7 倍，其中流动人口超过户籍人口的村有 17 个，流动人口为 6000 人及以上的村有 6 个（见表 2）。小孙各庄和卸甲营两个村在整体搬迁前均有流动人口居住，实行整村异地搬迁后则没有流动人口。

表 2　2009 年 26 个村人口情况统计表

单位：人，%

村	户籍人口	农业户口		非农业户口		流动人口
		人数	比例	人数	比例	
高碑店	870	809	93.0	61	7.0	9347
红军营	1157	711	61.5	446	38.5	9602
大钟寺	239	67	28.0	172	72.0	442
曙光	1748	0	0.0	1748	100.0	2103
南苑乡花园	50	50	100.0	0	0.0	1200
大井	1547	1510	97.6	37	2.4	3000
白坊	889	111	12.5	778	87.5	1123
二拨子	940	934	99.4	6	0.6	11000
小孙各庄	162	0	0.0	162	100.0	0
卸甲营	422	0	0.0	422	100.0	0
民生	1311	1311	100.0	0	0.0	1270
星光社区	1834	1392	75.9	442	24.1	3500

续表

村	户籍人口	农业户口		非农业户口		流动人口
		人数	比例	人数	比例	
西总屯	646	218	33.7	428	66.3	4092
杨庄	3579	2102	58.7	1477	41.3	6856
苏庄	828	2	0.2	826	99.8	1501
东羊庄	1391	564	40.5	827	59.5	6000
岢罗坨	334	313	93.7	21	6.3	298
大峪	1538	805	52.3	733	47.7	6000
白各庄	1407	1169	83.1	238	16.9	65
南定福	572	572	100.0	0	0.0	2400
杨宋花园	513	305	59.5	208	40.5	38
东关	758	758	100.0	0	0.0	800
李各庄	1767	1767	100.0	0	0.0	400
太师庄	1066	1066	100.0	0	0.0	181
营城子	1052	819	77.9	233	22.1	150
龙聚山庄	628	502	79.9	126	20.1	1500
合　计	27248	17857	82.0	9391	18.0	72868

资料来源：北京市农经平台人口数据库，流动人口系课题组调研记录。

3. 经济发展现状

2009 年，26 个村经济总收入为 731891.9 万元，平均每个村 28149.7 万元，是全市平均水平（5326.6 万元）的 5.3 倍。经济总收入最高的是高碑店村，达 20.8 亿元。除高碑店外，总收入超过 1 亿元的还有红军营、大钟寺、曙光、南苑乡花园村、大井、白坊、星光社区、杨庄、苏庄、东羊庄、大峪和东关村 12 个。总体看，城乡接合部村庄的经济实力较强。

26 个村的第一产业收入合计为 12880.6 万元，第二产业收入合计为 169340.4 万元，第三产业收入合计为 529172.6 万元，三次产业比例为 1.8：23.8：74.4。与郊区产业结构平均水平（5.95：44.8：49.25）相比，第一产业比例低 4.15 个百分点，第二产业比例低 21 个百分点，第三产业比例高 25.15 个百分点。26 个村中，无第一产业收入的村共 14 个；第一产业收入所占比例为 0~50% 的有 9 个村；第一产业收入所占比例超过 50% 的村仅有 2 个，分别为南定福和李各庄。第三产业收入所占比例达 100% 的有 3 个村，分别为南苑乡花园村、二拨子和西总屯；第三产业收入比例为 50%~100% 的村有 17 个；第三产业收入比例不足 50% 的村仅有 6 个。城乡接合部村庄的产业结构较为优化，第三产业收入占总收入 50% 以上的村共 20 个，第三产业收入成为绝大多数村的主要收入来源。

26 个村人均劳动所得为 16682.9 元，是全市平均水平（10953.6 元）的 1.5 倍。人均劳动所得最高的村是高碑店，达 32269.3 元（见表3），最低的是 太师庄，为 8727.4 元，前者是后者的 3.7 倍。除高碑店外，人均劳动所得超 过 2 万元的还有红军营、大钟寺、南苑乡花园村、星光社区和西总屯 5 个村。 人均劳动所得低于全市郊区平均水平的有大井和太师庄 2 个村。城乡接合部地 区农民收入水平相对较高，收入水平差距也较大，不平衡现象非常突出。

表3　2009 年 26 个村收入及人均劳动所得统计表

项目 村	农村经济 总收入 （万元）	主营业务 收入 （万元）	一产 收入 （万元）	一产 比例 （%）	二产 收入 （万元）	二产 比例 （%）	三产 收入 （万元）	三产 比例 （%）	人均劳动 所得 （元）
高碑店	207959.1	203241.7	0	0.0	34613.4	17.0	168628.3	83.0	32269.3
红军营	21851.2	17867.5	0	0.0	7757	43.4	10110.5	56.6	23847.1
大钟寺	20300	18632	0	0.0	2101	11.3	16531	88.7	29700.6
曙光	12668.7	11799	0	0.0	329.4	2.8	11469.6	97.2	16930.2
南苑乡花园	23416	23405	0	0.0	0	0.0	23405	100.0	29026
大井	25553	22850.7	87.7	0.4	167	0.7	22596	98.9	10697.4
白坊	11405	10394	0	0.0	4694	45.2	5700	54.8	13548.3
二拨子	3754	2873	0	0.0	0	0.0	2873	100.0	12189.5
小孙各庄	974.3	900	0	0.0	210	23.3	690	76.7	12100
卸甲营	4814	4800	0	0.0	1100	22.9	3700	77.1	11289.6
民生	3124	3069.4	1115.6	36.3	604.4	19.7	1349.4	44.0	14522.9
星光社区	155227	153443.3	0	0.0	72306.8	47.1	81136.5	52.9	27237.5
西总屯	2528	1965	0	0.0	0	0.0	1965	100.0	22989.7
杨庄	10367	9883	0	0.0	4775	48.3	5108	51.7	18394.4
苏庄	36270.7	36088.3	0	0.0	8474	23.5	27614.3	76.5	14402.4
东羊庄	25953.4	25885	2	0.0	7990	30.9	17893	69.1	11327.3
岢罗坨	5025.6	4971	103	2.1	855	17.2	4013	80.7	13803.3
大峪	42281.8	41987.7	82	0.2	15916.4	37.9	25989.3	61.9	17846.4
白各庄	3606	3580	1638	45.8	1380	38.5	562	15.7	11234.4
南定福	2182.7	2094.4	1507	72.0	50	2.4	537.4	25.7	11228.1
杨宋镇花园	1506	1394	515	36.9	370	26.5	509	36.5	13891.1
东关	89947.7	89569.9	0	0.0	1138.5	1.3	88431.4	98.7	16477.7
李各庄	8728.5	8728.5	6925	79.3	533.5	6.1	1270	14.6	11838.6
太师庄	4344.4	3900	797	20.4	778	19.9	2325	59.6	8727.4
营城子	4586.2	4571.2	75.3	1.6	260	5.7	4235.9	92.7	13287
龙聚山庄	3517.6	3500	33	0.9	2937	83.9	530	15.1	17803.6
合　计	731891.9	711393.6	12880.6	1.8	169340.4	23.8	529172.6	74.4	16682.9

资料来源：北京市农经平台农村经济收益分配数据库。

4. 土地征用补偿

近十年来26个村被征占土地总量为16824.08亩，平均每村被征占土地647.08亩。从征地形式上来看，涉及绿隔占地的有5个村，征占土地数占总量的5.49%；涉及企业征地的有9个村，征占土地数占总量的32.40%；涉及公益事业占地的有15个村，征占土地数占总量的42.91%；涉及土储征地的有3个村，征占土地数占总量的4.12%；涉及商品房建设的有10个村，征占土地数占总量的15.08%（见表4）。

表4　26个村土地征用形式

征地形式	村数（个）	被征占土地数（亩）	征占土地数占总量的比例（%）	平均每村被征占土地（亩）
绿隔占地	5	930.80	5.49	186.16
企业征地	9	5443.44	32.40	604.83
公益事业	15	7206.53	42.91	480.44
土储征地	3	701.50	4.12	233.83
商品房建设	10	2541.81	15.08	254.18
总　　计	—	16824.08	100	647.08

征占地形式呈现多元化，有10个村的征占地形式都在两种以上，其中存在5种征占地形式的有1个村，为海淀区四季青镇的曙光村。存在4种征占地形式的有3个村，分别是丰台区卢沟桥大井村、大兴区庞各庄的民生村以及延庆县张山营镇的龙聚山庄。存在3种征占地形式的有2个村，分别为大兴区西红门镇的星光社区、延庆县八达岭镇的营城子村。存在2种征占地形式的有4个村，分别为朝阳区来广营的红军营、通州区永顺镇的杨庄、房山区拱辰街道东羊庄、门头沟区龙泉镇的大峪村。

从征地补偿上来看，近10年来征地补偿费较早标准平均为6.56万元/亩，最新标准平均为30.68万元/亩，相差4.68倍，其中相差10倍及以上的有2个村，分别是门头沟区永定镇岢罗坨村、丰台区南苑乡花园村。

从功能分区来看，城市发展新区平均每村被征占的土地最多，为1195.33亩，目前最新的土地补偿标准为30.46万元/亩；城市功能拓展区平均每村被征占土地为811.12亩，最新的土地补偿标准为36.91万元/亩；生态涵养发展区平均每村被征占土地为395.52亩，最新的补偿标准为19.8万元/亩（见表5）。从10年来土地补偿标准的变化来看，生态涵养发展区提高速度最快，最新标准与较早标准相差了 6 倍多。从各功能区之间土地补偿标准的差距来看，城市发展新区与城市功能拓展区之间的差距正在逐渐缩小，而生态涵养发展区与城市功能拓展区的差距 10 年来变化不大。

表5　26 个村土地征占补偿情况

项目 类别	近十年来被征 土地总量（亩）	平均每村被征 土地（亩）	较早补偿标准 （万元/亩）	最新补偿标准 （万元/亩）
城市功能拓展区	3244.46	811.12	18.19	36.91
城市发展新区	10757.95	1195.33	5.05	30.46
生态涵养发展区	2768.67	395.52	3.63	19.80

5. 集体资产

26 个村集体总资产合计 728835.2 万元，平均每个村 28032 万元；净资产合计 271021 万元，平均每个村 10423 万元。总资产最高的村为星光社区，达 18.2 亿元。除星光社区外，总资产超过 1 亿元的村还有 14 个。净资产最高的也是星光社区，为 6.8 亿元。从人均水平看，26 个村人均总资产为 276671.3 元，是郊区平均水平 49986.1 元的 5.5 倍；人均净资产为 102881.6 元，是郊区平均水平 24757 元的 4.2 倍。城乡接合部村庄集体资产数量较大，人均水平较高。

26 个村负债合计 457814.1 万元，资产负债率为 62.8%（见表6）。比郊区平均水平 59.4% 高 3.4 个百分点。其中，资产负债率为 0 的有 2 个村，分别为小孙各庄和龙聚山庄；资产负债率为 0 ~ 25% 的有 9 个村；资产负债率为 25% ~ 50% 的有 4 个村；资产负债率为 50% ~ 75% 的有 6 个村；资产负债率为 75% ~ 100% 的有 5 个村。城乡接合部村庄资产负债率高于郊区平均水平，经营效率欠佳；各村之间由于管理者经营能力以及经营产业的不同，资产负债率差别较大。

26 个村中已经完成集体产权改革的有 13 个村，分别为红军营、大钟寺、南苑乡花园村、大井、白坊、二拨子、星光社区、西总屯、杨庄、大峪、杨宋镇花园村、太师庄和龙聚山庄；正在进行改革的有 5 个村，分别为民生、苏庄、东羊庄、岢罗坨和营城子；尚未启动改革的有 8 个村，分别为高碑店、曙光、小孙各庄、卸甲营、白各庄、南定福、东关和李各庄。

表6　2009年26个村公有经济资产负债情况统计表

村　　目 项目	总资产（万元）	人均总资产（元）	净资产（万元）	人均净资产（元）	负债（万元）	资产负债率（%）
高碑店	26266	327506.2	13423.8	167379.1	12842.2	48.9
红军营	38751.2	455896.5	30304.3	356521.2	8446.9	21.8
大钟寺	47888	477924.2	20990	209481	26898	56.2
曙光	46802.2	206723.5	10704.3	47280.5	36097.9	77.1
南苑乡花园	48915	794074.7	4604	74740.3	44311	90.6
大井	70404.3	467181.8	23318.1	154731.9	47086.2	66.9
白坊	22928	263540.2	20621	237023	2307	10.1
二拨子	18022	189705.3	12989	136726.3	5033	27.9
小孙各庄	3408.6	162314.3	3408.6	162314.3	0	0.0
卸甲营	203	4592.8	185	4185.5	18	8.9
民生	417	2978.6	387	2764.3	30	7.2
星光社区	182134.1	1283538.4	68468	482508.8	113666.1	62.4
西总屯	12086	415326.5	11362	390446.7	724	6.0
杨庄	92634	369059.8	4110	16374.5	88524	95.6
苏庄	9607.2	117161.0	7479.5	91213.4	2127.7	22.1
东羊庄	6140.7	61284.4	4158.4	41501	1982.7	32.3
峃罗坨	2611	85606.6	1011	33147.5	1600	61.3
大峪	38753.4	327032.9	12642.2	106685.2	26111.2	67.4
白各庄	1358	10609.4	1279	9992.2	79	5.8
南定福	959	16824.6	769	13491.2	190	19.8
杨宋镇花园	1831	35622.6	972	18910.5	859	46.9
东关	21777.2	202014.8	9274.6	86035.3	12502.6	57.4
李各庄	25759.5	141380.4	5855.3	32136.7	19904.2	77.3
太师庄	1117.9	10616.3	864.4	8208.9	253.5	22.7
营城子	8059.5	78937.3	1839.2	18013.7	6220.3	77.2
龙聚山庄	1.4	25.0	1.4	25	0	0.0
合　　计	728835.2	276671.3	271021	102881.6	457814.1	62.8

资料来源：北京市农经平台公有经济资产负债数据库。

6. 农民就业和安置

26个村中"4050"就业困难人员共有5344人，平均每村206人；劳动力总数为16261人，其中就业劳动力12014人，就业比例为73.88%。从各村就业比例来看，就业比例在50%以下的只有1个村，为海淀区东升乡大钟寺村。据了解，该村由于市场改造导致500多名职工待岗内退，造成村内就业状况不

佳。超过半数村的劳动力就业比例为70%～90%（见表7），有5个村的就业
比例达90%以上。

表7　26个村就业劳动力所占比例

	50%以下	50%～70%	70%～90%	90%～100%
村数(个)	1	6	14	5
占26个村的比例(%)	3.84	23.08	53.8	19.2

从村内安排就业情况上来看，就业劳动力中有4377人为村里安排就业，
占就业劳动力的36.4%，其中村内企业安排就业2842人，占就业劳动力的
23.6%，村内公益事业安排就业1535人，占就业劳动力的12.78%。将村内安
排就业的比例进行排序可以看出，有50%的村村内就业比例不足10%，26个
村中仅有4个村村内安排就业比例达80%以上（见表8）。

表8　村内安排就业比例

	10%以下	10%～50%	50%～80%	80%～100%
村数(个)	13	5	4	4
占26个村的比例(%)	50	19.2	15.4	16.7

回迁房安置方面，丰台区南苑乡花园村只采用货币补偿的方式，未统一安
置农民回迁，其余25个村均采用了货币补偿与实物补偿相结合的方式，对农
民进行了统一安置，保证了人均45平方米或50平方米的回迁房，回迁房的单
价也远远低于房屋的市场价格，平均单价为2561元/平方米。房山区西潞街道
的苏庄村还对回迁后农民的生活成本进行了补贴，让农民享受取暖费、物业费
的半价优惠，缓解了农民上楼后的生活负担。

7. 社会保障

26个村的社会保障主要有以下三种情况：

一是对因建设项目征地的村，主要执行的是1993年市政府16号令和
2004年市政府148号令（见表9）。16号令规定，建设项目征地转居的村民
中，被单位接收转工的，直接进入城镇职工社会保障体系；自谋职业的，每
人给予3万元补偿。2004年148号令规定"逢征必转，逢转必保"，即征用
土地时，相应的农村村民应当同时转为非农业户口。转为非农业户口的农村
村民数量，按照被征用的土地数量除以征地前被征地农村集体经济组织或者

该村人均土地数量计算。同时，转非劳动力应当按照国家和本市规定参加各项社会保险，并按规定缴纳社会保险费。转非劳动力补缴的社会保险费，从征地补偿款中扣付。

表9 北京市有关征占土地社会保障的几个主要政策文件

政策文件	有关社会保障内容
建设项目征地（1993 年 16 号令）	符合农转工条件的人员,由建设征地单位尽量自行安置;建设征地单位确实自行安置不完的,由市、区、县土地管理局会同劳动局组织被征地单位、被征地乡镇人民政府和有关单位,协助建设征地单位采取多渠道的办法进行安置。自愿自谋职业的,由建设征地单位与乡镇人民政府、村民委员会及本人共同签订协议书,协议书经公证机关公证后,建设征地单位将安置补助费一次性全额付给本人。农转工人员达到国家规定的退休年龄,缴纳养老保险金年限满 10 年的,可以享受退休待遇。农转工人员达到国家规定的退休年龄,缴纳养老金不满 10 年的,按特殊情况处理,根据本人达到退休年龄前 3 年的月平均实得工资和市劳动局的有关规定计发生活费
绿隔政策（1994 年 7 号令）	实行农民"转居不转工"的政策,即农村劳动力就地在乡镇企业中安排而不转到国有企业,其乡、村可保留原有农工商公司或组建各类经营公司,并负责用地范围内绿地以及乡镇企业和其他公共服务设施的经营管理;其人员在生活及子女就业、升学方面享受的政策与城市居民相同。凡实行"转居不转工"的乡、村,在规划实施后即为城市建制,其新增住宅和劳动力安置必须由社会解决。绿化建设地区的超转人员,由原乡、村参照建设征地后对超转人员管理的办法进行管理
绿隔政策（2000 年 20 号令）	对在绿化隔离地区内进行绿化的,市财政按每亩(0.067 公顷)5000 元标准给予补助,开始绿化时拨付补助费的 50%,全部绿化并经验收合格后再拨付余下的 50%。同时,从绿化后的第二年开始,连续 3 年每年每亩按 120 元的标准拨付养护费。对经营性的绿色产业项目,其绿化建设用地面积在 6.67 公顷(100 亩)以上的,允许有 3% ~5% 的土地用于与绿隔相适宜的建设项目,但不得搞房地产开发和任何工业项目。此类项目的建筑物高度严格限定在 2 层以下(不高于 9 米)
建设项目征地（2004 年 148 号令）	征用农民集体所有土地的,相应的农村村民应当同时转为非农业户口。转为非农业户口的农村村民数量,按照被征用的土地数量除以征地前被征地农村集体经济组织或者该村人均土地数量计算。转非劳动力在征地时被单位招用的,征地单位应当从征地补偿款中支付招用单位一次性就业补助费;转非劳动力自谋职业的,一次性就业补助费支付给本人。自批准征地之月起,转非劳动力应当按照国家和本市规定参加各项社会保险,并按规定缴纳社会保险费。转非劳动力补缴的社会保险费,由征地单位从征地补偿费中直接拨付到其所在区、县社会保险经办机构

二是对于涉及绿隔占地的村，主要执行的是 1994 年市政府 7 号令和 2000 年市政府 20 号令。对执行 7 号令的村实行了"转居不转工"的政策，即农村劳动力就地在乡镇企业中安排而不转到国有企业。执行 20 号令的乡镇、村，

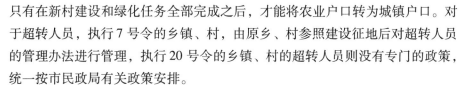

只有在新村建设和绿化任务全部完成之后，才能将农业户口转为城镇户口。对于超转人员，执行 7 号令的乡镇、村，由原乡、村参照建设征地后对超转人员的管理办法进行管理，执行 20 号令的乡镇、村的超转人员则没有专门的政策，统一按市民政局有关政策安排。

三是对于其他村民和居民，主要是执行北京市近年来针对全市居民、村民所制定的统一政策，享有居民养老保险、福利养老保险金、新型农村合作医疗以及城镇居民最低生活保障等福利。除此之外，26 个村集体还对本村村民发放各种村集体福利金、养老金、保障金，有的村对村民参加社会保险进行适当补助。

二　城乡接合部城市化建设形成的主要模式

本次调研的城乡接合部 26 个村，具有不同的改造和建设模式。我们主要根据土地开发方式的不同，将其归纳为开发商主导模式、政府主导模式、农民和村集体主导模式、绿隔征占地模式、整建制转居模式五类基本模式。实际上，有的村多种开发模式并存，五类模式也各有优缺点。

1. 开发商主导模式

我们在调研中发现，完全由开发商来主导土地开发建设的情形已经不多。这与近几年来北京市委、市政府倡导和坚持政府主导、农民主体的土地开发建设原则有着密切的关系。但是，一些村在发展初期，由于村集体经济薄弱，政府财政相对紧张，往往是以开发商为主导，或完全由开发商主导，或被动地与开发商合作，开发商拿走大量的好地，产生许多遗留问题。二拨子、星光社区等村曾经选择了开发商主导的开发模式。

这类开发建设模式主要采取由开发商征占土地，依靠土地使用权证向银行融资，进行一级开发和二级开发，完成城市化建设。开发商在拿走大片土地的同时，还需完成征地拆迁、人员安置以及公共交通、学校、医院等公共设施建设。2004 年以前，这类开发建设模式居于主导地位。

开发商主导模式的基本特点：一是政府与市场的职能混淆。开发商主导土地开发的一级市场和二级市场，在一级开发中的基础设施、公共设施建设方面替代了部分政府职能。二是纯利润导向。开发商追求利润最大化，在实施过程中，对于本来应该由政府进行的如医院、学校等公共设施建设，开发商往往会采取绕着走的方式，留下许多遗留问题交给政府，使得城市建设中的公共设施建设、农民回迁及社会保障等问题未得到妥善解决。政府只得跟在开发商后面为公共设施建设埋单。公共设施建成后，会使附近商品房价格进一步拉高，让开发商楼盘中延迟销售部分获得进一步的增值收益。三是单项目平衡。开发商一般以某个项目为载体进行开发建设，而不会进行区域之间不同项目的资金平衡，这就造成单项目平衡的特点，也使得开发商进行城市开发建设的过程中存在挑肥拣瘦的痼疾。由于开发商只拣那些容易开发的地块进行开发建设，对一些不易开发，拆迁成本高的地块往往绕开，造成城市建设中常见的城中村、断头路、半拉子工程以及各类边角地等。四是一次性合作。开发商进行完项目开发后，与此地便再无任何关系，是一次纯商业操作，这与城市可持续发展的目标存在根本性冲突。开发商主导模式不利于规划落实，不利于区域统筹，不利于保护农民的长远利益。

典型案例：昌平区二拨子村

昌平区回龙观镇二拨子村位于昌平区回龙观镇西南角，村域总面积 4140 亩，总人口 11692 人，户籍人口 1395 人，其中农业人口 926 人，居民人口 469 人。该村主要业务是对外出租集体建设用地。2009 年，村集体的经济收入为 695 万元，全村人均收入为 12189 元。开发主要方式是通过土地出让形式，由开发商进行开发建设。截至 2007 年，征地总量达 1911.92 亩，大部分无转工转非指标，尚有 926 名农民尚未进行农转居安置。遗留问题主要有：（1）产生大量的边角地块。目前，二拨子村集体建设用地仅有 500 多亩村级工业园和 200 多亩不易开发的边沿边角地。这些边角地都是过去开发甩下的不易开发的地块。（2）发展空间被挤压得越来越小，与现行政策冲突加剧。由于该村城市化进程启动较早且属于自发性质，当时在征占用地、开发和安置等方面存在诸多政策盲区，或者存在某些违背政策的行为。近几年，随着政府对土地管理愈加规范和严格，导致该村在当时启动的一些项目与目前政策形成冲突。（3）农民利益未能得到很好的保障。一是就业问题。二拨子村在土地出让时，企业均承诺按一定比例聘用当地农民就业，但企业正式运转后，已就业村民均被企业以各种理由予以辞退，最终使农民失地失业。二是转居问题。由于不属于政府推动的"农"转"居"，因此所需保障金只能由村集体安排。三是公共设施建设资金不足问题。开发商主导城市化改造，来自国家的资金支持很少，公共设施、基础设施的配套建设等方面的建设资金压力较大。

2. 政府主导模式

近年来，政府通过土地储备方式，开始掌握城乡接合部地区村庄改造建设的主导权，并以大区域资金平衡的办法，使多年搁置的改造建设项目得以重新启动，有效地加快了城市化进程，成为推进城乡接合部地区城市化进程的一类重要模式。北京市政府和有关部门出台了《北京市建设征地补偿安置办法》（北京市人民政府令第148号）、《北京市集体土地房屋拆迁管理办法》（北京市人民政府令第124号）、《北京市城市房屋拆迁管理办法》（北京市人民政府令第87号）、《〈北京市集体土地房屋拆迁管理办法〉实施意见》（京国土房管拆〔2003〕666号）等相关政策文件，对城市化建设进行统一规范。东羊庄村、白坊村、苏庄村等村大都实行政府主导的开发建设模式。

政府主导模式的基本形式是以区县和乡镇政府为实施主体，主要通过土地储备的运作机制，依托土地储备中心解决融资，进行征地和一级开发，同时解决农民的征地补偿和安置补偿、转居和社保问题。在此开发模式下，农民的利益较有保障，一些难以开发的地块，也得以有效推进。

政府主导模式基本特点：一是区域平衡。政府主导模式有利于各项规划的落实。如绿隔规划使各村庄在土地开发上苦乐不均，造成了村域经济之间经济发展水平的巨大差异。政府主导就可以突破单个村的局限，谋求更大区域内的平衡。二是成本较高。政府征地后，切断了农民与土地之间的联系，政府大包大揽，造成很高的拆迁与安置成本。三是以货币补偿为主。货币补偿方式在保护农民利益的同时，也造成一些新的社会问题。

政府主导模式一般是针对城市或城镇规划建成区范围内的城中村。这些地区的土地开发价值一般较高。2010年北京市城乡接合部综合整治的50个重点村中就有24个村采用土地储备方式进行开发建设。

典型案例：房山区东羊庄村

房山区拱辰街道东羊庄村是50个重点村之一。该村现有户籍人口1346人，其中农业户籍人口563人，其他为征地"农转非"和散居非农业户籍人口。加上在村内居住的外来务工经商人员5721人，全村总人口超过7000人。截至2010年6月，东羊庄村拥有集体资产6001.4万元，2009年农民人均纯收入为11557元。近年来，良乡高教园区和房山新城东部基础设施建设相继征占东羊庄村近2000亩土地，村庄目前仅剩土地590亩。

东羊庄村实行货币补偿和回迁安置相结合的方式，对村民权益给予了较好保障。宅基地区位补偿标准为 1500 元/平方米；定向安置用房回迁均价为 2000 元/平方米。定向安置房人均享受 40 平方米优惠购房。老宅基地认定标准为 0.4 亩（267 平方米）；新宅基地一律认定为 0.3 亩（200 平方米）。以一户拥有 0.3 亩新宅基地的三口之家为例，拆迁村民将得到 30 万元拆迁款和总计 120 平方米（建筑面积）的住宅（大产权），这其中未包括被拆迁房屋重置成新价、地上附属物价款和其他一些小额的补偿项目。目前当地商品住宅均价已经超过 1 万元/平方米，回迁房为每套约 80 平方米的两居室。一般来说，平均每户村民经过拆迁可得到 2~3 套回迁住宅和近百万元拆迁款，资产实际增加达数百万元。

3. 农民和村集体主导模式

农民和村集体主导开发模式有三类基本形式：一是自主开发。一般采取先与开发商合作，进行共同开发建设，逐步积累自有资本，最后实现自主开发。这类开发的关键是没有把土地和农民分割开，而是让当地农民获得了土地的增值收益，保障了农民的长期利益。如本次调研的西总屯村、高碑店村。二是合作开发。农民和开发商通过股份制等形式进行合作开发，开发商出资金，农民出土地，这种合作开发发挥了各自的比较优势。如本次调研的杨庄村、白各庄村、南定福村。三是乡镇统筹开发。在乡镇统筹功能比较强的地区往往采取镇村联动推进开发建设。如大兴区的榆垡镇土地基金会，统筹协调若干村的土地流转，把产业用地向镇区集中配置，集中开发。本次调研以村为主，未涉及乡镇层面。

农民和村集体主导模式的基本特点为：一是农民参与。过去的城市化大多是一种排斥农民参与的城市化，弊端甚多。农民自主开发建设相当于实现了一级开发与二级开发之间的联动，大部分土地增值收益留在了农民手里。二是保障社区集体利益。农民自主开发建设往往是以社区集体为载体进行，社区集体利益在开发建设中更有保障。三是低成本。农民自己进行拆迁和土地整理，大大降低了常规拆迁所带来的高昂成本。

典型案例：通州区杨庄村

通州区永顺镇杨庄村属于城乡接合部 50 个重点村之一，东临京津公路，南与梨园镇接壤，西临朝阳区，北临新华大街。村域面积 1928.6 亩，其中建设用地约 1023 亩，村落面积约 767 亩，农用地约 138 亩。全村现有户籍人口

4546 人，其中农业人口 2014 人，非农业户籍人口 2532 人，村内常住人口常年保持在 7000 人左右。全村共有劳动力 3200 人，其中农业劳动力 1400 人。从 2003 年开始，该村与北京顺华公司合作开发世纪星城大型房地产项目，步入城市化进程。2010 年又被列入城乡接合部重点整治村，加之通州区启动建设世界新城，使该村城市化进程进一步加快。杨庄村的城市化建设是以土地开发为核心，按照"资源资产化、资产股份化、股份市场化"的总体思路，通过"三集中三置换"，走上城市化发展之路。

资源资产化就是杨庄村以土地资源为资本，顺华公司出资金合作开发房地产项目并实行旧村改造，成立了由杨庄村控股的中泽农控股有限公司。2003 年，杨庄村与北京顺华公司合作开发了世纪星城大型房地产项目，项目占地 307 亩，建设规模约 63 万平方米，现已全部完成，预计全部销售完成后，杨庄村可获收入约 9 亿元。资产股份化就是通过实施乡村集体经济产权制度改革，将集体资产量化为村民的股份。股份市场化就是以中泽农控股有限公司为主体，联合周边村镇，以带地入股的方式合作开发房地产以及发展农业、观光休闲、加工、物流等综合产业，共同推动城市化进程。"三集中三置换"就是集中社区建设自住楼，用宅基地置换楼房；集中土地承包经营权和集体资产，置换成农民和集体股权；集中资产货币投资生产，置换村民福利、社会保险和就业。

目前面临的主要问题集中于"农转居"后的社会保障压力。自 1992 年以来该村因国家和企业征占地共转居 994 人，其中参加城乡统筹保险的不足 70%，还有 30% 参加了农村养老保险和农村合作医疗，这部分人员在整建制转居时需纳入社会保险范围。预计到 2012 年全村整建制转非时，超转人员、残疾人员和 16 岁以上的劳动力将达到 1894 人，需社保资金约 8.9 亿元。

4. 绿隔征占地模式

绿隔征占地模式由试点到全面推进，大致形成了两类建设形式：一是政府征地，自主平衡。1994 年开始试点绿隔建设时，主要是通过政府一次性全部征用，按一定比例建设商品房以平衡资金的方式进行开发建设，这类开发建设只限于试点村，如本次调查的海淀区四季青镇曙光村。二是政府占地，自主平衡。2000 年以后，为适应北京环城绿带建设进度加快的要求，绿隔由征地改为占地，采用农业结构调整的方式进行绿化隔离带建设。目前，这类开发模式是绝大部分绿隔地区的代表性模式。

绿隔占地模式的主要特点：一是占而不征。农民集体建设用地划为绿地，不走征地程序。由于规划制定过程中未能对具体村落进行详细调研，往往出现整个村位于绿隔区域的现象，对农民和村集体的经济社会发展产生了严重影响。二是资金平衡困难。原有用地调整为绿地后，村庄难以进行商业性开发，资金难以平衡，新村建设滞后，成为制约绿隔地区城市化的重要原因。三是政策配套性差。目前按照一定比例（绿地3%～5%的指标）执行绿色产业开发政策，在具体落实过程中缺乏系统的受理机制，政策之间不配套问题突出。

典型案例：朝阳区高碑店村

朝阳区高碑店乡高碑店村地处北京市东长安街延长线上，距天安门8公里，2009年该村经济总收入为20.76亿元。2002年的五环路及百米绿化带建设使该村26家企业被拆迁。2007年高碑店村由原规划的绿化隔离带地区整体搬迁村调整为就地改造保留村。该村规划西居住区旧村改造方案于2008年通过，2009年正式启动改造。

西区旧村改造的主要政策：（1）改造户每户以现有住宅土地使用证为准，新建住宅占地面积在原有面积上缩减15%，缩减面积主要用于拓宽道路。新宅不超过三层。（2）改造户原住宅是楼房的，村集体对二层给予每平方米1000元拆迁补贴，二层以上不给予补贴。（3）新建住宅的建设成本为每平方米1175元，其中村民自付每平方米1025元，村集体补助每平方米150元。（4）基础设施和公共服务设施投资由村经济合作社负担50%，其余部分由政府承担。

截至2010年6月，一期工程已经完成，村民已陆续回迁，二期工程主体建设也已完成，三期工程已于2010年3月1日开始拆迁。西区改造整体拆除已完成95%。西区旧村改造后，人均宅基地面积由40.7平方米减少到28平方米；村民人均建筑面积由40.7平方米增加到73.3平方米；全村绿化率将由11%提高到30%。高碑店村的自主型改造保障了农户宅基地的用益物权，维护了农民的可持续收入，节省了政府改造拆迁的成本，实现了农民生活质量的大幅提升。

5. 整建制转居模式

整建制转居实质上也属于政府主导模式，但是大部分政府主导下的开发建设并不能把农民一次性全部转居，整建制转居本身具有诸多新的特点。

2002年北京市石景山区全部实行整建制农转居，2004年在通州区的永顺镇试点整建制转居。近年来，随着城市化进程的加快，整建制转居的代表形式主要是通过征地完成的。总体上看，整建制转居主要有两类形式：未征地先转居和先征地后转居。前者主要以石景山区为代表，在留有集体建设用地的情况下，先实现了农民身份向市民身份的转换。就全市而言，具有代表性的还是由征地引起的转居，如卸甲营村、小孙各庄村等。这类整建制转居往往是整个村庄的土地被征用，村民全部转为居民，因此，这更是一场剧烈的社会变革。

征地整建制转居代表性模式的主要特点：一是一次性全部转为居民。农民因一次性被征收全部土地而全部转为居民。二是异地安置。在其他地区建设安置楼，对若干个村进行集中统一安置，实行城市社区管理。三是社会转型剧烈。整建制转居使整个村在一个很短的时间内完全转变为城市建成区，转型十分剧烈，需要加强对农民的教育培训，特别是就业保障。

典型案例：顺义区卸甲营村

顺义区南法信镇卸甲营村属于典型的土地全部征占、整建制转居、异地集中安置的城市化建设模式。该村属于首都机场东扩建设工程第一批整建制拆迁村，到 2006 年 6 月底全部完成搬迁任务，2008 年春节，村民全部新迁到位于顺义城区石园街道办事处的"港馨家园"安置小区居住生活。主要做法是：（1）土地全部征收。根据《土地管理法》及 2004 年 7 月 1 日施行的《北京市建设征地补偿安置办法》（北京市人民政府令第 148 号），2004 年卸甲营村集体所有土地全部征收为国有土地。征地补偿标准统一打包，每亩 20 万元；村民宅基地补偿标准为每平方米 1480 元。（2）整建制转居。根据北京市政府 2004 年 148 号令"逢征必转"的规定，卸甲营村所有村民由农业户籍转为非农业户籍，成为城市居民，一次性完成农民身份的市民化。转非劳动力全部签订自谋职业协议，统一发放就业补助费，最低每人补偿 3.4 万元，最高每人补偿近 6 万元，一般在 4 万元左右，首都机场没有安置该村人员就业；学生、儿童只办理转为非农业户口手续，不享受转非劳动力安置补偿待遇；女满 50 周岁、男满 60 周岁的"超转人员"，按照《关于征地超转人员生活和医疗补助若干问题意见的通知》（京政办发〔2004〕41 号）享受相关待遇，每人享受 1030 元/月的生活补助，卸甲营村现有"超转人员"80 人。（3）规范拆迁补偿。《北京市集体土地房屋拆迁管理办法》（北京市人民政府令第 124 号）、《北京市宅基地房屋拆迁补偿规则》（京国土房管征〔2003〕606 号）、《北京市房屋拆迁评估规则（暂行）》（京国土房管拆字〔2001〕1234 号）、顺义区《关于集体土地房屋拆迁补偿安置的规定》（顺政发〔2003〕34 号）等政策文件对集体土地房屋拆迁补偿标准做了明确规定。卸甲营村属于顺义区划定的二类地区，普通住宅拆迁补偿指导价标准为 1900～2600 元/平方米。（4）异地集中安置。卸甲营村民被统一安置在顺义城区的"港馨家园"安置小区，该安置小区还安置了营塔河村、哨马营村、冯家营村共 3000 余户村民。（5）统一社会保险。转非劳动力全部纳入城镇社会保险网络，统一参加医疗、养老和失业保险。转非劳动力补缴的社会保险费，由征地单位从征地补偿费中直接拨付给社会保险经办机构。整建制转居在一个比较短的时间内完成农村向城市的变动，带来的集体资产处置、长远发展、融入城市社会、就业困难以及社区管理等问题需要进行统筹解决。

6. 五类模式的简要分析

总体上看，上述五类开发模式各有优缺点。有些村多种开发模式并存，如曙光村，开发建设过程中先后出现过开发商征地、政府征地、农民自主开发征地等多种开发建设模式。

从趋势上看，开发商主导模式正逐渐退出历史舞台，开发商将主要在土地二级市场进行运营，获取市场平均利润。因此，开发商更有积极性与农民和村集体进行合作开发，这就为农民和村集体主导的开发模式提供了潜在的发展空间。

政府主导模式使农民获得了较高的货币与实物补偿，但这类开发模式存在很高的市场风险。土地储备的初衷是保持地价稳定，打击土地囤积居奇，而不是直接进行土地开发。对于政府通过土地储备开发谋取利益，国家政策空间已呈趋紧态势。

绿隔征占地模式和整建制转居模式是在特定区位条件和历史条件下形成的城市化模式。对于这两类模式，应积极鼓励农民和村集体发挥开发建设的主体作用，政府发挥监督服务作用，变农民被动城市化为主动城市化。26 个村的五类开发模式比较如表 10 所示。

表 10　城乡接合部 26 个村五类开发模式的比较

典型模式	基本形式	主要优势	主要问题	实施地区	调研案例
开发商主导模式	开发商开发，直接获得土地增值收益；负责公共设施建设	缓解财政资金压力、加快部分地区的城市化建设进度	纯利润导向、单项目平衡、土地规划难以落实、农民就业困难	基础设施已经比较完善，地块比较成熟的地区，单纯的商业经营性项目	二拨子村星光社区

典型模式	基本形式	主要优势	主要问题	实施地区	调研案例
政府主导模式	政府征地纳入土地储备,主导一级开发,通过招拍挂获得增值收益	便于土地宏观调控,落实土地利用规划;政府获得土地增值收益;农民便于转居,解决社保问题	成本高,面临潜在市场风险;政府主导开发建设面临一定的政策瓶颈;农民就业困难	城中村改造启动多年搁浅项目	东羊庄村 白坊村 星光社区 苏庄村
农民与村集体主导模式	自拆自建先合作后独立开发 合作开发	大幅降低开发建设成本,农民获得包括土地一级开发收益和市场开发收益的两次增值收益	资金约束,农民开展市场合作的能力和经营水平较低,招拍挂政策对农民不利	旧村改造一般性商业开发	西总屯 大井村 杨庄村 白各庄 南定福庄
绿隔征占地模式	自拆自建以绿养绿	大幅降低开发成本	土地占而不征、产业发展空间狭窄、农民转居滞后、农民就业困难	绿隔地区旧村改造	高碑店 曙光 大井村 红军营
整建制转居模式	整村拆迁、异地安置、全部转居	加速社会结构转型	农民就业、资产运营、经济社会组织支撑等问题	中心城或新城周边大型组团建设	卸甲营 小孙各庄

三 城乡接合部城市化建设面临的主要问题与挑战

城乡接合部城市化建设面临的经济社会问题相当复杂。从我们的调研来看,土地、集体资产、就业和产业发展、社会保障、社会管理问题、外来流动人口问题等比较突出,对推进城市化和城乡一体化构成了巨大的挑战。

1. 土地制度与城市化不相适应

现行的土地政策法规在很大程度上制约了城市化的发展,造成了土地与城市化的严重矛盾,引发了诸多经济社会问题。

一是未能区分公益性和经营性建设用地。宪法和土地管理法规定,城市土地属于国家所有,农村土地除法律规定外属于农民集体所有。农村集体土地转为城市土地,只能通过政府的征收。长期以来,不管是公益性征地还是经营性用地,都通过政府征收。我们调研的 26 个村,近十年来被征占土地的总量为16771.08 亩,其中公益事业占地占 42.91%,绿隔征地占 5.49%,两者占征地总量的 48.4%，其他涉及企业占地、商品房建设等多种经营性建设用地的，均采用政府征地形式。

二是征地拆迁补偿标准差异较大。在 2004 年《北京市建设征地补偿安置办法》（市政府第 148 号令）执行之前，早期的征地补偿标准较低。我们调研的 26 个村近 10 年来征地补偿费较早的标准平均为 6.56 万元/亩。如怀柔区怀柔镇东关村，最早补偿标准每亩只有 8000 元；门头沟区龙泉镇大峪村，最早每亩地的补偿费为 10.4 万元，最新标准已调整到每亩 30 万元，而周边商业用地价格已高达每亩 1000 多万元。2000 年顺义区小孙各庄村马坡花园项目占地时土地补偿标准仅为 2 万元/亩，2006 年顺义新城规划项目占地土地补偿标准也只是 10 万元/亩，远远低于当时土地的市场价格。朝阳区来广营镇红军营村 2003 年绿化隔离带拆迁与 2009 年土地储备拆迁因拆迁项目性质不同以及拆迁时期的差别，同样都是三口之家，前后拆迁补偿相差 200 万元左右。有的地方的留地补偿、实物补偿等征地补偿方式没有得到落实。如红军营村北苑自然村，2009 年土地储备拆迁共涉及 570 个劳动力，拆迁以后，被拆迁企业年收入损失将近 1200 万元，拆迁户农民人均年收入损失 5 万元左右，至今尚未给予任何拆迁补偿，只有乡政府每月向每个劳动力发放 1000 元的补贴，维持拆迁户的基本生活。此外，城市的基础设施等公益性建设以及重点工程征地价格往往过低，如 2003 年大兴区西红门镇星光社区五环路征地每亩土地补偿款为 5 万元，2009 年区级道路征地每亩土地补偿款为 9 万元，而 2003 年经济适用房征地每亩土地补偿 18 万元，2007 年物美大世界征地每亩土地补偿 24 万元。还有部分征地没有办理征地手续，农民不能依法得到合理的补偿。

三是农民缺乏土地开发权。长期以来，农村集体土地只有经过政府征收转成国有土地以后才能进入市场开发，政府垄断了土地一级市场，村集体和农民的土地自主开发权基本被剥夺。顺义区南法信镇卸甲营村由于机场东扩，土地全部被征占，村民被异地安置。该村村民虽然得到了基本的社会保障，但丧失了长远发展所凭借的土地，村民反映最大的问题就是今后的长远发展问题。昌平区回龙观镇二拨子村现有 500 多亩村级工业园和 200 多亩不易开发的边沿边角地，该村最大的担忧就是怕政府有朝一日征走剩余的集体建设用地。《中华人民共和国乡镇企业法》规定："举办乡镇企业使用农村集体所有的土地的，应当依照法律、法规的规定，办理有关用地批准手续和土地登记手续。"在实际操作中，村民发展村集体企业使用土地很难审批下来。如何保护农民的土地自主开发权，使农民以自己的土地参与城市化，是当前推进城市化面临的最重要的问题之一。

四是农民宅基地利益没有得到应有的保护。有的村只对农民"合法确权"的房屋面积给予安置补偿，对超出的面积仅仅按成本价补偿，有的甚至不给予补偿。有的地方对农民的安置房一般发放集体土地产权证，农民住宅不能直接上市交易。有的地方宅基地补偿标准偏低，如顺义区南法信镇卸甲营村，在2004年全部土地被征为国有时，村民宅基地补偿标准为每平方米1480元，不但低于当时同类地段的商品房价格，也低于当时农民安置房均价。根据当时的拆迁政策，卸甲营村村民的人均安置房面积为45平方米的，均价为2100元/平方米；而人均安置房面积为45平方米以上的，均价达3980元/平方米。

五是绿隔征占地造成的历史遗留问题比较棘手。绿化隔离带基本位于城乡接合部地区，共涉及177个行政村。本次调研的26个村涉及绿隔占地的有5个村，被占土地930.80亩，占总量的5.49%。绿化隔离地区的土地虽被占用，但其产权仍为集体所有，农民转居或转工后没有获得占地补偿。绿隔地区农民合作建房不同于建设征地和市区的危旧房改造，其拆迁政策也不适用于城市房屋的拆迁政策。受各地区位、土地级差等因素影响，部分村庄的商品房销售收入难以平衡新村建设资金，造成农民上楼难的状况出现。绿隔地区的养护费补偿较低，与城市绿地养护标准相差较大，加上产业发展受到很大限制，绿隔地区农民的发展空间被大大压缩。

2. 集体资产改革与管理相对滞后

近年来，北京市加大了农村集体资产改革的力度，在全国处于领先地位，但城乡接合部集体经济产权改革还滞后于城市化发展的需要，由此造成的矛盾和问题比较突出。

一是集体资产改革发展不平衡。全市集体经济产权制度改革的进度不一，特别是城市化进程较快的城乡接合部地区，集体经济产权改革反而迟缓。截至2010年9月，除丰台区外，累计完成乡村集体经济产权改革的单位占总数的89.5%，已基本完成产权制度任务，朝阳、海淀等区的集体经济产权改革进程明显滞后于城市化建设的需要。朝阳区累计完成乡村集体经济产权改革的单位只占7.8%，海淀区累计完成乡村集体经济产权改革的单位只占10.2%。我们调研的26个村中，正在进行改革的有5个村，占19.23%；尚未启动改革的村有8个，占30.77%。一些在拆迁前未进行集体经济产权改革的村，留下非常棘手的问题。如顺义区马坡镇小孙各庄村，已经完成拆迁改造转居，但未完成农村集体经济产权制度改革，目前最大的焦点问题是现有的3400万元征地补偿款如何处理和分配。顺义区南法信镇卸甲营村也面临 5000 多万元的征地补偿款如何处置等问题。

二是乡镇集体资产管理主体长期缺位。全市 193 家乡级集体经济组织中，独立存在的仅 21 家，占 10.9%；隶属于乡镇政府的有 108 家，占 55.9%；将集体经济组织账目并入政府财政账目的有 64 家，占 33.2%。多数乡镇集体经济组织由乡镇政府代行其职能，乡镇集体资产产权主体长期处于缺位状态，主要由乡镇党委、政府支配和使用乡级集体资产。从本次调研来看，除丰台区的全部和海淀区、朝阳区的部分乡镇以外，其余地区都不同程度存在乡级集体资产管理主体缺位问题。乡级集体资产主体缺位，影响了乡镇集体产权改革的推进，严重损害了农民集体资产权益。

三是集体资产管理体制不够完善。在集体资产管理中，有的家底不清，产权不明，一些村及其企业对其集体资产的范围和数量，拿不出一个准确的数据。有的经营管理水平低，资产负债率较高。此次调研的 26 个村资产负债率为 62.8%，比郊区平均水平的 59.4% 高 3.4 个百分点，其中资产负债率高于 50% 的有 11 个村。有的村集体股占比过高，如朝阳区来广营镇红军营村的集体股为 35664.5 股，占总注册资本的 49%。乡村集体经济组织政社合一、政经不分的现象比较突出。

四是集体资产收益分配存在不公。有的村集体经济组织存在高积累低分配的现象。2009 年全市乡村集体经济组织可供分配利润中，未分配利润高达 34.95 亿元，占 47.5%。有的村集体内部分配存在明显不平衡，表现为普通股和优先股存在利益差别。比如，海淀区关于集体资产处置的 66 号文规定，劳龄份额占个人量化资产的比例不得低于 65%。但是部分村集体自从成立高级社以来，积累起的集体资产绝大多数来源于土地征占款，因此要求降低劳龄份额的比例，提高资产贡献比例。此外，集体资产处置中，有将个人股份设计为普通股和优先股的，由于优先股股东不参与经营管理，两者所获得收益存在着很大的差别。

3. 就业和产业发展问题比较突出

一是农民就业存在一定的困难。我们所调研的 26 个村中，就业困难的"4050"人员高达 5344 人，平均每村超过 200 人。未就业劳动力为 4247 人，未就业比例高达 26.12%。海淀区东升乡大钟寺村有 500 多名职工待岗内退，未就业比例在 50% 以上。未就业比例在 10% 以下的有 21 个村。村内安排农民就业的比重不高，26 个村中，村内安排就业的只占就业劳动力的 36.4%，一半以上的村村内就业比例不足 50%。如顺义区卸甲营村拆迁转居前，有 80% 的村民在首都机场就业，拆迁转居后，机场为减少缴纳社会保险费的成本，不再接受该村转居人员就业，加上村民文化程度较低，年龄较大，不少村民就在家打麻将混时间。少数村民将补偿款花完了，又没有购买房子，生活陷入困境。有的村以低工资安排村民在村内就业，如门头沟区岢罗坨村安排在村内就业的劳动力每月工资水平在 800 元左右，而 2010 年北京市最低工资水平为 960 元。

二是村集体产业用地不足。多数村庄在城市化规划过程中没有预留产业发展用地，一些乡（镇）、村基层组织在整村搬迁改造过程中更多地关注拆迁政策和资金平衡问题，对农民就业安置、产业发展等问题有所忽视。不少村在土地利用上，除留够农民回迁房外，把尽可能多的土地用于商品房建设，以回笼资金保证项目资金平衡，而对今后村集体的产业用地预留很少，甚至没留，准备放到搬迁完成后再与规划部门谈判解决。有的村没有针对剩余征地补偿款制定出切实可行的分配或投资发展产业规划，如顺义区卸甲营村土地被全部征占后，根据"村账镇管"政策，该村 5000 多万元的征地补偿款一直由镇里统管，该村没有任何用于产业发展的计划，如何实现长远发展，是该村面临的最大难题。部分村有规划产业用地，但往往比较分散，不仅使现有产业升级改造压力增大，而且与周边难以形成产业链条，对促进产业发展意义不大。

三是绿隔地区失地农民发展问题较突出。如丰台区卢沟桥乡大井村，在 2000 年被列入首都绿化隔离区后，给该村带来了诸多问题，农民失去土地后，每人几万元的一次性安置补助费远不能取代以往土地所具有的保障和发展功能，造成劳动力失业，农民收入下降，村集体每年要负担失地农民几百万元的医疗、养老保险和基本生活费，还要倒贴"绿隔"维护费用，生活和发展的压力较大。

四是城乡接合部的产业结构不够合理。城乡接合部的产业结构缺乏分工协作、功能互补，传统产业升级转换缓慢，大部分产业处于低端业态。村集体经济大多数为"寄生型""外生式"为主，多为土地出租等传统低端服务业。产业发展低端化的环境所造成的路径依赖也导致地区整体产业发展水平提升滞后。对 26 个村的调查数据显示，集体经济中第三产业比重虽已占 74.4%，但主要是传统服务产业，战略型新兴产业相当缺乏。

4. 社会保障衔接问题较多

长期以来，受城乡二元体制的影响，农民基本被排除在社会保障网络之外。因建设用地征占农民土地，一般除对农民进行补偿外，还将失地农民纳入城镇社会保障体系。城乡接合部地区农民的社会保障问题比较复杂，一方面，社会保障政策变化较大；另一方面，因征地涉及不同人群的社会保障政策又各不相同。1993年10月至2004年6月，北京市征地安置的主要政策依据是《北京市建设征地农转工人员安置办法》（市政府1993年第16号令），2004年7月1日起执行《北京市建设征地补偿安置办法》（市政府148号令）。近些年来，北京市加快构建城乡一体化的社会保障体系，历史上因征地涉及的各类人群的社会保障均面临衔接和城乡并轨等具体政策问题。

一是农转工人员社会保障问题。农转工人员是指征地后转为非农业户口，年龄在劳动年龄阶段（男16~59周岁、女16~49周岁）且身体健康的人员（市政府148号令称为转非劳动力，俗称农转工人员）。农转工人员的养老、医疗和失业等社会保险待遇基本纳入了城镇职工社会保障体系。1993年市政府第16号令规定，农转工人员的工龄自其到安置单位报到之日起计算，此前的劳龄不计。市政府148号令规定，农转工人员（转非劳动力）达到国家规定的退休年龄时，累计缴纳基本养老保险费满15年及其以上的，享受按月领取基本养老金待遇；累计缴纳基本养老保险费不满15年的，不享受按月领取基本养老金待遇，其个人账户储存额一次性支付给本人，并终止养老保险关系。这就意味着农转工人员要享受基本养老保险，就必须趸交补齐基本养老保险费满15年。这笔补缴费用数额较大，一些缴不起保险费的农转工人员事实上无法享受养老保险。此外，一些农转工人员下岗、失业后的社会保险缴费如何接续也是一个问题。

二是农转居人员社会保障问题。农转居人员是指征地后转为非农业户口且转居不转工、离土不离乡的人员。农转居人员中的劳动年龄人口则由其原来所属的乡、村集体经济组织负责安排工作。农转居人员虽然改变了户籍身份，但没有纳入城镇社会保障体系之中，其社会保障待遇与转非前的待遇相同，可以参加"老农保"，享受集体福利。2007年底之前北京推行的"老农保"，完全靠农民个人缴费的本息获取养老金，政府财政没有投入，农民参保率仅为37%，月平均养老金仅100元左右，低于农村"低保"水平。2008年1月1日起，北京推行"新农保"，参保农民除领取个人账户的养老金外，每人每月还能领取市、区（县）两级财政补助的280元基础养老金，实现了政府帮助农民养老。自2009年1月1日起，北京在"新农保"基础上建立城乡居民养老保险制度，城乡居民入保均可享受政府补贴的280元基础养老金。

三是自谋职业人员社会保障问题。自谋职业人员是指征地后转为非农业户口、符合农转工条件但自愿放弃就业安置待遇、领取一次性安置补助费并自主择业的人员。自谋职业人员一次性全额领取安置补助费后，养老、医疗和失业问题自行解决，这批人基本被排斥在城镇社会保障制度范围之外。市政府1993年16号令规定，自谋职业的，每人给予3万元补偿；2004年148号令规定，自谋职业的部分村民也必须通过补缴保险金的方法进入城镇职工社会保障体系。由于当年征地补偿标准较低，失地农民难以缴费参加社会保险。据调查，在自谋职业人员中，自己缴费参加养老保险的不到三分之一，而医疗保险和失业保险的参保率更低。

四是超转人员社会保障问题。超转人员是指征地转为非农业户口且男年满60周岁、女年满50周岁及其以上的人员和经认定完全丧失劳动能力的人员。超转人员转居不转工，由民政部门统一管理，享受生活和医疗补助。根据《关于征地超转人员生活和医疗补助若干问题的意见》（京政办发〔2004〕41号）规定，一般超转人员（指有赡养人的超转人员）、孤寡老人和病残人员均按照接收标准支付，一般超转人员接收标准为当年本市城市最低生活保障至当年本市最低退养费标准，孤寡老人和病残人员接收标准为当年本市城市最低生活保障至当年本市最低基本养老金标准。一般超转人员医疗补助费支付标准，按照每人每月30元支付医疗补助，年内符合本市基本医疗保险支付规定的医疗费用累计超过360元以上的部分报销50%，全年累计报销最高限额为2万元。病残人员医疗费用按照比例报销，年内符合本市基本医疗保险支付规定的医疗费用在3000元（含）以下的部分报销80%，超过3000元以上的部分报销90%，全年累计报销最高限额为5万元。孤寡老人医疗费用实报实销。按照政策规定，超转人员的补助金由征地单位补偿，但征地单位的补偿往往不能兑现落实，超转人员每人每月30元的医疗补助无法满足超转人员医疗所需。

五是村集体承担社会保障压力较大问题。城乡接合部村集体大都承担村民社会保障的责任。例如，门头沟区大峪村2007～2010年转居人员为54人，村集体出资补缴转居人员15年社会保险费用，每人补缴18万元到34万元不等。顺义区小孙各庄村共有超转人员共47人，村集体承担补缴1200万元的社会保险费。昌平区白坊村集体每月为全村16～22周岁的村民发放480元的最低工资保障，为16周岁以下的村民发放150元的生活补助；每年出资370万元为全村336名转工人员和25名未转工人员上"五险"；还为女55周岁、男60周岁以上没有转工的老人每月提供1200元的补贴，村集体每年还出资1.2万元为村民参加新型农村合作医疗大病统筹保险。此外，一些村集体还承担村庄内基础设施建设和提供其他公共服务的责任，这使村集体不堪重负。我们在调研中发现，不少村干部反映希望政府承担起更多的社会保障和公共产品供给的责任，以减轻村集体的经济负担和压力。

5. 社会管理体制矛盾较大

在城乡接合部地区，传统的社会体制越来越不适应城市化和城乡一体化发展的需要，旧体制与新发展的矛盾比较突出。

一是二元户籍制度的影响。城乡二元户籍制度的影响在城乡接合部表现得比较明显。现行的城乡接合部社会管理体制建立在传统的二元户籍制度基础上，形成了以户籍身份为标志的多元社会管理体制。本市农业户籍人口由乡镇政府和村委会管理，实行农村社会管理体制；本市非农业户籍人口由街道办事处和居委会管理，实行城市管理体制；外来流动人口（不管是农业户籍还是非农业户籍）由独立的流动人口管理办公室管理，实行特殊的流动人口管理体制；同时，因本市户口居民与实际居住地不一致，又造成了人户分离的现象。小城镇户籍改革也造成一些遗留问题，如房山区西潞街道苏庄村曾试点实行"小城镇户口"，但其他较晚进入城市化的村民已经基本"农转居"，而苏庄村村民仍是这种已不再实行的"小城镇户口"，既享受不到城市保险、医疗、养老、就业等居民待遇，又失去了赖以生存的土地，处于一种十分尴尬的状态。因为享受不到城市居民的待遇，苏庄村村民的保险、就业等就只能由村里来尽量解决。从2001年开始至今，苏庄村委会承担起了为全体村民养老的责任，共发放老年人生活费5256513.6元。实现"农转非"曾经是农民的强烈愿望，但随着经济社会的发展，城乡接合部的土地增值明显，农业户籍身份与土地增值及集体资产收益直接联系在一起，在此情形下，越来越多的农民不再愿意"农转非"，如强制推行"农转非"，好像是维护农民权益，实则违背了农民意愿，损害农民的土地权益和享有集体资产的权益。此外，大量流动人口集聚在城乡接合部，出现了流动人口数量多于当地村民的所谓"人口倒挂村"，由此产生了一系列新的社会问题。2010年4月在大兴区大生庄村试点的社区化管理成为农村社会管理的新模式在全市推广。社区化管理对提高社区治安水平、维护社会稳定起到了积极的作用。但目前社区化管理过于突出"维稳"目标、强化社区边界的封闭、侧重于加强对流动人口的管理等问题，体现了城市对流动人口的防范与管理远重于对流动人口的接纳与服务，这与建设开放包容、自由平等、民主法治的服务型政府和宜居城市的目标相比仍有不少差距。

　　二是城乡两套社会管理体制长期并存。1993 年，北京首创了"地区办事处"这一建制形式，从而在城乡接合部建立了城乡两套社会管理体制。本次调研的 26 个村中，海淀区四季青镇的曙光村、大兴区西红门镇星光社区属于单独的居委会管理体制；房山区西潞街道苏庄村为双轨管理体制，既有居委会，又存在村委会；海淀区东升乡大钟寺村比较特殊，目前归街道管理，既不属于居委会管理体制，也不属于村委会管理体制。其余 22 个村均实行村委会管理体制。城乡接合部实行城乡两套社会管理体制，除了受传统的户籍制度影响外，一个重要的原因在于集体资产未能妥善处置。根据《北京市撤制村队集体资产处置办法》（京政办发〔1999〕92 号）规定，撤制村、队集体资产没有条件发展规范的股份合作经济的，其集体资产（包括固定资产、历年公积金以及占地补偿费）全部上交所属村或乡镇合作经济组织管理，待村或乡镇合作经济组织撤制时再行处置。这意味着撤销村委会就得上交集体资产。农民要么上交资产，"裸体"进城，要么"分光吃尽"，以小股民或以个体身份进城，其实质是农民不能带着集体资产进入城市化。

　　三是转居后的社区管理与服务滞后。在城市化进程中，随着集体经济产权制度改革完成和农民转居后身份的改变，撤销村委会、建立居委会后，面临许多新的社会管理和服务问题。转居后的农民与城镇居民仍有很大区别，农民居住相对集中，在生产、生活上一直对村集体组织依赖较强，马上撤村建居，可能会削弱基层社会管理与整合能力。村委会与居委会的职能和管理权限不同，村委会可以依法对村务工作实行管理，处理各种矛盾能力较强，而居委会仅有公共服务和部分民事调解职能，其解决社会矛盾能力相对弱一些。特别是如果一些新的社区干部对村里的发展历史不了解，遇到一些历史遗留问题很难处理。改制后的集体经济组织在很长一段时期内仍将承担发展集体经济、吸纳转居农民就业等职责，如撤销村级组织，原集体经济组织转变为一般的社会企业，其承担农民就业安置的责任也可能削弱。村改后需要一个社会过渡时期，期间的城镇社区的建制，以及转居农民如何顺利融入新的城市生活，都对基层的社会管理与服务体制创新提出了新的要求。

6. 流动人口权益保障不够

　　城乡接合部集聚了大量的外来流动人口。据 2000 年第五次人口普查数据，北京市城乡接合部流动人口占流动人口总量的 83.5%；2005 年对 1% 人口抽样调查数据表明，城乡接合部流动人口占流动人口总量比例高达 85%。2009 年，在北京居住半年以上的流动人口高达 726.4 万人。本次调研的 26 个村中，外来流动人口达 76868 人，是户籍村民的 2.82 倍。外来流动人口已经成为郊区经济社会发展的重要力量。但外来流动人口的权益长期受到忽视，突出表现在以下几个方面：

一是外来流动人口没有获得平等的市民身份。长期以来，受传统户籍制度的制约，绝大部分农民工等外来流动人口难以获得北京市居民身份。近年来，许多地方进行了不同程度的户籍制度改革，尤其是 2008 年以来，各地户籍改革加速推进。2010 年 5 月，《国务院批转发展改革委关于 2010 年深化经济体制改革重点工作意见的通知》（国发〔2010〕15 号）提出，要深化户籍制度改革，加快落实放宽中小城市、小城镇落户条件的政策，进一步完善暂住人口登记制度，逐步在全国范围内实行居住证制度。2009 年 12 月 11 日，北京市授予 53 名农民工首批"优秀农民工"称号，其中 30 人为外地来京农民工。外地农民工如获得全国劳模称号，或取得高级工、高级技师职称的，根据本人意愿，可在北京落户。外来流动人口在京落户的门槛非常高，与重庆、成都等大城市推行的户籍制度相比，北京的户籍制度改革一直比较谨慎。

二是外来流动人口的居住权益缺乏保障。外来流动人口大多居住在城乡接合部地区，在城乡接合部城市化建设中，外来流动人口的居住权益往往被忽视。城乡接合部建设呈现出截然不同的安置失衡现象。一方面，当地户籍居民得到了安置房，获得了拆迁补偿款；另一方面，外来流动人口则基本没有得到安置，更谈不上拆迁补偿。我们调研的 26 个村，外来流动人口尽管数量较多，但安置补偿均不包括外来人口，外来流动人口的居住问题完全由自己负责解决。作为 2009 年北京市城乡一体化的两个试点村之一，朝阳区大望京村拥有户籍人口 1692 户，2998 人，其中居民 2100 人，农民 898 人；该村流动登记人口 3 万多人，未登记的估算有近 2 万人，流动人口总数是户籍人口的 10 多倍。大望京村的拆迁安置补偿明显保障了当地村民的居住权益，甚至让当地村民因拆迁补偿而"一夜暴富"，该村改造一年来，当地居民利用拆迁补偿款新购置小汽车就达 600 多辆。而原本同样生活在该村的数万外来流动人口，没有分享到该村城乡一体化改造发展的"一杯羹"，他们必须自谋出路，卷起铺盖向附近或更远的村庄安营扎寨。作为当地人口的绝大多数，外来租住户在城乡接合部改造中，未能相应地改善居住条件，相反给他们的居住权益造成了很大的损害，不仅增加了他们的通勤成本，而且加大了他们的精神压力，其消极后果令人担忧。作为 2009 年北京市城乡一体化试点的另一个试点村，海淀区北坞村村域面积 33.6 公顷，1367 户，3321 名村民，外来流动人口 2 万多人。该村在

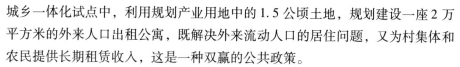

城乡一体化试点中，利用规划产业用地中的 1.5 公顷土地，规划建设一座 2 万平方米的外来人口出租公寓，既解决外来流动人口的居住问题，又为村集体和农民提供长期租赁收入，这是一种双赢的公共政策。

三是外来流动人口没有纳入社会保障等基本公共服务体系。我们调研的 26 个村，外来流动人口没有充分享有教育、医疗卫生、社会保障、劳动就业等基本公共服务，他们大都置身于基本公共服务体系之外。由于受多种因素的影响，外来流动人口未能顺利参加医疗保险、养老保险、工伤保险等社会保障，有的农民工按规定参加了社会保险，但实际上很难充分享受相关待遇。外来流动人口的子女就学、升学等困难问题仍然比较严重，如何切实保障外来流动人口平等享有社会保障等基本公共服务，是推进城市化和城乡一体化面临的重大现实问题。2010 年 8 月，北京市东城区率先将外来流动人口纳入全区公共服务体系，使流动人口享有劳动就业、社会保障、子女教育、医疗卫生等市民待遇。这种公平对待流动人口的做法值得逐步推广。

四　走新型城市化道路的几点思考

城市化是"十二五"时期北京经济社会发展的重要推动力。北京要顺利实现"人文北京、科技北京、绿色北京"的战略任务和建设中国特色世界城市的战略目标，就必须坚持以科学发展为主题，以转变经济发展方式为主线，突出首都特点，走以人为本的新型城市化道路，更加注重以人为本，更加注重体制机制，更加注重创新驱动，使郊区农民在城市化和城乡一体化进程中成为有资产、有住房、有社保、有工作的新市民，保障农民带着资产和尊严进入城市化，使全体市民共享首都改革发展的成果。

1. 新型城市化是空间布局合理的城市化

北京作为首都和特大城市，在快速城市化的进程中，正面临严重拥堵等"大城市病"的严峻挑战。防止和治理"大城市病"，需要从战略上进一步优化城市空间布局。城乡接合部城市化建设是首都城市化的重要组成部分，必须放在首都城市化总体布局中予以谋划。

一是从"大北京"的视野推进首都圈的发展。北京要建设世界城市，必然要把加快京津冀城市群和环渤海城市带建设作为推进城市化的主体形态，形成以北京、天津为双核，其他城市和小城镇为网络，高效协调、宜居可持续的城市化空间布局，打造富有世界魅力和东方特色的首都圈。作为 13 亿人口大国的首都,北京具有极强的人口集聚效应,北京的城市化发展实际上有三个层次的含义:作为行政区域上的"小北京"概念,作为京津冀城市群上的"中北京"概念,作为环渤海城市带上的"大北京"概念。北京中心城区的人口集聚已近饱和,但并不意味着京津冀城市群和环渤海城市带的人口集聚已经饱和。首都城市群要与长三角、珠三角城市群齐头并进共同发展,人口的进一步集聚不可避免,这既是市场经济发展的必然结果,也是首都城市群发展的必然要求。未来十几年之内,北京市的人口规模可能突破3000万人,中国三大城市群的人口都将分别超过1亿人。河北省正在打造"环首都经济圈",京津冀城市群的发展将明显提速。北京的发展既要从行政区域上考虑首都的发展,更要从城市群战略上谋划首都圈的发展,在此基础上统筹调控人口增长,引导人口向首都城市群各大中小城市合理分布和相应集中。

二是切实从"摊大饼"式的城市扩张转向多中心的城市布局。"摊大饼"式的城市扩张,使城市边界无限膨胀,造成一系列严重的"城市病",一直备受诟病。北京早已认识到"摊大饼"的弊端,虽然在最近两个城市总体规划中分别提出建设卫星城、新城以分担中心城区的压力,但北京在总体上仍然沿袭"摊大饼"式的圈层扩张模式,交通拥堵等"城市病"日益严重。一方面,这是因为没有从首都城市群这个大视野上进行有效的产业和人口的统筹规划;另一方面,北京11个新城没有切实发挥分担中心城区功能的应有作用,多中心的城市布局尚未真正形成。"十二五"时期,要坚决放弃"摊大饼"式的城市扩张模式,合理确定城市开发边界,防止中心城区不断向外过度扩张,加快形成多中心的城市发展与治理结构。重点加快城中村改造,城乡接合部的边界要保持相对稳定。加快推动京津冀城市群和环渤海城市带的大中小城市发展,使北京城市功能在更大范围内得到有效疏散,夯实北京建设世界城市的基础,同时扩大首都对周边地区的辐射力和带动力,形成资源共享、功能互补、相互依存与共同发展的首都城市群新格局。

三是从战略上加快新城建设。北京构建多中心城市发展与治理结构,关键是要加快北京的新城与小城镇建设,将新城与小城镇作为首都城市化建设的重中之重切实加以推进,使之发展成为有效分担中心城区功能的大中城市。新城要建设成为有效承担疏解中心城功能的现代化国际新城,重点是加强规划引导,发展适宜产业,完善基础设施,加快教育、行政、医疗卫生等公共服务向新城配置,鼓励就近就业,促进职居统一,使新城有产业、有服务,避免将新城建设成功能单一的"睡城"。

2. 新型城市化是维护农民权益的城市化

城市化不能以剥夺农民的权益为代价。传统的城市化过度损害农民利益，特别是侵害农民的土地权益和集体资产权益，造成了大量的失地农民，失地农民不能顺利转变为市民，造成了许多经济社会问题。新型城市化是切实维护农民权益的城市化，是让农民在自己的土地上富裕起来的城市化，是实现农民市民化的城市化。

一是充分发挥农民的主体作用。城市化是农民土地非农化和农民身份市民化的过程，城市化是农民自己的事业。政府不能代民做主，强迫农民集中上楼，强制推进城市化。要切实改变将农民排除在外的城市化、替代农民做主的城市化、强制农民意愿的城市化、剥夺农民权益的城市化，使传统的农民被动城市化全面转变为农民主动的城市化。在政府规划的引导下，尊重农民的自主权，发挥农民的主体作用，使农民真正成为城市化建设的主人，成为自己幸福生活的缔造者。政府要着重提供规划控制和政策法律的引导规范，负责提供公共产品和公共服务。

二是切实将土地的增值收益还给农民。城市化的核心是土地问题，关键是产业发展问题。2007 年 3 月，温家宝在会见中外记者时说：“土地出让金主要应该给予农民。”2010 年 10 月，党的十七届五中全会通过的“十二五”规划建议提出，将土地增值收益主要用于农业农村。2010 年 12 月，中央农村工作会议提出土地出让收益重点投向农业土地开发、农田水利和农村基础设施建设，确保足额提取、定向使用。2010 年，北京市的土地出让金已达 1639.4 亿元，创历史新高。在推进城市化进程中，要明确土地出让金主要用于农业农村的详细内容，特别是要支持都市型现代农业服务体系建设、农业专业合作组织和生态文明建设，改善农村基础设施和公共服务设施，实现基本公共服务均等化。城乡接合部建设要给农民留足产业用地，推行和规范农民利用集体建设用地发展公共租赁房，保障和实现农民的土地发展权。

三是要有效保障农民带着集体资产进城。让农民带着集体资产进城，是城市化中的重大问题。要按照社区股份合作制的基本模式，全面推行集体产权制度改革，实现资产变股权、农民当股东，让农民拥有实实在在的集体资产份额，享有集体资产增值收益。要突破农民集体资产股权受到多方限制的封闭局面，赋予农民对个人股权享有占有、使用、收益和处分的完整权能，农民的股权可以转让、抵押、担保和继承。农民享有的集体资产股权不受“农转居”“农转非”等影响，农民可以带着集体资产股权进入城市，成为市民。农民享有的股权只能通过自愿转让和市场机制退出。

3. 新型城市化是善待外来人口的城市化

受城乡二元体制的影响，外来流动人口没有真正融入城市成为市民，使传统城市化成为一种特殊的"半城市化"。新型城市化需要重新认识和公平对待外来流动人口。公平善待外来流动人口，不只是加强对外来流动人口的管理，更重要的是要维护外来流动人口的平等权益和尊严，构建公正的社会制度，实现外来流动人口的市民化，实现"同城同权同尊严"，使外来流动人口共享城市发展的成果。

一是破除双重二元结构。城乡接合部存在静态与动态双重二元结构。静态二元结构就是基于农民与市民两种不同的户籍身份，以此建立市民与农民两种权利不平等的制度体系，实行"城乡分治、一国两策"，使农民处于"二等公民"的不平等地位。动态二元结构是基于本地居民与外来流动人口两种不同的身份，以此建立本地户籍居民与外来流动人口两种权利不平等的制度体系，实行"城市分治、一市两策"，使外来流动人口处于"二等公民"的不平等地位。在城乡接合部地区，双重二元结构交织在一起，共同构成了城市化和城乡一体化面临的重大体制障碍。推进城市化和城乡一体化，必须破除双重二元结构，公平对待郊区农民和外来流动人口，促进农民与流动人口的市民化，在城乡接合部地区率先实现基本公共服务均等化。

二是要重新认识流动人口。对于现代城市来说，其居民只应有职业的差别，而不应有身份的歧视；移居城市的居民也只应有先后之分，不应有内外之别。在同一座城市中，每一个人都应完全平等。以农民工为主体的流动人口，是北京人口的重要组成部分，对北京的经济社会发展做出了重要贡献。流动人口是移居北京的新市民，是北京发展的重要力量，是拥有人力资本的新市民。在对待流动人口问题上，传统的思维和做法是加强控制和治安管理。但简单的限制流动人口的举措，既不利于保障公民的居住和迁徙自由权，也不利于形成城乡一体化新格局，应当将流动人口视为城市的常住人口，平等对待。

三是切实改革城乡二元户籍制度。户籍制度改革的目标是消除户籍歧视，实现身份平等，建立城乡统一的居住证制度，保障公民的居住和迁徙自由权。现在全国各地的户籍制度改革明显加快，特别是成都市户籍制度改革在实现公民迁徙自由上实现了重大突破。北京市推进新型城市化，要借鉴各地户籍改革的有益经验，结合首都的实际，积极稳妥地推进户籍制度改革，尽快赋予流动

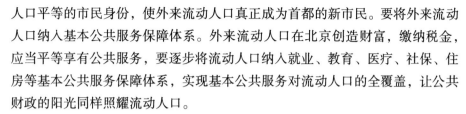

人口平等的市民身份，使外来流动人口真正成为首都的新市民。要将外来流动
人口纳入基本公共服务保障体系。外来流动人口在北京创造财富，缴纳税金，
应当平等享有公共服务，要逐步将流动人口纳入就业、教育、医疗、社保、住
房等基本公共服务保障体系，实现基本公共服务对流动人口的全覆盖，让公共
财政的阳光同样照耀流动人口。

4. 新型城市化是产业结构优化的城市化

城市化的过程本身也是产业结构不断优化升级的过程。早在 1995 年，北
京的服务业比重超过 50%，形成了"三二一"的现代产业格局。到 2009 年，
北京三次产业结构比为 1.0∶23.5∶75.5，已接近发达国家水平。但从产业区域
布局来看，北京 GDP 总值的 70% 左右集中于城市功能核心区和拓展区。2008
年，首都功能核心区、城市功能拓展区、城市发展新区和生态涵养区的 GDP
总值占全市的比重分别为 24.5%、45.2%、18.2% 和 4.2%。在新型城市化进
程中，北京产业结构优化升级的任务和空间仍然很大。

一是强化大首都圈产业布局。首都的产业结构优化不仅要着眼于北京市的
行政区域，更要在首都圈这个大的范围内进行统筹协调，统一产业布局，促进
区域协调发展，增强首都圈与长三角、珠三角的竞争力。作为京津冀城市群和
环渤海城市带的首位城市，北京具有进一步优化产业结构空间分布、完善城市
功能、增强特大城市辐射力的巨大优势，关键是要围绕首都圈一体化发展进行
城市群内各城市功能定位和产业布局，优化产业结构。特别是要着眼于创新驱
动，按照"优化一产、做强二产、做大三产"的思路，积极发展高新技术产
业和战略性新型产业，大力发展适应首都发展的现代服务业，推动服务业转型
升级，形成与北京城市功能相契合、符合科学发展的现代产业格局和合理的产
业空间布局。

二是推进都市型现代农业发展。在我国城市区域内，农业是城市的重要基
础性产业。北京的农业，是一、二、三次产业相互融合的产业，具有生产、生
活、生态等多种功能，是新型城市化进程中必须进一步发展壮大的基础产业，
也是首都实现可持续发展不可取代的优势产业。发展都市型现代农业，既要从
生产力层面上进一步发掘都市农业的新功能、新业态，完善都市型现代农业的
实现形式，促进籽种农业、循环农业、休闲农业、会展农业等新突破，也要从
生产关系的层面上加快体制机制创新，特别是要加快建立健全都市型现代农业
服务体系建设，发展和壮大以农村合作经济组织为基础的产前、产中和产后服
务，形成适应北京都市型现代农业发展的社会化服务产业。

三是大力发展民生产业。发展经济、推进城市化的根本目的在于改善民生，保障和改善民生也是加快转变经济发展方式的根本出发点和落脚点。"十二五"时期，优化产业结构，关键是要大力发展以保障和改善民生为重点的民生产业，特别是要完善社区公共服务业。通过发展民生产业，进一步增加就业机会，加快推进农民转移就业，大力开发公益性就业岗位，努力解决城市化过程中的农民就业问题。在保障就业的基础上，进一步调整收入分配格局，缩小城乡居民收入差距，实现共同富裕。

5. 新型城市化是生态环境友好的城市化

传统的工业化、城市化在创造巨大财富的同时，对人们赖以生存和发展的自然环境造成了严重的破坏。新型城市化必须坚持全面、协调和可持续的原则，走资源节约型与环境友好型之路，不断提高生态文明水平，努力建设绿色北京、健康北京和宜居城市，确保城市使人们的生活更加美好。

一是加快转变经济发展方式。加快转变经济发展方式是"十二五"时期推动科学发展的主线，也是建设资源节约、环境友好型社会的根本保证。要切实改变传统的高能耗、高污染、高排放、低效益的经济发展模式，树立绿色、低碳、可持续的发展理念，按照高端、高效、高辐射力的发展方向，调整产业结构，培育以绿色产业为主的新经济增长点，推动绿化发展，构建完善的山区绿屏、平原绿网、城区绿景三大生态系统，实现绿色生产、绿色消费、绿色环境的统一，促进人与自然环境的和谐共存。

二是实现城市与乡村的融合。城市化不是城市消灭农村、城市吞并农村、城市污染农村，而应当是城乡一体、城乡互补、城乡融合。城乡融合的城市就是田园城市，正如著名的城市规划思想家霍华德所说的那样，城市和乡村必须成婚，这种城乡的结合将迸发出新的希望、新的生活、新的文明。在城市化和城乡一体化进程中，北京建设宜居的田园城市，要切实保护农村的自然景观，不能以城市人的眼光去强制改变乡村人的生活方式。要进一步加强绿化隔离带建设，真正发挥绿化隔离带的"绿化"与"隔离"双重功能，在建设一批城市绿色生态走廊的同时，以绿化隔离带来阻止城市"摊大饼"式的无限扩张。

三是进一步提升生态涵养功能。北京的生态涵养区具有涵养水源、防风固沙、美化环境等重要功能，是首都最重要的生态屏障。要加快绿色北京建设，进一步提升生态涵养功能，着力构建可持续的生态涵养体系，发展与生态涵养相吻合的生态友好型产业，禁止破坏性开发。要进一步深化认识农业的生态价值，农业的价值不只是简单地体现在生产产值上，2009 年北京农业产值占整个 GDP 的比例已下降到 1%，但这没有计算农业的生态价值，据测算，2008 年北京的农业生态服务价值高达 6297.19 亿元。要进一步完善生态补偿机制，生态涵养区为城市提供干净的水源、清新的空气、绿色的环境是无价之宝，要加大转移支付力度，加强农业基础地位，推进集体林权与集体资产改革，切实保护生态涵养区农民种粮护林的积极性。

6. 新型城市化是发展民主法治的城市化

贯彻依法治国基本方略，推进依法行政，建设法治政府，是我们党治国理政从理念到方式的革命性变化，具有划时代的重要意义。城乡接合部城市化建设事关城乡居民的切身利益，是重大的公共政策，要纳入民主法治的轨道。为人民谋福利、办好事的权力也必须受到严格的制约和监督。要以民主法治的方式推进城市化，以城市化来提升民主法治水平，使城市化与民主化相互促进，城市建设与法治建设交相辉映。各级政府要坚持依法行政，将民主法治理念贯穿到城乡接合部建设中去，将城乡接合部建设作为加快建设法治政府和服务型政府的重要内容，不断提高政府公信力和执行力，实现法治框架下的城乡善治，切实保护公民的基本权利和自由，维护社会的公平正义，不断提高市民的幸福指数，使首都市民在民主法治的保障下生活得更加幸福、更有尊严。

一是公开透明，民主参与。城乡接合部城市化建设事关城乡居民的切身利益，有关规划、实施方案和其他规划性文件，都要向社会公开。公开、参与是提高决策民主化、科学化、法治化的基本保障。要坚持以公开为原则、不公开为例外。要把公众参与、专家论证、风险评估、合法性审查和集体讨论决定作为有关城市化建设重大决策的必经程序，未经公开征求意见、合法性审查、集体讨论的，不得发布施行。没有法律、法规、规章依据，政府有关部门不得做出影响公民、法人和其他组织权益或者增加其义务的决定。实行民主好处多，城乡接合部城市化建设要广泛实行民主，扩大公众参与，保障居民的知情权、参与权、表达权和监督权，要发挥村民自治在城乡接合部城市化建设中的应有作用。

二是定期清理，废止旧规。根据《国务院关于加强法治政府建设的意见》（国发〔2010〕33 号），建立规章和规范性文件定期清理制度，对规章一般每隔 5 年、规范性文件一般每隔 2 年清理一次，清理结果要向社会公布。城乡接合部城市化建设涉及征地、拆迁补偿、人员安置、社会保障等诸多方面，不少政策文件时间跨度较大，与当前的新情况新形势不相适应，应当组织有关部门一一进行清理，废除或修改已不适应当前城市化和城乡一体化发展需要的规章制度。根据新的发展形势与要求，建议对《北京市农村集体资产管理条例》《北京市撤制村队集体资产处置办法》《北京市集体土地房屋拆迁管理办法》《北京市建设征地补偿安置办法》等法规进行重新修订。

三是与时俱进，依法行政。与过去在城乡二元结构背景下推进城乡接合部城市化建设不同，现在是在城乡一体化的背景下推进城乡接合部城市化建设。城乡接合部的城市化不是简单的大拆大建，而是要更加注重城乡一体化的体制机制建设，更加注重城乡接合部率先形成城乡经济社会发展一体化新格局，在城乡规划、产业布局、基础设施建设、公共服务一体化等方面实现新突破。当前迫切需要根据党的十七届三中全会精神以及物权法等相关法律，重新制定和出台一批新的政策法规，使城市化和城乡一体化有法可依，各级政府部门依法行政，农民群众依法参与，确保城乡接合部城市化建设走上现代法治的轨道。

五　推进城乡接合部城市化建设的政策建议

城乡接合部建设面临双重任务，既要推进城市化，实现农村向城市的社会转型，让农民享受现代城市文明成果；又要推进城乡一体化，破除城乡二元结构，形成城乡经济社会发展一体化新格局，实现城乡融合、和谐发展。城乡接合部建设总的要求是，率先构建城乡一体化的体制机制，率先实现基本公共服务均等化。为此，我们就城乡接合部城市化建设提出如下政策建议：

1. 加快土地制度创新，维护农民的土地财产权益

土地是农民最重要的生产资料和生活保障，也是农民生存和发展最重要的财产。在城市化进程中，要加快土地制度创新，维护农民的土地权益。

一是改革征地制度，创新和完善征地补偿机制。将征地严格控制在公共利益的范围之内，非公共利益需要占用农村集体土地的，应实行市场交易的办法，由用地单位与村集体及农民平等谈判，公平交易，政府收取相关土地税费，公正保护双方的合法权益。特别是重点工程占有农民土地的，更要足额公平补偿，要改变长期以来重点工程建设占地反而给农民补偿严重不足的做法。确因公共利益征收农村集体土地的，也要按照同地同权原则以市场价格给予农村集体组织和农民个人公正合理的补偿。在绝大多数情况下，凡需

要占用农村集体土地的，一般实行土地租赁或土地入股等形式，保障农民集体土地所有权性质不变，维护农民的长远发展。完善土地储备制度，将土地增值收益主要用于农村的基础设施建设和公共服务提供等方面。政府除收取土地税费外，不再从经营土地中获利。土地储备成本中，农民拆迁补偿和就业安置费用占很大比重。建议采用产权置换的方式，减少政府征地数量，降低征地成本。土地储备项目为农民预留产业用地，可采取代征为国有土地，再交由农民使用的方式。对农民拆迁住房补贴面积较多的，可通过产权置换的办法，将其转换成集体经济组织建设的租赁房或商铺房（广州允许农民以2∶1将拆迁房置换为商铺房）。

二是允许和规范农村集体建设用地流转。农村集体建设用地流转已是大势所趋，不可阻挡。城乡接合部地区的集体建设用地直接入市的要求最为迫切，当务之急是尽快出台《北京市农村建设用地流转管理办法》，对集体建设用地流转进行统一的规范、引导、保护和管理，建设城乡统一的建设用地市场，允许农民通过多种方式开发经营集体建设用地，维护农民的土地发展权，让农民分享城市化中土地增值的收益。通过村集体和农民进行土地开发建设，可以保障农民参与城市化进程，解决农民的长远生计问题。凡是外来流动人口比较集中的城乡接合部地区，可根据实际情况鼓励和规范农民大力建设公共租赁房，重点解决流动人口的居住问题，增加村集体和农民的财产性收入，同时也促进原有"瓦片经济"向新型服务经济升级转换，促进郊区发展方式转变。公共租赁房收入应在村集体和农民之间进行公平分配。

三是保障农民宅基地用益物权，实行农民宅基地的商品化。农民对宅基地依法享有占有、使用、收益的权利，在城市化进程中必须切实加以保护，特别是要尊重和保护农民对宅基地和房屋当家做主的权利，要防止以旧村改造、村庄整理、城乡建设用地"增减挂钩"等名义，对农民宅基地进行新一轮掠夺，切实遵守《宪法》第39条"公民的住宅不受侵犯"，禁止任何违背农民意愿、侵害农民财产权和人身权的强制拆迁。以宅基地换房使农民上楼后永远失去了宅基地，宅基地权益没有得到充分的补偿。在尊重农民意愿的前提下，旧村改造应实行农民以房换房、以宅基地换宅基地等办法。凡是仍然从事农业生产的农户，不宜提倡集中上楼。对于已无农业又无耕地的城中村，可以实行农民集中上楼，但应充分尊重农民意愿，保障农民的宅基地用益物权。现行有关严格限制农民宅基地流转的政策制度，要予以改变。城乡接合部地区的农民住宅进行确权、登记、颁证后，可以合法有序地进入市场流转，率先实现商品化。

四是加快完成农村土地确权、登记、颁证工作。确权是维护和发展农民权益的前提和基础，应由市政府统一组织协调有关职能部门对农村的承包耕地、林地、宅基地、集体建设用地等进行权威性的确权、登记、颁证工作，确定村集体的所有权和农民的使用权，争取在两年内全部完成，统一颁发市政府印制的农村土地权属证书。对城乡接合部地区存在土地承包关系的村以及郊区其他村，统一更换土地承包经营权证书，将承包期由原先确定的"30年"更改为"长久"，要警惕一些基层干部误解或曲解党的十七届三中全会关于"现有土地承包关系要保持稳定并长久不变"的精神，防止出现第二轮承包30年到期后再重新调整土地承包关系的倾向，同时要纠正和制止一些地方在租用农民承包地时以30年为期支付所剩年限租金从而损害农民承包地权益的做法。

2. 深化集体产权改革，保障农民带着集体资产进城

按照社区股份合作制的基本模式，全面推行集体产权制度改革，实现资产变股权、农民当股东，让农民拥有实实在在的集体资产份额，享有集体资产增值收益。

一是全面推进集体产权改革。集体产权改革是有效推进城市化建设的基础工程，必须加快推进，保障农民的集体资产不受损害。首先，对城乡接合部地区尚未进行集体产权改革的村，要抓紧实行集体产权改革。我们调研的26个村中尚有8个村没有启动集体产权制度改革，另有5个村尚未完成集体产权改革。从全市来看，山区和平原区县的集体产权改革进展较快，近郊区集体产权改革相对缓慢，朝阳、海淀等区集体资产总量和收入都较大，但集体产权改革却明显滞后。近郊区是城乡接合部的重点地区，要加快推进集体产权改革。其次，着手推进乡镇集体产权改革。2009年底，北京市乡镇集体资产（不含村级）为1368亿元，占全部集体资产2972亿元的46%。截至2009年底，全市只完成5个乡镇级集体资产改革。要将乡镇集体产权改革作为下一步集体产权改革的重点。再次，要将土地、林地等资源性集体资产全面纳入农村集体产权改革范围。

二是妥善处理征地补偿费。征地补偿费归村集体经济组织所有，区县和乡镇不得截留村征地补偿费，征地补偿费应主要用于被征地农民的生产生活安置与保障。对于存量集体资产如何处置的问题，首先应充分尊重村民的意见，进行民主决策，既可以公平分配部分集体资产，也可以将集体资产量化入股进行投资经营。

三是降低集体股比例。有的村集体股比例很高，远超过 30% 集体股的一般规定。应降低集体股比例，在条件成熟的地方也可尝试取消集体股设置。对集体股要强化账务公开和民主监督。

四是完善农民拥有集体资产股权权能。突破农民集体资产股权受到多方限制的局面，赋予农民对个人股权享有占有、使用、收益和处分的完整权能，农民股权可以转让、抵押、担保和继承。农民享有的集体资产股权不受"农转居""农转非"等影响，农民可以带着集体资产股权进入城市，成为市民。"农转居""农转非"后，农民享有的集体资产股权保持不变，作为股东，农民继续享有集体资产收益，不得以任何行政手段予以剥夺。这既可避免强制"农转非"和为获取集体资产股权而进行"非转农"等现象，同时，也为城乡接合部地区的农村与城市管理体制实现并轨打开方便之门。农民股权的转让只能通过个人自愿或市场机制予以实现，原村集体经济成员在同等条件下拥有优先购买权。

五是创新集体资产管理体制，强化政府监管。集体资产作为农民集体所有的重要财产，必须加强民主法治建设，坚持公开透明、民主管理，防止少数包办代替、内部人为操作控制，确保农民的集体资产不被少数人控制、少数人利用、少数人受益。在集体资产监管上，可借鉴国有资产监督管理体制的经验，选择一个区县试点建立集体资产监督管理机构，探索加强对集体资产的监督管理经验。集体资产监督管理机构的职责在于维护集体和农民的集体资产权益，防止集体资产流失，实现集体资产保值增值。

3. 充分利用区位优势，培育和发展优势特色产业

城乡接合部既具有"城"的优势，又具有"乡"的优势，还具有"城与乡"结合的优势。城乡接合部要充分利用和挖掘独特的区位优势，培育和发展符合自身条件与实际优势的特色产业，以产业带动就业，创造更多的就业机会。

一是将传统的"瓦片经济"改造升级为现代租赁业。对城乡接合部"瓦片经济"要正确看待，充分认识其在增加村集体和农民收入、拓展农民就业渠道、带动服务业发展、为外来流动人口提供居住保障等方面的积极作用，同时也要正视其管理失序、环境脏乱差和存在安全隐患等问题。城乡接合部集聚了大量的流动人口，房屋出租需求巨大。对城乡接合部和城中村进行改造，不是消除房屋租赁业，而是提升房屋租赁业。要大力发展公共租赁房，将公共租赁房作为城乡接合部建设的重要内容纳入建设规划，进行统筹安排，取消户籍限制，将外来流动人口列为公租房保障的主要对象。鼓励村集体经济组织自主建设公租房，积极开展公共租赁房服务，公租房的收益归村集体和农民所有，保障农民公平分享房屋出租收入。

二是完善社区服务功能，大力发展社区服务业。凡是有人群集聚的地方，就有服务需求，有服务需求就有就业机会。城乡接合部是人口大量集聚生活的地区，有旺盛的服务需求。城乡接合部每一个社区，都应当规划建立超市、商店、幼儿园、学校、医疗诊所、体育场馆、图书室、环境卫生、治安岗亭、公共交通等公共服务机构和设施，形成功能完备的优良生活社区。传统的城中村改造在规划建设中忽视公共服务设施建设，既给当地居民带来巨大的生活不便，又抑制了社区服务业的正常发展。凡是涉及征地的，要严格执行落实"谁征地，谁转工，谁安置"的政策，同时加强就业培训，保障和促进"农转居"人员就业。

三是发展都市型现代农业社会化服务产业。城乡接合部在发展都市型现代农业社会化服务上具有一定的条件，特别是一些被征地村集体和农民，可以克服其文化水平不高等导致就业困难的劣势，发挥其熟悉农业农村的优势，利用征地补偿款或其他集体资产，组成从事农业社会化服务的专业合作社，为小农户对接大市场提供多种形式的生产经营服务。政府对农业社会化服务专业合作社给予重点扶持，积极培育规范的农民专业合作社。城乡接合部地区还可以利用自身优势，发展物流业、民俗旅游业、生态服务业以及其他特色产业。

4. 加快财政体制改革，实现基本公共服务均等化

公共财政体制是确保"发展成果惠及全体人民"的重要制度安排。北京作为特大城市，坚持工业反哺农业、城市支持农村和"多予、少取、放活"的方针，具有两个层面的政策含义：从全国来说，北京要支持全国农村的发展；从全市来说，则要支持郊区农村的发展。就全市来说，北京实行以城带乡、城市支持农村的重要方式，就是将基础设施和公共服务向农村延伸，推进城乡基本公共服务全覆盖和均等化；就全国来说，北京要实行以城带乡、城市支持农村，最直接的方式就是将来自全国各地的农民工等外来流动人口纳入首都基本公共服务保障体系之中。北京是典型的大城市、小农村，2000多万城市人口中只有200多万农业人口，完全有能力和责任加快实现城乡基本公共服务均等化。"十二五"时期，北京应当率先全面实现城乡基本公共服务均等化的目标任务。

一是将城乡接合部基本公共服务均等化作为城乡一体化的突破口和示范区。城乡接合部地区基础设施和公共服务的短缺和矛盾相当突出。实现城乡社会保障等基本公共服务均等化，构建城乡一体化的体制机制，比大拆大建式的拆村运动对社会的文明进步更具有长远的现实意义。北京在已经实现养老保险、义务兵优抚费、残疾人救助、丧葬补贴等全市城乡统一的基础上，应加快实现城乡医疗保险、低保、住房保障等制度的一体化，要逐步将高中教育、学前教育等纳入免费教育范围，率先建立与首都经济发展相适应的普惠型社会福利制度，将首善之区建设成为幸福城市。

二是切实减轻集体经济组织承担公共产品供给的压力。城乡接合部地区存在的一个突出问题是，由村集体承担的提供公共产品和服务的压力过大，政府提供的公共产品和服务严重不足。城乡接合部地区的市政基础设施、公共服务设施以及社会保障等应纳入政府公共财政保障范围。有条件的村集体经济组织在政府提供公共产品和服务的基础上，承担提供集体公共产品和改善村民福利的责任。

三是将征地补偿与社会保障脱钩。随着城乡一体化的快速发展，北京城乡居民的社会保障已经或正在实现城乡全覆盖和制度统一。农民无论是否被征地，无论是否居住在城乡，都平等享有社会保障权。以征地补偿款抵扣农民社会保障的做法要予以改变。

四是全面解决历次征占土地造成失地农民社会保障缺失等遗留问题。从以工哺农、城市支持农村的新要求出发，适当减免"农转居"人员进入城镇社会养老保险体系所补缴的社会保险费用。在历次征占农民土地中，"农转居"、"农转工"、超转人员、自谋职业人员因社会保险费用补缴困难等因素未能真正纳入城镇社保体系的，可由政府从土地出让金中给予适当补助来解决，确保所有失地农民人人享有公平的社会保障权益。探索和创新土地出让金主要用于农业农村的有效途径和方式，并努力加快被征地农村的基础设施和公共服务设施建设，改善基本公共服务。

五是提高社会保障等基本公共服务支出占财政支出的比重。在发达国家，社会保障和福利支出占财政支出的比重平均在30%~50%，有的在60%以上。例如，2004年美国联邦政府用于社会保障和医疗卫生等公共服务支出占总支出的45%，各州和地方政府用于教育、卫生和社会保障支出比例高达70%。2009年北京市用于社会保障、就业和医疗卫生的支出占总支出的比重仅为14.2%，与发达国家的差距十分明显。要进一步优化财政支出结构，提高社会保障等基本公共服务支出占财政支出的比重，将全市用于社会保障、就业和医疗卫生的支出占总支出的比重提高到30%以上，建设真正的民生财政，打造真正为人民谋福利的政府。

5. 着力改革户籍制度，促进农民和外来流动人口市民化

户籍改革的目标是消除户籍歧视，实现身份平等，建立城乡统一的居住证制度，保障公民的居住权和迁徙自由权。城乡接合部的户籍改革，既要赋予本市户籍农民以市民身份，又要赋予外来流动人口以市民身份，实现全体常住人口的"同城同权"，同享尊严。

一是取消传统的农业户籍与非农业户籍的划分，实行城乡统一的户口登记制度。首都农民是北京的市民，户口一律登记为北京市居民。健康的城市化应当是土地城市化与人口城市化协调发展的过程。与全国一样，北京的人口城市化远滞后于土地城市化。1981～2008年，北京的城市建成区面积由349平方公里增加到1310.9平方公里，增长275.6%；城市人口由466.4万人增加到1439.1万人，增长208.6%。人口城市化率滞后于土地城市化率67个百分点。1980～2009年，北京市常住人口由904.3万人增加到1755万人，而农业户籍人口只从375.28万人减少到273.9万人，30年中农业户籍人口只减少了大约100万人，平均每年只有3万多农业户籍人口转为非农业户籍人口。2009年北京市三次产业结构比为1.0∶23.5∶75.5，第一产业从业人员为62.2万人，大约有210万农业户籍人口没有从事第一产业，但他们还是农业户籍人口，这是传统城乡二元户籍制度制约的结果。应按居住地进行户口登记，实行城乡统一的户口登记制度。

二是户籍改革既赋予农民享有与市民平等的社会保障等权利，又保障农民享有包括承包地、宅基地等在内的集体资产权益。农民的市民化不能以剥夺农民原享有的集体资产等财产权利为代价，而应平等享有社会保障等市民待遇。因为现代国家的公民，无论从事何职业、无论生活在城市或农村，都平等享有国家提供的社会保障。不得强制实行"农转非"，也不得阻止实行"非转农"。"农转非"或"非转农"实质上是户籍改革的误区，其要害在于强化传统的城乡二元户籍制度，与城乡一体化相悖离。户籍改革的关键是要将户口与社会福利脱钩，使之回归人口信息登记的功能。

三是实行专业农户登记制度。国家有关支农惠农政策与专业农户挂钩，与户籍脱钩。通过平等的户籍改革，实现农民只是一种职业而不再是一种受歧视的身份。人口统计口径不再区分农业户籍与非农业户籍，全体城乡居民均为北

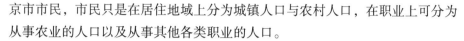

京市市民，市民只是在居住地域上分为城镇人口与农村人口，在职业上可分为从事农业的人口以及从事其他各类职业的人口。

四是要重新认识和公平对待外来流动人口，逐步实现农民工等外来流动人口的市民化。数百万农民工等外来流动人口，是北京人口的重要组成部分，已经和正在对北京的经济社会发展做出重要贡献。在对待农民工等外来流动人口问题上，传统的思维和做法是加强控制和治安管理。以农民工为主体的外来人口是城市的新移民和新市民，是首都可持续发展不可或缺的宝贵人力资源，应当赋予他们平等的市民身份，要将在北京有稳定就业和居住地的外来流动人口逐步登记为北京市居民户口，使之平等享受就业、教育、医疗、社保、住房等基本公共服务。

6. 创新社会管理体制，推进城乡社会管理一体化

建立城乡接合部一体化的社会管理体制，重在以下几个方面的创新：

一是创新人口管理体制。将传统的以户籍为核心的管理体制改革为以居住地为基础的管理体制，实行人口属地化管理，打破城乡分治、人户分离的多元社会管理体制，建立新型的以居住地和身份证为基础、没有户籍身份限制的城乡一体化的现代社会管理体制，保障外来流动人口的基本权益。

二是整建制转居要保障村集体和农民的集体资产权益。在撤村转居前，应当对集体资产进行社区股份合作制改革，明确集体经济组织成员的资产份额，量化股份，固化股权，改制后的股东可以将股权进行转让、继承和赠予。完成社区股份合作制改革后，可撤销村委会，也可将村委会改组为农工商公司，总的要求是实行政企分开、政社分开，村委会原公共事务管理和自治职能并入居委会。

三是实行社区治理的民主化。与村委会的管理封闭性不同，改居后的社区体制，要建设成为更加体现开放、民主和自治功能的管理与服务体制。社区内的所有居民都有权利和责任共同参与社区公共事务。要积极鼓励社会组织参与社区公共事务的治理，促进社区建设，构建新型的社区公共治理结构。要全面推进网格化社会服务管理体系建设，完善城乡接合部地区的社区化管理体制与服务方式，更加突出公共服务功能，更加突出保障和改善民生，更加突出以维权促维稳，更加突出体制机制创新，逐步实现城乡社会管理与服务的一体化，使首善之区的全体居民，都能成为首都建设的主人，共同享有城市文明的荣耀。

参考文献

《中共中央关于制定国民经济和社会发展第十二个五年规划的建议》，人民出版社，2010。

《中共中央关于推进农村改革发展若干重大问题的决定》，人民出版社，2008。

《中共北京市委关于制定北京市国民经济和社会发展第十二个五年规划的建议》，《北京日报》2010 年 12 月 6 日第 1 版。

《中共北京市委关于率先形成城乡经济社会发展一体化新格局的意见》（2008 年 12 月 25 日中共北京市委十届五次全会通过），《北京日报》2008 年 12 月 30 日第 3 版。

《国家人权行动计划（2009～2010）》，《人民日报》2009 年 4 月 14 日第 7 版。

〔印度〕阿马蒂亚·森：《以自由看待发展》，任赜、于真译，中国人民大学出版社，2002。

《全面推进依法行政实施纲要》，中国法制出版社，2004。

《国务院关于加强法治政府建设的意见》（2010 年 10 月 10 日），中国法制出版社，2004。

《中国发展报告 2010：促进人的发展的中国新型城市化战略》，人民出版社，2010。

《中国人类发展报告 2007～2008：惠及 13 亿人的基本公共服务》，中国对外翻译出版社公司，2008。

国务院发展研究中心课题组著《中国城镇化：前景、战略与政策》，中国发展出版社，2010。

蒋省三、刘守英、李青：《中国土地政策改革：政策演进与地方实施》，上海三联书店，2010。

刘守英、赵继成：《中国城市化可走"第三条道路"》，《新京报》2010 年 12 月 4 日第 B04 版。

张英洪：《城乡一体化的根本：破除双重二元结构》，《调研世界》2010 年第 12 期。

李强等：《城市化进程中的重大社会问题及其对策研究》，经济科学出版社，2009。

北京大学国家发展研究院综合课题组著《还权赋能：奠定长期发展的可靠基础——成都市统筹城乡综合改革实践的调查研究》，北京大学出版社，2010。

《中国农村经济形势分析与预测（2009～2010）》，社会科学文献出版社，2010。

中国（海南）改革发展研究院编《"十二五"：城乡一体化的趋势与挑战》，中国长安出版社，2010。

迟福林：《第二次改革：中国未来 30 年的强国之路》，中国经济出版社，2010。

〔英〕埃比民泽·霍华德：《明日的田园城市》，金经元译，商务印书馆，2000。

〔美〕布赖恩·贝利：《比较城市化——20 世纪的不同道路》，商务印书馆，2008。

陈甬军、景普秋、陈爱民：《中国城市化道路新论》，商务印书馆，2009。

倪鹏飞等：《中国新型城市化道路——城乡双赢；以成都为案例》，社会科学文献出版社，2007。

　　周天勇：《中国城市化道路急需修正》，《中国社会科学报》2010 年 8 月 5 日第 3 版。

　　汪仲启：《中国城市化道路再审视》，《中国社会科学报》2010 年 10 月 21 日第 7 版。

　　周雪松：《大北京建设需要新思路》，《中国经济时报》2010 年 2 月 25 日第 7 版。

　　陶然、徐志刚：《城市化、农地制度与迁移人口社会保障》，《经济研究》2005 年第 12 期。

　　中国城市科学研究会主编《中国低碳生态城市发展战略》，中国城市出版社，2009。

　　牛文元主编《中国新型城市化报告 2009》，科学出版社，2009。

　　赵树枫、陈光庭、张强：《北京郊区城市化探索》，首都师范大学出版社，2001。

　　陈天宝：《农村社区股份合作制改革及规范》，中国农业大学出版社，2009。

　　姚永玲：《北京市城乡结合部管理研究》，中国人民大学出版社，2010。

　　冯晓英、魏书华、陈孟平：《由城乡分治走向统筹共治：中国城乡结合管理制度创新研究》，中国农业出版社，2007。

　　董克用：《北京市城乡结合部发展与创新研究》，中国人民大学出版社，2004。

　　唐钧、张时飞：《城市化与失地农民的就业和社会保障——北京市朝阳区和丰台区个案研究》，http：//www. sociology. cass. net. cn/shxw/shzc/t20041024_ 3260. html。

　　联合调研组：《关于城乡结合部地区综合管理体制改革的调研报告》，《北京农业职业学院学报》2009 年第 1 期。

　　余钟夫主编《北京市城乡结合部问题研究》，北京出版社，2010 年 12 月。

　　北京市委党校中青班课题组：《北京市城乡结合部建设中农民利益保障机制研究》，《北京调研》2010 年第 7 期。

　　陈志武：《为什么中国人勤劳而不富有》，中信出版社，2008。

　　俞可平、白羽：《"新移民运动"：牵动中国社会的大变迁》，《北京日报》2010 年 5 月 31 日第 19 版。

　　黄公元：《城乡结合部的流动人口》，《杭州师范学院学报》1998 年第 1 期。

　　周大鸣、高崇：《城乡结合部社区的研究——广州南景村 50 年的变迁》，《社会学研究》2001 年第 4 期。

课题负责人：郭光磊、贺东升、张秋锦、王瑞华、曹四发、吴志强

调研组成员：第 1 组　胡登州、毛萌、曹晓兰、杨玉山、沈春林、马俊强、常剑、白晨、王轶群、袁庆辉、张玉林、朝阳经管站、密云经管站；第 2 组　冯建国、鲁耕、任玉玲、杨秋玲、季虹、邢贵平、刘学军、蔺玉华、张颖、吴巍、马晓丽、大兴经管站、房山经管站；第 3 组　刘军萍、陈水乡、李笑英、刘华、张军、张英洪、陈雪原、范宏、段书贵、王萍、朱林、顺义经管站、平谷经管站；第 4 组　张文茂、赵连默、刘树、张春林、张文华、王伟、贾启山、陈奕捷、吴新生、于晓燕、王慧菊、丰

台经管站、延庆经管站；第5组　李朝发、葛继新、阎峻、吴汝明、赵杰、刘彤辉、薛正旗、阎建苹、贺潇、孟宪丽、薄立维、昌平经管站、门头沟经管站站；第6组　杨万宗、樊汝明、熊文武、方书广、杨玉林、韩生、林子果、纪绍军、钟瑛、贾爱民、陈珊、海淀经管站、怀柔经管站、通州经管站。

执笔：张英洪、曹晓兰、杨玉林、陈雪原、贺潇、林子果、阎建苹、薄立维

2010 年 12 月

第二篇

新型城市化发展路径比较研究

Part 2 ←

一　引言

诺贝尔经济学奖获得者斯蒂格利茨认为，中国的城市化和美国的高科技是21世纪影响人类进程的两大关键因素。城市化是一个国家或地区的人口向城镇集中的过程，城市化水平是衡量一个国家或地区经济社会发展程度的重要指标。推进城市化不仅是经济社会发展的必然要求，也是解决"三农"问题的重要途径。我国正处在城市化快速发展的重要时期，国家已经明确积极稳妥地推进城镇化，坚持走适合中国国情的大中小城市与小城镇协调发展的中国特色城镇化道路。

2010年，我们在北京城乡接合部经济社会发展问题研究中，提出了"走以人为本的新型城市化道路"的问题，并对新型城市化道路的内涵作了初步的思考和概括，认为新型城市化道路是空间布局合理的城市化，是维护农民权益的城市化，是善待外来人口的城市化，是产业结构优化的城市化，是生态环境友好的城市化，是发展民主法治的城市化。

2011年，我们将新型城市化发展路径比较作为重点研究课题，主要考察和比较京、津、沪、渝、蓉、穗、浙等地推进新型城市化的政策经验。北京市农村经济研究中心党组对此高度重视，组织了由中心党组成员和业务骨干等人员组成的课题组，郭光磊主任亲自负责课题的组织领导和调研指导工作。2011年3月至9月，课题组先后组织四批考察人员赴上海、浙江、重庆、成都、广州、台湾等地考察交流，陆续完成了专题信息、考察报告、专题比较、典型案例、政策梳理等一系列阶段性研究成果。

与其他有关新型城市化的研究视角和侧重点有所不同，我们的课题研究基于人口城市化和土地城市化这两个基本维度，提出对农村集体所有制与城乡二元体制所构成的双重封闭排斥体制进行协同改革的分析框架和基本思路，这个分析框架和基本思路可以概括为"两个二"：一是紧扣中国城市化的两个基本体制前提，即农村集体所有制和城乡二元体制。二是着眼于新型城市化的两个基本任务和目标，即（1）改革农村集体所有制，维护和实现农民的集体财产权，保障农民带着集体产权进入城市化；（2）改革城乡二元体制，维护和实现农民的身份平等权，保障进城农民享有公民权利实现市民化。通过走新型城市化道路，维护和发展农民财产权，实现农民市民化，从而加快解决"三农"问题，构建平等互利的新型城乡关系，促进城乡融合与共赢，实现共同富裕。

基于上述分析框架和基本思路，本报告首先考察比较了北京、天津、上海、重庆、成都、广州六大城市的基本情况；然后重点围绕土地政策、集体资产处置与改革政策、户籍制度改革政策、社会保障政策等方面进行比较分析，每部分政策比较结尾都做了小结；最后，我们通过对新型城市化发展路径问题的比较研究，得出启示和建议。

二 六大城市基本情况比较

根据课题研究的需要，我们选择北京、天津、上海、重庆、成都、广州六大城市有关城市化方面的基本情况进行比较。

（一）土地城市化进程

城市化进程的一个重要方面是城市面积的扩大。2000～2010年的十年间，全国城市建成区面积从22439.28平方公里扩大到40058平方公里，增长了78.52%；北京、天津、上海、重庆、成都、广州6个城市的市区建成区面积分别增长了175.45%、77.9%、81.6%、232.14%、90.04%、115.08%（见表1），北京、重庆、广州的建成区面积增长幅度最大。

表1　全国及各城市建成区面积比较

单位：平方公里，%

地区	2000年建成区面积	2010年建成区面积	2010年建成区面积比2000年增长
北京	488	1350（2009年）	175.45
天津	386	686.7	77.9
上海	550	998.8	81.6
重庆	262	870.2	232.14
成都	231	439（2009年）	90.04
广州	431	927（2009年）	115.08
全国	22439.28	40058.0	78.52

资料来源：根据《中国城市统计年鉴2001》《中国城市统计年鉴2010》《中国统计年鉴2011》整理。北京、成都、广州的增长率为2009年比2000年的增长率。

（二）人口城市化进程

城市化的本质是人口的城市化，即农民的市民化，就是农民进入城市并成为市民的过程。测量人口城市化的重要指标是城市化率，目前通用的城市化计算方法有两种。

一是，城市化率＝城镇人口÷总人口×100%，现在统计部门均采用这种计算方法。

二是，城市化率＝非农业人口÷户籍总人口×100%，中国国际城市化发展战略委员会主张采用这种计算方法，并采用这种计算方法发布中国城市化率白皮书。

我们同时采用上述两种方法对2010年全国及六大城市的城市化率进行了统计汇总后发现，2000～2010年，全国总人口从126743万人增加到134091万人，增长了5.8%，2010年全国城镇人口占总人口的比重为49.95%，非农业人口占总人口的比重为34.17%（见表2）。2010年全国以非农业人口口径统计的城市化率，比以城镇人口口径统计的城市化率低15.78个百分点。

2000～2010年，北京、天津、上海、广州、成都的常住人口增长率远高于户籍人口增长率，重庆是唯一例外，因为重庆是一个农村地区和农村人口比例均很大的西部城市，离开重庆外出的农村人口较多。从两种口径统计的城市化率来看，一般是城镇人口统计口径的城市化率高于非农业人口统计的城市化率，因为各大城市都吸纳了大量的外来人口，而外来人口大多没有获得城市市民身份。上海和广州的两种口径统计的城市化率比较接近，因为上海和广州的农业人口所占比例较小。全国及六大城市人口城市化率如表2所示。

表2　全国及六大城市人口城市化率比较

单位：万人，%

地区	2000 年		2010 年		2010 年总人口比2000 年增长	2010 年户籍人口比2000 年增长	2010 年城镇人口占总人口比重	2010 年非农人口占户籍总人口比重
	总（常住）人口	户籍总人口	总（常住）人口	户籍总人口				
北京	1363.6	1107.5	1961.9	1257.8	43.88	13.57	85.96	78.67
天津	1001	912	1299	984.85	29.77	7.99	79.57	61.37
上海	1608.6	1321.63	2302.66	1412.32	43.15	6.86	89.3	88.86
重庆	2849	3091.09	2885	3303.45	1.26	6.87	53.0	33.51
成都	1110.85	1013.35	1404.76	1149	26.49	13.43	65.51	56.60
广州	994.30	700.69	1270.96	806.14	27.82	15.05	83.78	89.58
全国	126743	—	134091	—	5.80	—	49.95	34.17

资料来源：根据相关统计年鉴整理。作为西部地区的重庆，因人口外出沿海地区打工，故常住人口少于户籍人口。

我们发现，以上两种城市化率的计算方法均没有反映出城市化进程中农民的市民化水平。以城镇人口口径计算的城市化率，将在城镇居住半年以上的农民工等外来人口统计为城镇人口，而这部分人并没有享受所在地城市的市民身份和基本公共服务待遇，就是说并没有实现市民化。

以非农业人口口径统计的城市化率，其计算公式中的总人口只是户籍总人口而不是常住人口，这在计算全国总人口时问题不大，因为全国的户籍总人口基本上等于常住人口。但各个城市的户籍总人口与常住人口差距较大。以非农业人口口径统计的城市化率没有将未获得城市户籍的农民工等外来人口统计在城市总人口范围之内，就是说以此方法计算公式中的分母只是户籍总人口而不是常住人口，由此得出的城市化率也未能充分反映各个地区的人口城市化水平。

为此，我们提出市民化率这一指标来衡量和测度全国及各地区的人口城市化的质量，市民化率就是一个地区或城市中享受市民待遇的人口占全部常住人口的比重。其计算公式是：

$$市民化率 = 享受市民待遇人口 \div 常住人口 \times 100\%$$

在目前城乡二元户籍制度还没有破除的情况下，一个地区或城市往往以非农业户籍作为享受市民待遇的依据。因而一个简便的计算市民化率的公式是：

$$市民化率 = 非农业人口 \div 常住人口 \times 100\%$$

以此公式计算，2010 年，全国的市民化率为 34.17%，四个直辖市的市民化率分别只有 50.44%、46.53%、54.50%、38.37%（见表 3）。

表 3 2010 年全国及四个直辖市的市民化率

单位：万人，%

地区	总人口/常住人口	非农业人口	市民化率(非农业人口占总人口或常住人口比重)
北京	1961.9	989.5	50.44
天津	1299	604.42	46.53
上海	2302.66	1254.95	54.50
重庆	2885	1107	38.37
全国	13453.13854	45963.6979	34.17

资料来源：根据相关统计年鉴整理，全国数据系中国国际城市化战略委员会从公安部门获取的统计数据。

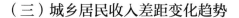
（三）城乡居民收入差距变化趋势

缩小城乡居民收入差距是推进新型城市化和城乡一体化的重要任务。"十一五"（2006~2010 年）时期，全国城乡居民收入比从 3.28 缩小到 3.23。北京市城乡居民收入比从 2.23 缩小到 2.19，天津市城乡居民收入比从 1.75 扩大到 2.06，上海市城乡居民收入比从 2.24 扩大到 2.32，重庆市城乡居民收入比从 3.65 缩小到 3.62，成都市城乡居民收入比从 2.61 缩小到 2.54，广州市城乡居民收入比从 2.58 缩小到 2.42。2010 年，六大城市中只有重庆的城乡居民收入比在 3 倍以上，高于全国；其他五个城市城乡收入比在 2~3，其中天津市城乡收入比值最小，只有 2.06。全国及六大城市城乡居民收入变化趋势如表 4 所示。

表 4　全国及六大城市城乡居民收入变化趋势

地区	2006 年			2007 年			2008 年		
	城镇居民人均收入（元）	农民人均纯收入（元）	城乡居民收入比值	城镇居民人均收入（元）	农民人均纯收入（元）	城乡居民收入比值	城镇居民人均收入（元）	农民人均纯收入（元）	城乡居民收入比值
北京	19978	8620	2.23	21989	9559	2.32	24725	10747	2.30
天津	14283	7942	1.75	16357	8752	1.80	19423	9670	1.87
上海	20668	9213	2.24	23632	10222	2.31	26675	11385	2.34
重庆	11570	2874	3.65	13715	3509	4.03	15709	4126	3.91
成都	12789	4905	2.61	14849	5642	2.63	16943	6481	2.61
广州	19851	7788	2.58	22469	8613	2.55	25317	9828	2.61
全国	11759	3587	3.28	13876	4140	3.33	15781	4761	3.31

地区	2009 年			2010 年		
	城镇居民人均收入（元）	农民人均纯收入（元）	城乡居民收入比值	城镇居民人均收入（元）	农民人均纯收入（元）	城乡居民收入比值
北京	26738	11986	2.30	29073	13262	2.19
天津	21402	10675	2.01	24293	11801	2.06
上海	28838	12324	2.34	31838	13746	2.32
重庆	16588	4621	3.81	19100	5277	3.62
成都	18659	7129	2.62	20835	8205	2.54
广州	27610	11067	2.58	30658	12676	2.42
全国	17175	5153	3.33	19109	5919	3.23

资料来源：根据相关统计年鉴资料整理。

（四）小结

全国及北京、天津、上海、重庆、成都、广州六大城市在城市化进程中有几个共同点：

一是城市建成区面积不断扩大，城市人口迅速增加。2010 年全国城市建成区面积比 2000 年增长了 78.52%，城镇人口增长了 45.9%。

二是土地城市化的速度远快于人口城市化的速度。2010 年与 2000 年相比，全国城市建成区面积增长快于城镇人口增长 32.62 个百分点。

三是农民的市民化进程严重滞后于农民进入城市的进程。2010 年全国城镇人口占总人口的比重为 49.95%，但非农户籍人口只占总人口比重的34.17%，相差 15.78 个百分点。

四是城乡居民收入差距较大，全国及六大城市城乡居民收入差距都在 2 倍以上。重庆市城乡居民收入差距比值最大，天津市城乡居民收入差距比值最小，北京次之。

三　土地政策创新比较

我国现行的土地制度是影响城市化最重要的因素之一。近年来，各地在城市化进程中积极探索土地制度创新的路子，例如天津的"宅基地换房"、浙江嘉兴的"两分两换"、成都的"三个集中"、重庆的"地票"交易、广东的"集体建设用地入市"等，就是城市化中土地政策创新的典型。

（一）天津的"宅基地换房"

作为我国北方经济中心的天津市，近年来实行了以宅基地换房的土地政策来推进城市化。2009 年天津市土地面积及土地征收情况如表 5 所示。

表 5　2009 年天津市土地面积及土地征收情况

总面积（平方公里）	建成区面积（平方公里）	城市建设用地面积（平方公里）	土地征收（公顷）		出让土地	
			面积	其中耕地	面积（公顷）	成交价款（万元）
11760	662	662	10687.69	4803.69	5693.72	5719610.04

资料来源：《中国城市统计年鉴 2010》《中国国土资源统计年鉴 2010》。

2005年天津市首批推出"三镇两村"以宅基地换房试点；2007年天津推出第二批"九镇三村"试点，2009年4月，天津推出第三批12个镇的试点。

以宅基地换房，是指在国家现行政策的框架内，通过对农民宅基地（包括村庄集体建设用地）的整理，以不减少耕地为前提，高标准规划建设一批现代化、有特色、适于产业集聚和生态宜居的新型小城镇，农民按照规定的置换标准以宅基地无偿换取小城镇中的一套住宅，迁入小城镇居住，原有的宅基地由村委会组织农民整理复耕后，实现耕地的占补平衡。

以宅基地换房是国土资源部确定的城乡建设用地增减挂钩试点的重要内容。以天津市第一个以宅基地换房的试点镇——华明镇为例。2005年10月，天津市政府印发《关于同意在东丽区华明镇实施以宅基地换房开展示范小城镇建设工作的批复》（津政函〔2005〕108号），批准华明镇推行以宅基地换房试点。华明镇宅基地换房项目从2005年开始规划，2006年4月动工，2007年9月完工。该镇12个村，总人口4.2万人，共有宅基地12071亩。根据政策规定，农民按照30平方米/人的标准置换小城镇商品房，一户最多可换取3~4套房，对超出面积部分给了货币补偿。如某三口之家，原有农房50平方米，按人均标准应得90平方米，那么其换取的90平方米房屋中，50平方米不用出钱，超出的40平方米，该农户则需缴纳400~600元/平方米的差价补偿。如果村民的房子是楼房，农户获得商品房之后，还可获得政府300~400元/平方米的补贴；如果村民原来的房子是土坯房，农户获得新房后需向政府缴纳200元/平方米的补差。

（二）浙江嘉兴的"两分两换"

作为我国工业化、城市化发展最快的地区之一，浙江省推行了土地发展权转移和交易的"浙江模式"。尤其是浙江嘉兴市在城市化进程中以"两分两换"的土地政策创新而获得众多关注。2009年浙江省及嘉兴市土地面积及土地征收情况如表6所示。

表6 2009年浙江省及嘉兴市土地面积及土地征收情况

	总面积（平方公里）	建成区面积（平方公里）	城市建设用地面积（平方公里）	土地征收（公顷）		出让土地	
				面积	其中耕地	面积（公顷）	成交价款（万元）
浙江省	104122	1388	1388	24135.72	14980.99	12675.99	25462580.73
嘉兴市	3915	82	82	—	—	1785.35	1903935.08

资料来源：《中国城市统计年鉴2010》《中国国土资源统计年鉴2010》。

2008 年 4 月，嘉兴市被浙江省委、省政府列为三大省级统筹城乡综合配套改革试点之一，开展以"两分两换"为重要内容的土地制度改革。

所谓"两分两换"，就是将宅基地与承包地分开，搬迁与土地流转分开，以宅基地置换城镇房产，以土地承包经营权置换社会保障，推进农民集中居住，转换生活方式。"两分两换"的实质内容是"两换"，"两换"的核心是以宅基地换房。

以嘉兴市善县姚庄镇为例，该镇试点区域有农户 4805 户，18049 人，户均 4.3 人，户均住房 187 平方米，户均生产性服务用房 104 平方米，户均宅基地 1.163 亩。其试点目标是计划用 8～10 年时间，分期建设集镇规划区内 0.98 平方公里的城乡一体新社区，引导农户集聚居住。在安置面积上，标准公寓房按规定认定的人均 40 平方米标准面积，以建筑安装成本价每平方米 1000 元置换，每户超标准面积控制在 40 平方米以内，以综合价每平方米 1600 元置换；复式公寓房面积标准为大户 85 平方米、中户 75 平方米、小户 60 平方米，置换价格按招投标价格。在优惠政策上，给予农民一定的旧房补助和集聚奖励等"两补两奖"。该镇 67.5% 的农村劳动力从事二、三产业，80% 以上的农村住房建于 20 世纪八九十年代，"两分两换"只是进行了农村住房置换城镇房产，并没有实施承包地置换社会保障。

嘉兴市南湖区七星镇以土地承包经营权换社保的具体政策是，以农户为单位到二轮承包期止，土地承包经营权有偿流转费按每年每亩 700 元的标准为基数，以后每年递增 50 元。土地承包经营权流转后，将农户纳入城乡居民社会养老保险体系，以政策认定的人口，对 16 周岁以上（含 16 周岁）每人补 12000 元，16 周岁以下每人补 4000 元进行参保，60 周岁以上农民一次性办理城镇居民社会保险手续，次月起享受城乡居民社会养老保险中的城镇居民养老保险待遇，16 周岁以上、60 周岁以下的农民直接按城镇居民缴费基数办理年度缴纳手续。

（三）成都的"三个集中"

成都市在城市化和城乡一体化中，推行以"三个集中"为核心的土地创新政策。

2003 年 3 月，成都市委、市政府借鉴江苏、上海等地的做法，确定双流、大邑等五个区县进行以"三个集中"为主要内容的城市化试点，此后推行。成都的"三个集中"，就是工业向园区集中、农民向城镇集中、土地向规模经营集中。"三个集中"都涉及土地制度的创新。2009 年成都市土地面积及土地征收情况如表 7 所示。

表7　2009 年成都市土地面积及土地征收情况

总面积（平方公里）	建成区面积（平方公里）	城市建设用地面积（平方公里）	土地征收（公顷）		出让土地	
			面积	其中耕地	面积（公顷）	成交价款（万元）
12121	439	418	—	—	3361.60	4343506.44

资料来源：《中国城市统计年鉴 2010》《中国国土资源统计年鉴 2010》。

以工业向园区集中的典型——蛟龙工业港为例。该工业园区的土地占用模式主要有两种：一是租用农民土地模式。如 2000 年 4 月 30 日，蛟龙公司与成都市青羊区文家乡政府企业管理办公室签订集体土地租用合同规定，蛟龙公司租用文家乡大石桥村五组、一组、二组土地 500 亩，租期 50 年，租地费 1500元/亩，每 5 年递增 200 元，但不得超过 3500 元。二是农民以土地入股。如 2005 年 7 月 1 日，蛟龙公司与双流县东升镇普贤村一组签订集体建设用地权作价入股协议，将 2.39 亩土地入股，每亩为 1 股，每年按 600 公斤大米/亩分红，大米保底价 2 元/亩，大米市场价超过 2.6 元/公斤时按市场价计算，每股固定分红每 3 年递增 5%，土地入股期限 50 年。蛟龙公司租用或以入股方式取得农民土地后，建设标准厂房转租给中小企业，收取租金。

农民向城镇集中的方式主要是以城乡建设用地挂钩试点为政策依据，通过村庄整理，将农民集中到城镇居住。成都市新津县普兴镇是通过土地整理实行农民集中居住的典型。作为该镇土地整理项目涉及的三个村之一的袁山村，共371 户，1008 人。2007 年，通过采取"自愿搬迁、统规自建"的方式，实现一期集中居住 172 户，458 人；2009 年，第二期集中农户 168 户，450 人，农民集中居住度达 90% 以上。

成都通过促进农民承包地向适度规模经营集中，已形成了土地股份合作社经营模式、土地股份公司经营模式、家庭适度规模经营模式、"土地银行"经营模式、业主租赁经营模式、"大园区 + 小业主"经营模式、"两股一改"经营模式七种规模经营模式。以崇州市怡顺土地承包经营股份合作社为例，2010年 5 月，崇州市桤泉镇生建村 22 户农户将确权后的 124.97 亩承包土地以入股方式组建土地股份合作社，入股土地面积 124.97 亩，按 0.01 亩折成 1 股，共折股 12497 股，合作社实行种子、肥料、农药的"三统购"和机耕、机防、机收、田管的"四统一"，年终经营纯收入的 90% 用于土地入股分红，收入的 10% 作为公积金、风险金和工作经费。

（四）重庆的"地票"交易

重庆市在城市化进程中实行了以"地票"交易为突出标志的土地政策。2009 年重庆市土地面积及土地征收情况如表 8 所示。

表 8　2009 年重庆市土地面积及土地征收情况

总面积（平方公里）	建成区面积（平方公里）	城市建设用地面积（平方公里）	土地征收（公顷）		出让土地	
			面积	其中耕地	面积（公顷）	成交价款（万元）
82826708	708	694	13090.56	6688.15	3684.93	3886650.28

资料来源：《中国城市统计年鉴 2010》《中国国土资源统计年鉴 2010》。

"地票"是指包括农村宅基地及其附属设施用地、乡镇企业用地、农村公共设施和农村公益事业用地等农村集体建设用地，经过复垦并经土地管理部门严格验收后产生的指标。简单地说，"地票"就是建设用地指标。

重庆"地票"交易的主要做法：一是设立专门的农村土地交易所，集中从事"地票"交易。重庆市规定在主城区，国家计划指标只能用于工业、公共设施等项目，经营性用地必须通过"地票"取得。二是制定土地交易规章制度。重庆市制定了《农村土地交易所管理暂行办法》《农村土地交易所交易流程（试行）》等法规文件和操作规程。"地票"须符合两个前提：第一，凡农村集体经济组织申请耕地复垦，必须经 2/3 以上成员或者 2/3 以上成员代表同意；第二，凡农户申请宅基地复垦，必须有其他稳定居所、稳定工作或生活来源，并且有所在集体经济组织同意复垦的书面材料。三是建立利益分配机制。重庆市制定出台了全市统一的农村土地基准价格。2010 年 9 月，重庆市政府出台文件，规定"地票"收入 85% 归农民个人，15% 归村集体，用于农村基础设施、公共服务和农民社会福利。2011 年 7 月 21 日，中共重庆市三届九次全会通过《关于缩小三个差距促进共同富裕的决定》，提出完善"地票"交易制度，确保净收益的 85% 直补农民，15% 划归农村集体经济组织。

截至 2011 年上半年，重庆市农村土地交易所已进行 23 场地票交易，成交价款 103.29 亿元。

（五）广东的"集体建设用地入市"

2005 年，广东省在全国率先出台了允许农村集体建设用地入市的土地新政。2009 年广东省及广州市土地面积及土地征收情况如表 9 所示。

表 9　2009 年广东省、广州市土地面积及土地征收情况

	总面积（平方公里）	建成区面积（平方公里）	城市建设用地面积（平方公里）	土地征收（公顷）		出让土地	
				面积	其中耕地	面积（公顷）	成交价款（万元）
广东省	179376	3185	2686	11316.53	2982.85	9692.56	13323684.83
广州市	7434	927	—	—	—	1735.75	5514884.19

资料来源：《中国城市统计年鉴 2010》《中国国土资源统计年鉴 2010》。

作为我国改革开放的前沿地带和经济发达地区，广东省的农村集体建设用地流转早在改革之初就已经出现。随着工业化、城市化进程的加快，广东省对集体土地进入市场的要求日益迫切，集体土地的事实流转比较普遍。

2005 年 6 月 23 日，广东省政府发布《广东省集体建设用地使用权流转管理办法》（广东省人民政府令第 100 号），允许集体建设用地与国有土地一样进入市场交易。广东由此成为全国第一个在全省范围内推行集体建设用地使用权流转的省份。

集体建设用地使用权流转是在集体建设用地所有权不变的前提下，集体建设用地使用权以有偿方式发生转移、再转移，包括出让、出租、转让、转租、抵押等形式。集体建设用地入市，使那些用地企业和单位不仅可以购买国有土地，还可以购买集体建设用地，从而打破了长期以来国家垄断土地一级市场的局面，这是我国土地政策的重大突破，对于保障农民以土地分享工业化和城市化成果具有里程碑式的意义。

申请使用集体建设用地的建设项目有三类：一是兴办各类工商企业，包括国有、集体、私营企业，个体工商户，外资投资企业（包括中外合资、中外合作、外商独资企业、"三来一补"企业），股份制企业，联营企业等；二是兴办公共设施和公益事业；三是兴建农村村民住宅。

出让、出租和抵押集体建设用地使用权，须经本集体经济组织成员的村民会议 2/3 以上成员或者 2/3 以上村民代表的同意。集体土地所有权人出让、出租集体建设用地使用权所取得的收益，归拥有集体土地所有权的集体经济组织

成员集体所有，纳入集体财产统一管理。其中50%以上应当存入规定的银行专户，专项用于本集体经济组织成员的社会保障支出，不得挪作他用。

广东集体建设用地入市的一条重要限制是禁止开发房地产和住宅项目。如果集体建设用地用于商品房地产开发和住宅建设，或不按照批准的用途使用集体建设用地的，将按违法用地和违法建设的相关规定进行查处。

（六）小结

现行的土地制度已经极不适应市场化、工业化、城市化和城乡一体化发展的需要，土地管理法正在修订之中。地方政府在追求快速发展和面临土地制度约束的双重背景下，推出了形形色色的土地创新政策。

北京与全国一样，在土地制度创新上也有新的探索和实践，比如众所周知的郑各庄村在集体土地上实现的自主城市化模式，唐家岭村在集体土地上建设公共租赁房试点等，都是土地政策创新的样本。但这种土地政策创新更多的是一种个案实践，既没有明确公开的政策支持，也没有上升到制度层面。

全国各地在土地政策创新上，既有适应城市化和城乡一体化发展需要的新突破、新经验，也存在一些新问题、新困惑，主要有以下三个主要方面：

一是适应了城市化发展的需要，但强化了以行政手段配置土地资源。无论是以宅基地换房，还是城乡建设用地增减挂钩，都是政府强力主导的行政行为，而不是尊重农民意愿和价值规律的市场行为。由政府配置城乡土地资源而不是发挥市场在土地资源配置上的基础性作用，是城市化过程中土地政策创新面临的一个共同难题。

二是促进了农民的集中居住，但出现了损害农民权益的新动向。各地方政府推进农民向城镇集中居住的根本出发点在于攫取农民的宅基地和承包地，以弥补城镇建设用地指标短缺的需要，同时获得土地财政的巨大收益。近年来，在全国不少地方出现了以侵占农民宅基地和强拆农民住宅为主要标志的拆村并居、强迫农民集中上楼的城市化运动，掀起了对农民权益的新一轮掠夺，引发了不少自焚现象。

三是突破了现行土地法规限制，但削弱了依法行政的社会基础。从总体上说，土地制度的变迁远远滞后于市场化、工业化、城市化和城乡一体化发展的步伐，致使土地问题成为社会矛盾的焦点。但在国家法律未予修改而允许地方进行违法式政策创新的发展模式，势必严重削弱依法行政的社会基础，致使现代法治国家建设进程受阻。如何处理改革创新和依法行政的关系，既要鼓励和保护改革创新的积极性，又要坚持依法治国、建设现代法治国家的基本方略，这是新时期我国改革发展面临的重大课题。

四　集体资产处置与改革政策比较

在城市化和城乡一体化进程中，如何处置集体资产，推进集体经济产权制度改革，切实保障集体经济组织和农民的集体资产权益，使农民带着集体资产进入城市化，是一个重大的现实课题。沿海经济发达地区农村和大城市郊区最先面临城市化对集体资产处置与改革的现实要求，因而也最先推行了集体资产的处置与改革政策。2007 年 10 月，农业部印发《关于稳步推进农村集体经济组织产权制度改革试点的指导意见》（农经发〔2007〕22 号），从国家层面提出推进以股份合作为主要形式，以清产核资、资产量化、股权设置、股权界定、股权管理为主要内容的农村集体经济组织产权制度改革试点意见。我们重点考察和比较上海、广州和北京在城市化进程中处置与改革集体资产的主要政策和做法。

（一）上海集体资产处置与改革政策

1996 年 7 月 17 日，上海市政府发布《上海市撤制村、队集体资产处置暂行办法》（沪府发〔1996〕34 号），对撤制村、队集体资产处置做了明确规定。1998 年 12 月 2 日，上海市政府批转市农委《关于〈上海市撤制村、队集体资产处置暂行办法〉的补充意见》（沪府发〔1998〕55 号），对撤制村、队集体资产处置做了必要的补充。2010 年 2 月 4 日，上海市浦东新区发布《上海市浦东新区撤制村、队（组）集体资产处置的若干规定》（浦府〔2010〕75 号），结合实际情况做了一些新的规定。

自 1996 年 9 月 1 日起，上海撤制村、队集体资产的处置，经清产核资和资产界定后，退回集体经济组织成员加入合作社时的原始股金，以 10 ~ 15 倍进行分红，按 5% ~ 10% 提取统筹基金，在当年收益进行分配后，将集体可分配的净资产全部量化到农民个人，以股金或现金形式兑现。土地补偿费按队、村、乡镇三级进行分配。上海市撤制村、队集体资产处置政策如表 10 所示。

截至 2010 年底，上海市农村集体资产总额为 3609.2 亿元，净资产为 957.8 亿元，已完成村级集体经济产权制度改革 50 个，占 2.8%；完成镇级集体经济产权制度改革 1 个，占 0.89%。

表 10   上海市撤制村、队集体资产处置政策

项　目	主要政策内容
分配对象	自农业合作化至批准撤制之日期间,户口在村(队)、劳动在册且参加劳动累计 3 年以上(含 3 年)的集体经济组织成员
集体资产处置办法	1. 按 5%～10% 的比例从资产总额中提取资产处置统筹基金; 2. 原始股金按股金原额退还。原始股金的红利分配按股金原额 10～15 倍的比例,以现金方式兑现; 3. 撤制村、队的集体资产在提取统筹基金后主要以股权形式全部量化到村集体经济组织成员个人。撤制队集体资产总额较小,且队集体经济组织不具备组建新的经济实体条件的,在提取统筹基金后全部量化到队集体经济组织成员个人,并以货币形式兑现
股权权能	撤制村、队集体经济组织成员个人依据本办法获得的股权,依法享有收益权,可以继承,也可以依法转让,但不得退股
土地补偿费的处置办法	1. 撤制队依法取得的土地补偿费,40% 划归队集体经济组织所有,30% 上缴村集体经济组织,30% 上缴乡、镇集体经济组织; 2. 撤制村依法取得的土地补偿费,50% 划归村集体经济组织所有,50% 上缴乡、镇集体经济组织

1993 年上海闵行区虹桥镇虹五村、先锋村开始实行村级集体股份合作制改革。2003 年上海闵行区七宝镇九星村推行集体资产改革,村民股占 65%,岗位股占 25%,集体股占 10%,九星村在股权设置上的一个特点是为资产经营者和管理者设立了岗位股。2004 年上海松江区新桥镇成立镇集体资产经营公司,对收并的村级集体资产进行统一经营管理,此后又成立了上海首家镇级集体经济联合社。

2009 年 5 月 25 日,上海市农委、市发展改革委、市工商局联合印发《关于本市推进农村村级集体经济组织产权制度改革工作的指导意见》(沪农委〔2009〕108 号),提出推进村级集体经济组织产权制度改革的目标是建立农村社区股份合作社,创新村级集体经济组织形式。

上海市农村村级集体经济组织产权制度改革的重点:一是城市(镇)化进程较快地区的村,特别是对即将撤制的村;二是村级集体净资产达到 1000 万元,有长期稳定收益,改制条件较好的村;三是村级集体净资产在 1000 万元以下,改制条件比较成熟的村。对暂不具备改制条件的村,要求开展清产核资工作。

上海市要求将集体资产量化到集体经济组织全体成员。股权设置原则上以集体经济组织成员参加劳动的时间为依据。股权量化的范围和对象参照有关撤制村、队处置集体资产的政策确定。撤制村原则上不设集体股,未撤制村设立不超过 20% 的集体股。个人股权可以继承，但不得退股，一般不得转让，如遇村民死亡等情况可在集体经济组织内部转让。

村集体经济组织改制后，按集体与成员拥有股权的比例进行收益分配。村级集体经济组织改制后的统一名称为村级社区股份合作社，享有农民专业合作社法人地位。改制的村集体经济组织要制定章程，建立成员大会、理事会、监事会法人治理机构，规范财务管理，制定相关议事规则和管理制度。上海市集体经济组织产权制度改革政策如表 11 所示。

表 11　上海市集体经济组织产权制度改革政策

项　目	主要政策内容
成员界定	参照有关撤制村、队时处置集体资产的政策确定
股权设置	1. 将集体资产量化到集体经济组织全体成员。股权设置原则上以集体经济组织成员参加劳动的时间为依据； 2. 对撤制村原则上不设立集体股； 3. 未撤制村可设立一定比例的集体股，集体股占总股本的比例由村集体经济组织成员大会讨论决定，一般不超过 20%。原则上不设岗位股
收益分配	村集体经济组织改制后，应按集体与成员拥有股权的比例进行收益分配。在收益分配后，应做好审计工作。改制后集体经济组织的年终财务决算和收益分配方案，必须提交村集体经济组织成员大会讨论通过
股权权能	村集体经济组织成员的股权可以继承，但不得退股。在一般情况下不得转让，但如遇村民死亡等情况，允许在本集体经济组织内部转让
股权管理	村级集体经济组织改制后统一名称为村级社区股份合作社，并赋予农民专业合作社法人地位。改制的村集体经济组织，必须制定相应的章程，建立成员大会、理事会、监事会法人治理机构，规范财务管理，制定相关议事规则和管理制度

（二）广州集体资产处置与改革政策

广州市没有出台专门的撤制村、队集体资产处置政策。在城市化进程中，有关撤制村、队集体资产处置政策主要体现在"城中村"改造的政策文件中。2002 年 5 月 24 日，广州市委办公厅、广州市政府办公厅印发了《关于"城中村"改制工作的若干意见》（穗办〔2002〕17 号），对"城中村"改制的农村集体资产处置做了规定，明确将"城中村"农村集体经济组织转制为由集体法人股东或个人股东持股的股份制企业（公司），对村民个人股权进行固化，允许股权转让、继承和赠予。2008 年 5 月 26 日，广州市委办公厅、广州市政府办公厅发布《关于完善"农转居"和"城中村"改造有关政策问题的意见》

（穗办〔2008〕10号），对集体经济发展等问题做了进一步完善。2009年12月30日，广州市政府印发《关于加快推进"三旧"改造工作的意见》（穗府〔2009〕56号），对"旧城镇、旧村庄、旧厂房"改造进行了统一政策安排，其中提出用10年时间基本完成全市在册的138个"城中村"的整治改造任务。"城中村"改造的总体要求是按照"改制先行，改造跟进"的原则，将农民转为居民，村委会转为居委会，村集体经济组织转制为股份制企业，土地转为国有，纳入城市管理和保障体系。以股份合作制处置集体资产，是广州以及广东省其他地区的普遍做法。

截至2010年底，广州市农村集体资产总额为829亿元，已完成村级集体经济产权制度改革361个，占36%；完成组级集体经济产权制度改革676个，占6%。

目前，广州市没有出台全市统一的农村集体资产产权改革政策。早在1987年，广州市天河区就开始推行农村集体经济股份合作制试点，逐步形成了在全国具有较大影响力和知名度的"天河模式"。在股份合作制改革初期，天河区将非土地的集体资产折股量化到人，股权设置为集体股、个人股，集体股占60%以上，个人股占40%以下。有的村还设置现金股，面向社会集资以壮大股份合作制企业的实力。

1994年11月23日，广州天河区委、区政府印发《关于进一步完善农村股份合作制的若干规定》（穗天委〔1994〕015号，简称15号文），明确规定取消集体股，将集体资产全部折股量化到人，股权实行固化。2001年2月12日，广州天河区委、区政府发布了《农村股份合作经济组织基本规定》（穗天委〔2001〕7号），规定股份合作经济组织以其全部资产分为等额股份，由所有股东以"按份共有"方式共同占有。个人股权实行"生不增，死不减；进不增，出不减"。这两个文件是天河集体经济产权制度改革模式的主要政策依据。广州市天河区集体经济组织产权制度改革政策如表12所示。

表12 广州市天河区集体经济组织产权制度改革政策

项　目	主要政策内容
配股对象	凡具有村民身份,参加过集体劳动,承担社员义务,不论是出嫁女或其他外出者(指按照国家政策,循正常合法渠道出国或港澳台定居、招干转居、参军转业、招工或提干、读书后外出就业,或按国家有关规定农转非人员)均为平等的配股对象
股权设置	取消集体股。将股份合作经济组织的全部财产量化到个人。个人股权实行"生不增,死不减;进不增,出不减"。设立"现金股",主要面向新增人口

续表

项　目	主要政策内容
收益分配	分配方式包括按劳分配和股份分红两个层次,股份合作经济组织的二次分配遵循按股分红、一视同仁、公平合理的原则,以股份分红为主,并逐步过渡为唯一的分配方式。股东按持有股份按股分红,多股多分,少股少分,无股不分的分配制度。股份合作经济组织的股份分红部分,一般不低于集体收入分配的40%
股权权能	不仅享有分配权,而且享有完整意义的个人财产所有权,包括资产收益、重大决策、选择主要管理者等权利,并可继承
股权管理	股份合作经济组织内设股东代表大会、董事会、监事会和经济发展(总)公司或集团公司。股东代表大会是最高权力机构,实行"一人一票"制。凡调整各股东之间所占股份份额、增加或减少股份合作经济组织股份份额,须通过95%以上的所有股东按"一股一票"方式,95%以上票数同意才能形成决议

（三）北京集体资产处置与改革政策

1999 年 12 月 27 日，北京市政府办公厅印发《北京市撤制村队集体资产处置办法》（京政办发〔1999〕92 号），对经批准撤制村、队的集体资产的处置做了具体规定。撤制村、队对其集体资产必须进行清产核资，在处置集体资产之前应当进行当年收益分配。撤制村、队集体资产的分配，以可以享受分配的人员在村、队参加劳动的时间为依据，参加劳动的时间以年度为单位计算，不满六个月的不计算，超过六个月的按一年计算。北京市撤制村队集体资产处置政策如表 13 所示。

2010 年底，北京市集体资产总额为 3451.03 亿元，集体净资产为 1377.6亿元；完成集体经济产权制度改革的乡村集体经济组织达 2484 个，占全市乡村集体经济组织总数的 59.6%，其中乡级完成 9 个，村级完成 2475 个。

1993 年和 1994 年，北京市借鉴广东等沿海地区的经验，在丰台区东罗园村和右安门村进行农村集体资产产权改革试点，当时集体股占 70% 左右，个人股只占 30% 左右。

1993 年 5 月 7 日，北京市第十届人大常委会第二次会议通过《北京市农村集体资产管理条例》，明确了集体资产的范围，对加强集体资产管理做了具体规定。1996 年 9 月 6 日，北京市第十届人大常委会第三十次会议通过了《北京市农村股份合作制企业暂行条例》，对农村股份合作制企业进行了规范。

表13 北京市撤制村队集体资产处置政策

项　目	主要政策内容
分配对象	自建立农村集体经济组织(农业生产合作社)至批准撤制之日止期间,户口在村、队并且参加村、队集体劳动三年以上(含三年),或者经批准从事个体生产经营活动累计三年以上(含三年)并依有关规定按时、按量履行了各项应尽义务的集体经济组织成员。但有下列情况之一的除外:(1)撤制之日前已经死亡的;(2)撤制之日前户口迁出本市的;(3)撤制之日前已是国家工作人员的
集体资产处置办法	1. 撤制村、队集体经济组织成员最初的入社股金,可按15倍左右的比例返还。继续发展规范的股份合作经济的,以股权形式返还;不能继续发展规范的股份合作经济的,以现金形式返还; 2. 集体资产数额较大的撤制村、队,创造条件进行改制,发展规范的股份合作经济。将集体净资产划分为集体股和个人股。集体股所占比例不低于30%,其他净资产量化到个人; 3. 集体资产数额较少,或者没有条件继续发展规范的股份合作经济的,集体资产按下列规定处置:(1)固定资产(包括变价、折价款)和历年的公积金(发展基金)余额,以及占地补偿费,全部交由所属村或者乡镇合作经济组织管理。待村或者乡镇合作经济组织撤制时再行处置。(2)公益金、福利基金和低值易耗品、库存物资、畜禽的折款以及国库券等,兑现给集体经济组织成员。(3)青苗补偿费、村队种植的树木补偿费和不属于固定资产的土地等附着物的补偿费,兑现给集体经济组织成员
股权权能	撤制村、队集体经济组织成员获得的股权,享有收益权,可以继承、转让,但不得退股
土地补偿费处置办法	占地补偿费,全部交由所属村或者乡镇合作经济组织管理。待村或者乡镇合作经济组织撤制时再行处置

2003年6月,北京市委、市政府在总结丰台区试点经验的基础上,印发《关于进一步深化乡村集体经济体制改革加强集体资产管理的通知》(京发〔2003〕13号),对全市农村集体经济产权制度改革进行了全面部署。2004年8月,北京市委农工委、市农委出台《关于积极推进乡村集体经济产权制度改革的意见》(京农发〔2004〕28号),提出集体经济产权制度改革主要在城市化和工业化进程较快、集体经济实力较强、集体资产数额较大、农民又有强烈要求的乡村进行。2005年8月,北京市委农工委、市农委发布《关于进一步搞好农村经济体制改革工作的意见》(京农发〔2005〕32号),提出"近郊全面推开、远郊扩大试点"。

2010年1月,北京市委农工委、市农委发布《关于进一步加快推进农村集体经济产权制度改革工作的意见》(京农函〔2010〕2号),提出全市拥有集体净资产的乡村都要进行集体经济产权制度改革,没有集体净资产的村,要做好集体经济组织成员身份界定、劳龄统计和清产核资等基础性工作。这一年是北京推行农村集体经济产权制度改革以来力度最大、进度最快的一年。该年全市新完成集体经济产权制度改革的乡村集体经济组织数量是 2009 年以前累计完成总数的 2.06 倍。

北京各区县的农村集体经济组织产权制度改革政策内容并不一致，以城市化进程较快的朝阳区为例。2004 年 7 月 31 日，朝阳区政府印发《北京市朝阳区人民政府关于推进农村集体经济产权制度改革的意见》（朝政发〔2004〕15 号），对推进农村集体经济产权制度改革做了规定。2005 年 9 月 1 日，朝阳区政府办公室印发《朝阳区农村集体经济产权制度改革实施细则》（朝政办发〔2005〕33 号），进一步细化了集体经济产权制度改革的具体政策。这两个文件是朝阳区农村集体经济产权制度改革的主要政策依据。朝阳区农村集体经济产权制度改革的主要形式是股份合作制和有限责任公司（或股份有限公司），一般设置30%的集体股。朝阳区农村集体经济组织产权制度改革政策如表 14 所示。

表 14　北京市朝阳区农村集体经济组织产权制度改革政策

项　　目	主要政策内容
改革步骤	一般按九个步骤进行:(1)成立机构;(2)通过改革决议,并报上级政府批准;(3)开展清产核资或资产评估;(4)开展人员登记和劳龄登记;(5)召开成员大会或者成员代表大会,讨论通过改革方案;(6)进行股权设置和资产处置;(7)建立新型集体经济组织,选举产生董事会、监事会成员;(8)按照《章程》规定,召开相关会议,决定重大事项;(9)进行新型集体经济组织相关登记,建立相关档案
成员界定	(1)各村集体经济组织作为乡集体经济组织的团体成员。(2)参加资产处置人员包括:改制之日时的集体经济组织成员和原有的集体经济组织成员。集体经济组织成员包括:本地农业人口及其衍生人口、转居留职人员以及其他符合条件的人员。原有的集体经济组织成员是指集体经济组织成员,因国家征地转居、死亡等原因,改制之日时已不在集体经济组织内的人员
劳龄界定	有效劳动年限的起始时点为 1956 年 1 月 1 日,截止时点为改制之日。1985 年 12 月 31 日以前的劳动年限,按实际参加劳动的年限确定;1985 年 12 月 31 日至改制之日的劳动年限,按照男 16~60 周岁、女 16~55 周岁范围内的实际年限计算
股权设置	设置基本股、集体股和个人股:(1)基本股是由农村土地承包经营权转化成的股份,基本股一般不超过 15%;(2)集体股是集体净资产处置原始入社股金、扣除转居转工人员应享有资产份额后的股份,集体股比例一般不低于 30%;(3)个人股是按照劳动年限量化到集体经济组织成员的股份,个人股分为优先股和普通股。优先股为已经转居转工人员依照劳动年限分配的集体资产份额,享有优先收益权和优先资产处置请求权,不参与企业经营管理。普通股为本集体经济组织成员和留职集体经济组织成员(征地转居后未领取劳动力安置费、由集体经济组织安置的集体经济组织成员),按照劳动年限量化的股份和以现金形式新入的股份(根据实际需要,可以设置集体经济组织成员个人现金股)

项　目	主要政策内容
资产处置和股份量化顺序	集体经济组织净资产处置和股份量化顺序:(1)处置原始入社股金,原始入社股金按照本金的15倍折算成1999年12月31日的现值;1999年后,按照历年一年期储蓄存款复利将本金折算成改制之日的现值。(2)确定转居转工的原集体经济组织成员(不含留职集体经济组织成员)享有的资产份额。(3)确定集体股和基本股的份额。(4)个人股
股权权能	个人股可以依法转让或继承,但不得退股。转让个人股,必须提出书面申请,并经新型集体经济组织批准。转让个人股的,视为放弃在新型集体经济组织的一切权利和义务
股权管理	乡村集体经济组织产权制度改革后,依法建立股东大会或股东代表大会、董事会、经理和监事会等机构,由股东大会或股东代表大会讨论通过本组织章程及各项管理制度,实行民主管理、科学决策

（四）小结

工业化、城市化的发展是对集体资产进行处置与改革的直接动因。上海、广州、北京等工业化、城市化进程较早较快的地区,率先启动了集体经济组织产权制度改革,积累了丰富的实践经验,创新了集体经济的有效实现形式,维护和发展了农村集体经济组织和农民的集体资产权益,具有重要的制度创新意义,但在集体资产的处置与改革中也存在一些需要进一步完善的地方。

在股权设置上,上海一般设置20%的集体股,广州天河区则完全取消了集体股,北京一般设置30%的集体股。上海闵行区七宝镇九星村为资产经营者和管理者设立了25%的岗位股,岗位股实质上就是干部股。如果没有建立有效的民主监管制度,设立集体股的最大受益者就是干部。

在土地补偿费上,土地所有者利益未能得到充分保障。如上海撤制队的土地补偿费,按40∶40∶20的比例在队、村和乡镇三级分配,撤制村的土地补偿费,则按50∶50的比例在村和乡镇二级分配,这实质上是上级平调了队或村集体的利益,同时,农民个人作为集体土地所有者的一分子,难以分享土地补偿费。

在股权权能上,上海的个人股权可以继承,但不得退股,不得转让,只有在村民死亡等特殊情况下可在内部转让。北京的个人股可以转让、继承,但不得退股。广州天河区规定个人股不仅享有分配权，而且享有完整意义上的个人财产所有权，包括资产收益、重大决策、选择主要管理者等权利，并可继承。目前，从总体上说，个人股的权能还不完整。集体经济组织产权改革后的管理问题也比较突出。

五　户籍制度改革政策比较

户籍制度改革是城市化不可回避的重大问题。改革以来，户籍制度改革在不断推进，尤其是中小城市和小城镇的落户政策逐步放宽。近年来，上海、广州、深圳、重庆、成都等特大城市也纷纷推出户籍制度改革政策。目前，全国已有20多个省市开始实行城乡统一登记的居民户口制度。我们选择上海、广州、重庆、成都、北京五大城市的户籍制度改革政策做些比较。

（一）上海户籍制度改革政策

上海市是我国城市市区人口最多的特大城市。2010年，上海市常住人口为2301.9万人，在全市常住人口中，外省市来沪常住人口为897.7万人，占39.0%。

城乡二元户籍制度建立后，作为特大城市的上海一直是户籍控制最严的城市之一。自1994年2月起，上海试行外来常住人口的蓝印户口政策。2002年4月，上海市政府发布《引进人才实行〈上海市居住证〉制度暂行规定》（上海市人民政府令第122号），在全国率先实行居住证制度。2004年，上海市政府发布《上海市居住证暂行规定》（上海市人民政府令第32号），在各类来沪人员中推行居住证制度，居住证分为引进人才、务工经商和投靠就读三类。

2009年2月，上海市政府印发《持有〈上海市居住证〉人员申办本市常住户口试行办法》（沪府发〔2009〕7号），规定符合持有《上海市居住证》满7年等条件的来沪创业、就业人员可以申办上海常住户口。这是上海市继1994年、2002年和2004年后进行的第四次户籍制度改革，引起社会热议。上海"居转户"申办条件及优先申办条件如表15所示。

（二）广州户籍制度改革政策

2010年，广州市常住人口为1270.08万人，在全市常住人口中，外省市来穗常住人口为476.0万人，占37.48%。

表15　上海"居转户"申办条件及优先申办条件

申办上海市常住户口应当同时符合的申办条件	1. 持有《上海市居住证》满7年;2. 持证期间按规定参加本市城镇社会保险满7年;3. 持证期间依法在本市缴纳所得税;4. 在本市被聘任为中级及以上专业技术职务或者具有技师(国家二级以上职业资格证书)以上职业资格,且专业及工种对应;5. 无违反国家及本市计划生育政策规定行为、治安管理处罚以上违法犯罪记录及其他方面的不良行为记录
优先申办上海市常住户口须符合右列条件之一	1. 在本市做出重大贡献并获得相应奖励,或在本市被评聘为高级专业技术职务或高级技师(国家一级职业资格证书)且专业、工种与所聘岗位相符的,可不受申办条件第一、二项规定的持证及参保年限的限制;2. 在本市远郊地区的教育、卫生等岗位工作满5年的,持证及参保年限可缩短至5年;3. 最近连续3年在本市缴纳城镇社会保险基数高于本市上年度职工平均工资2倍以上的,或者最近连续3年计税薪酬收入高于上年同行业中级技术、技能或管理岗位年均薪酬收入水平的,技术管理和关键岗位人员可不受申办条件第四项规定的专业技术职务或职业资格等级的限制;4. 按个人在本市直接投资(或投资份额)计算,最近连续三个纳税年度内累计缴纳总额及每年最低缴纳额达到本市规定标准的,或者连续3年聘用本市员工人数达到规定标准的,相关投资和创业人才可不受申办条件第四项专业技术职务或职业资格等级的限制。前款所称的重大贡献奖项范围,计税薪酬收入标准,技术管理和关键岗位范围,投资纳税数额和用工人数标准,由相关管理部门适时公布

　　2009年7月24日,广州市政府印发《关于推进城乡户籍制度改革的实施意见》,提出实行城乡统一的户口登记制度。广州市户籍改革的基本思路:一是逐步取消农业和非农业户口划分,统一登记为广州市居民户口。二是由公安部门在广州市居民户口底册上对原农业和非农业户口人员加注相关标识。三是各职能部门、各区(县级市)综合考虑全市各地区经济社会发展水平差异,引导相关配套政策进行同步或逐步的改革和完善。

　　广州市对农业户口改革的实施步骤是:将全市五个行政区(白云、番禺、花都、南沙、萝岗)和两个县级市(增城、从化)分三批次推进户籍制度改革。(1)南沙、萝岗区为第一批,在1年内推行一元化户籍管理制度;(2)白云、番禺、花都区为第二批,在3年内推行一元化户籍管理制度;(3)增城、从化市为第三批,在5年内推行一元化户籍管理制度。

　　广州市对非农业户口改革的实施政策是:一年内将全市十个行政区和两个县级市中的非农业户口人员(包括地方城镇、自理口粮、全民农业等类型户口性质人员)全部转为广州市居民户口。

　　2010年11月4日,广州市政府办公厅印发《广州市农民工及非本市十城区居民户口的城镇户籍人员积分制入户办法（试行）》及实施细则，对农民工实行积分入户政策，积满85分可提出入户申请。广州市积分制入户指标及分值表如表16所示。

表16　广州市积分制入户指标及分值表

类别	序号	指标	指标内容及分值	负责部门	备注
基本分	1	年龄	35周岁以下（5分）；36～45周岁（2分）；46～55周岁（1分）	市公安局	
	2	文化程度及技能	副高级以上专业技术资格、执业资格或高级技师职业资格（100分）；博士（100分）；硕士并具有中级专业技术资格、执业资格（100分）；硕士（90分）；大学本科并具有中级专业技术资格、执业资格（90分）；大学本科（80分）；大专或高职学历，并具有中级专业技术资格、执业资格（80分）；中技、中职或高中以上学历，并具有技师或高级职业资格（80分）；大专或高职（60分）；技师、事业单位工勤技术工岗位二级、中级职称（60分）；高级工、事业单位工勤技术工岗位三级、初级职称（50分）；中级工、事业单位工勤技术工岗位四级（30分）；中技、中职或高中（20分）；初级工、事业单位工勤技术工岗位五级（10分）；初中（5分）	市教育局、人力资源和社会保障局	只取最高分，不累计加分
	3	社会保险	参加城镇基本养老保险、城镇基本医疗保险、失业保险、工伤保险、生育保险，每个险种每满一年积1分，最高不超过50分	市人力资源和社会保障局	省统一指标
	4	住房	在广州市有产权住房（20分）	市国土房管局	
导向分	5	专业或工种	紧缺（10分）	市发展改革委、人力资源和社会保障局	
	6	行业	重点发展行业（10分）		
	7	地区	政策导向区域（10分）		
附加分	8	毕业院校	教育部重点建设高校、211工程高校、985工程高校、广东省属及广州市属重点高校或其他重点高校（10分）	市教育局	以重点高校目录为准
	9	和谐劳动关系	1A企业的员工（3分）；2A企业的员工（5分）；3A企业的员工（10分）	市人力资源和社会保障局	只计最高分，不累计加分

续表

类别	序号	指标	指标内容及分值	负责部门	备注
附加分	10	社会服务	近5年内,参加献血每次积2分,最高不超过10分;参加义工、青年志愿者服务每满50小时积2分,最高不超过10分;慈善捐赠每千元积2分,最高不超过10分	市卫生局、民政局,团市委	省统一指标
	11	表彰奖励	获得广州市市区(县级市)党委、政府或广州市市局级部门表彰嘉奖或授予荣誉称号每次积30分,最高不超过60分;获得广州市市委、市政府或广东省厅级以上部门表彰、嘉奖或授予荣誉称号每次积60分,最高不超过120分	市发展改革委、人力资源和社会保障局	
	12	投资纳税	个人在广州市企业的投资额在500万元人民币以上(20分)	市工商局	同时满足两项条件的,不累计加分
			近5年内,在广州市连续3个纳税年度内依法缴纳的个人所得税累计在10万元及以上(20分)	市地税局	

（三）重庆户籍制度改革政策

2010 年，重庆市常住人口为 2884.62 万人，流动人口为 420.7 万人，占常住人口的 14.58%。

表 17　重庆市人口情况

单位：万人

指标　　年份	2000	2008	2009	2010
户籍总人口	3091.09	3257.05	3275.61	3303.45
农业人口	2430.20	2349.67	2326.92	2196.45
非农业人口	660.89	907.38	948.96	1107.0
流动人口	—	—	—	420.7

注：重庆市第六次人口普查没有公布外来人口数据，据重庆市公安局统计，重庆市流动人口系登记在册的、包括重庆市户籍和外省市来渝非重庆市户籍人口。

资料来源：《重庆统计年鉴 2011》。

2010 年 7 月 25 日，重庆市政府印发《关于统筹城乡户籍制度改革的意见》（渝府发〔2010〕78 号），启动全市户籍改革。两年内，重庆将把 338 万农村人口转为城镇居民，到 2020 年，累计实现 1000 万农民转户进城，约占现有农村人口的一半。

重庆市户籍制度改革的基本内容被形象地概括为"脱掉农村三件旧衣服"，"穿上城市五件新衣服"。"脱掉农村三件旧衣服"是指，对于农村居民整户转为城镇居民的，"脱掉"农村承包地、宅基地、房屋"三件旧衣"，具体政策是允许自转户之日起 3 年内继续保留承包地、宅基地及农房的收益权或使用权。另外，允许农村居民转户后在承包期内继续保留林地使用权、5 年政策过渡期内转户居民继续享有原户籍所在地农村的生育政策及农村计划生育奖励优惠政策、与土地相结合的种粮直补等各项补贴共三项权益。"穿上城市五件新衣服"是指农村居民转入城镇居民户口后，纳入城镇保障体系，在就业、社保、住房、教育、医疗五个方面享有与城镇居民同等待遇。

重庆市户籍制度改革着重解决有条件的农民工和历史遗留人群的户籍问题。重庆市主城区、区县城、小城镇准入落户条件如表 18 所示。

表 18　重庆市主城区、区县城、小城镇准入落户条件

地　区	准入落户条件
主城区	本市籍农村居民在主城区务工经商 5 年以上，本人及其共同居住生活的配偶、子女、父母可申请在合法稳定住所迁移入户；本市籍农村居民购买商品住房，本人及其共同居住生活的配偶、子女、父母可迁移入户；本市籍农村居民投资兴办实业，3 年累计纳税 10 万元或 1 年纳税 5 万元以上的，本人及其共同居住生活的配偶、子女、父母可在合法稳定住所迁移入户
区县城（远郊31 个区县城）	本市籍农村居民在远郊 31 个区县城务工经商 3 年以上，本人及其共同居住生活的配偶、子女、父母可申请在合法稳定住所迁移入户；本市籍农村居民购买商品住房，本人及其共同居住生活的配偶、子女、父母可迁移入户；本市籍农村居民投资兴办实业，3 年累计纳税 5 万元或 1 年纳税 2 万元以上的，本人及其共同居住生活的配偶、子女、父母可在合法稳定住所迁移入户
小城镇	本市籍农村居民本着自愿原则，可就近就地转为城镇居民
其他准入落户规定	本市籍农村未成年子女投靠父母、夫妻投靠、年老父母投靠子女自愿转为城镇居民的，可迁移入户；城镇年老父母身边无子女，其本市籍农村子女可投靠迁移入户；本市籍优秀农民工及其共同居住生活的配偶、子女自愿转为城镇居民的，不受居住时间限制

（四）成都户籍制度改革政策

2010 年，成都市常住人口为 1404.7625 万人（见表 19），在全市常住人口中，外来人口为 300.19 万人，占 21.37%。

表 19　成都市人口情况

单位：万人

指标＼年份	2000	2008	2009	2010
常住人口	—	—	—	1404.7625
户籍人口	1013.35	1124.96	1139.63	1142.6985
外来人口				300.19
农业人口	667.45	512088	510.25	—
非农业人口	345.90	612.08	629.38	—

资料来源：《成都统计年鉴 2010》《成都市 2010 年第六次人口普查主要数据公报》。

2010 年 11 月 9 日，成都市委、市政府发布《关于全域成都统一城乡户籍实现居民自由迁徙的意见》（成委发〔2010〕23 号），提出到 2012 年，实行全域成都城乡统一户籍、实现城乡居民自由迁徙。成都的这次户籍制度改革被国内舆论普遍认为是"中国最彻底的户籍改革方案"。

成都户籍制度改革的主要内容是：（1）建立户口登记地与实际居住地统一的户籍管理制度。（2）统一就业失业登记，完善就业援助制度。（3）进一步完善城乡统一的社会保险制度。（4）建立分区域统一的城乡住房保障体系。（5）分区域统一城乡"三无"人员供养标准和低保标准，2015 年底前，全市实现同一区（市）县统一城乡低保标准。（6）建立城乡统一的计划生育政策，对迁入城镇的农村居民在 5 年内继续执行农村计划生育政策。（7）实现义务教育公平化。（8）统一中职学生资助政策。（9）城乡居民在户籍所在地享有平等的政治权利和民主管理权利。（10）实行统一的退役士兵安置补偿和城乡义务兵家庭优待政策。（11）市外人员入户享受与本地居民同等的待遇。（12）加强全域成都统一户籍改革的领导，自该意见出台之日起 1 个月内制定具体实施意见。

成都市户籍制度改革有三大显著特点：一是破除了长期以来束缚城乡居民自由迁徙的制度障碍，全面建立了户籍、居住一元化管理的体制机制；二是农民进城不以牺牲承包地、宅基地等财产权为代价，充分保障了农民的基本权益；三是破除了长期附着在户籍上的城乡权利不平等，实现了统一户籍背景下农民享有平等的教育、住房、社保等基本公共服务和社会福利。此外，成都户籍制度改革兼顾了外来人口的落户问题，外来流动人口入户享有与本地居民同等的待遇。2010 年 7 月 26 日，成都市政府公布了《成都市居住证管理规定》（成都市人民政府令第 170 号），从 2011 年 1 月 1 日起，成都市取消暂住证制度，实行居住证制度，成都市的 300 多万流动人口在劳动就业、医疗卫生、教育等十二个方面享受与市民同等的权益。

（五）北京户籍制度改革政策

2010 年，北京市常住人口为 1961.2368 万人（见表 20），在全市常住人口中，外省市来京常住人口为 704.5 万人，占 35.9%。

表 20　北京市人口情况

单位：万人

指标＼年份	2000	2008	2009	2010
常住人口	1363.6	1695.0	1755.0	1961.2368
户籍人口	1107.53	1229.86	1245.8	1257.8
外来人口	256.1	465.1	509.2	704.5
农业人口	346.83	279.15	273.9	268.3

资料来源：《北京统计年鉴 2010》《北京市 2010 年第六次人口普查主要数据公报》。

自从 20 世纪 50 年代我国建立城乡二元户籍制度以来，北京一直是全国户籍控制最严格的城市。但从 20 世纪 90 年代起，北京开始推行户籍制度改革。

一是推行小城镇户籍制度改革。1997 年 7 月，北京开始实行小城镇户籍制度改革试点。2002 年 9 月，北京市政府批转市公安局《关于推进小城镇户籍管理制度的意见》（京政发〔2002〕25 号），规定在本市 14 个卫星城和 33 个中心镇的规划区范围内，有合法固定住所、稳定职业或生活来源的人员及其他共同居住生活的直系亲属，凡持有本市农业户口的，均可根据本人意愿办理城镇常住户口。对经批准在小城镇落户的人员，可保留其承包土地的经营权，也允许依法转让。

二是实行引进人才落户政策。自 1999 年以来，北京先后出台了一系列有关引进人才和投资兴业人员落户政策。2010 年 8 月，北京首次明确提出为适应京津冀一体化发展要求，北京将逐步推行京津冀地区互认的高层次人才户籍自由流动制度。

三是逐步放宽"投靠落户"和"农转非"政策。2001年2月，北京市放宽了"进京落户"的有关年龄和时间等标准。自2003年1月1日起，北京市允许新生小孩和职业高中在校生自愿转为非农业户口。2007年4月，北京市公安局发布《户政管理工作便民利民服务措施》，取消小城镇户口登记期满后市内迁移的审批制度，放宽未成年人随父亲在京入户条件，放宽本市人员"农转非"条件，放宽父母投靠子女"农转非"条件，等等。

四是实施"农转居"政策。因城市化征占农村土地的，按规定可以将农村居民转为城市居民。1993年北京市政府第16号令规定，被征地单位的土地被全部征用或者部分被征用后剩余的耕地按农业人口平均不足5分地，由农业户口转为非农业户口。2004年北京市政府第148号令规定"逢征必转"的原则，凡征用农民集体所有土地的，相应的农村村民应当同时转为非农业户口。2011年，北京市对城乡接合部50个城市化改造重点村实行整建制"农转居"。

（六）小结

上海"居转户"政策被称为上海户籍制度改革新政，其积极意义在于为特大城市的户籍制度改革进行了探索，但其实际意义并不明显。

广州在特大城市中率先推行城乡统筹的户籍制度改革，不仅着眼于本市范围内的户籍人口，还着眼于外来人口，具有积极的探索意义。但广州市户籍制度改革的相关配套政策还不够明确，积分入户政策仍然难以实现大多数农民工的市民梦。

重庆市户籍制度改革的可贵之处在于，将农村居民转户后的农村土地退出问题以及进入城镇后享有基本公共服务问题做了综合的配套设计，是我国第一个全面系统统筹考虑破除城乡二元体制的户籍制度改革样本，被称为我国户籍改革真正的"破冰之旅"。但重庆市户籍制度改革还存在一些深层次的问题，如户籍改革以农民放弃农村的承包地、宅基地、林地等产权为代价。

成都市户籍改革政策不要求进城入户农民放弃农村土地权益，充分尊重了农民的土地财产权，改变了"以土地换户籍"的传统做法，这在全国具有重要的导向意义。但成都市相关配套政策和具体实施方案有待于进一步明确和完善。

北京户籍制度的控制在全国仍然是最严格的。20世纪90年代以来，北京推行了一些户籍制度改革政策，特别是逐步放宽了人才进京的户口限制，但相对于其他大城市来说，户籍制度改革力度不大。一方面，北京户籍人口的"农转居"速度远滞后于上海和广州。2000～2009 年，上海、广州的农业人口分别下降了 50.95%、69.84%，北京只下降了 21.03%。另一方面，北京对农民工等外来流动人口的户籍制度改革基本上没有突破。1986 年 1 月 1日，北京市正式实施流动人口暂住证制度，至今未能改为居住证制度，而居住证制度已在广东、深圳、浙江、上海等地实行。近年来，北京因人口压力增大，开始强化"以业控人"、"以房管人"、"以水控人"，严格户籍准入政策和指标调控。

六　社会保障政策比较

新型城市化是破除城乡二元体制、形成城乡一体化新格局的城市化。实现城乡基本公共服务均等化是新型城市化的必然要求。基本公共服务均等化包括就业服务、教育、医疗保险和养老保险等社会保障、居住保障等的均等化，使城乡居民劳有所得、学有所教、病有所医、老有所养、住有所居，共享改革发展成果。限于篇幅，我们重点选择京、津、沪、渝四个直辖市的城乡居民医疗保险、城乡居民养老保险和城乡居民低保等政策进行比较。

（一）城乡居民医疗保险政策比较

1998 年国务院提出建立城镇职工基本医疗保险制度，2003 年国务院提出开展新型农村合作医疗试点，2007 年国务院提出建立城镇居民医疗保险试点。2010 年 10 月 28 日，十一届全国人大常委会第十七次会议通过《中华人民共和国社会保险法》，为建立和完善基本养老保险、基本医疗保险、工伤保险、失业保险、生育保险等社会保险制度提供了法律保障。我们就京、津、沪、渝四个直辖市的城乡居民基本医疗保险政策做些简要比较分析。

1. 北京城乡居民医疗保险政策

2002 年，北京市在大兴、怀柔开展新农合医疗试点。2003 年 6 月 27日，北京市政府办公厅转发《北京市建立新型农村合作医疗制度的实施意见》（京政办发〔2003〕31 号），在全市推行新型农村合作医疗制度，实行区县统筹。截至 2010 年，北京市 13 个涉农区县中有 11 个区县的人均筹资标准均为 520 元，海淀区为 670 元，朝阳区达 720 元。2010 年北京市各区县"新农合"人均筹资标准如表 21 所示。

表21 2010年北京市各区县"新农合"人均筹资标准

单位：元

区　县	人均筹资	其中				
		市级财政	区县财政	乡镇财政	村集体	个人
朝 阳 区	720	100	280	115	105	120
海 淀 区	670	100	450	—	120	
丰 台 区	520	105	165/185	70/60	70/60	110
通 州 区	520	175	140	140	—	65
顺 义 区	520	175	165	115	5	60
大 兴 区	520	175	285	—	—	60
昌 平 区	520	225	205	30	—	60
房 山 区	520	225	190	55	—	50
怀 柔 区	520	135	201	134	—	50
密 云 县	520	225	160	85	—	50
门头沟区	520	225	225	20	50	
平 谷 区	520	225	185	70	—	40
延 庆 县	520	225	260	—	—	35

资料来源：北京市农村经济研究中心研究调研课题《北京城镇居民基本医疗保险与"新农合"制度整合研究》，2011年2月。

2010年，北京市各区县"新农合"的门诊报销与住院报销政策如表22、表23所示。

2007年6月7日，北京市政府印发《关于建立北京市城镇无医疗保障老年人和学生儿童大病医疗保险制度实施意见的通知》（京政发〔2007〕11号），在全国率先建立城镇居民"一老一小"大病医疗保险制度。2008年6月6日，北京市政府发布《关于建立北京市城镇劳动年龄内无业居民大病医疗保险制度的实施意见》（京政发〔2008〕24号），正式建立"无业居民"大病医疗保险制度。

2010年12月3日，北京市政府发布《关于印发北京市城镇居民基本医疗保险办法的通知》（京政发〔2010〕38号），将城镇"一老一小"和"无业居民"大病医疗保险进行整合，自2011年1月1日起实行。整合后的城镇居民医疗保险补助由原来的"一老"每人每年补助1500元、"一小"每人每年补助50元、无业居民每人每年补助100元，统一为每人每年补助460元。2011年北京市城镇居民基本医疗保险主要政策如表24所示。

表22　2010年北京市各区县"新农合"门诊报销政策

区县	村卫生站、卫生室			乡镇卫生院、社区中心			二级医院			三级医院		
	起付线(元)	报销比例(%)	封顶线(元)	起付线(元)	报销比例(%)	封顶线(元)	起付线(元)	报销比例(%)	封顶线(元)	起付线(元)	报销比例(%)	封顶线(元)
丰台	0	40	220	0	40	220	0	40	220	0	40	220
通州	0	40	3000	0	40	3000	0	35	3000	0	35	3000
顺义	0	50	3000	0	50	3000	300	35	3000	300	35	3000
大兴	0	50	150×N	0	50	150×N	0	50	150×N	0	50	150×N
昌平	0	50	3000	0	50	3000	1000	40	10000	1000	35	10000
房山	—	—	—	100	55	3000	400	45	6000	1000	35	10000
怀柔	—	—	—	0	40	600	0	40	600	0	40	600
密云	0	35	—	0	4项100　6项50　药费35	—	0	2项50　4项40	—	0	40	—
门头沟	—	—	—	0	50	200	300	50	200	300	50	200
平谷	0	45	3500	0	45	3500	0	30	3500	0	30	3500
延庆	300	45	—	300	45	—	300	45	—	300	45	3500
朝阳	各乡镇制订政策,19个乡镇15种政策											
海淀	各乡镇制订政策,7个乡镇9种政策											

注: 大兴封顶线为家庭参合人数(N)乘以150元。
资料来源: 北京市农村经济研究中心研究课题《北京城镇居民基本医疗保险与"新农合"制度整合研究》,2011年2月。

表 23　2010 年北京市各区县"新农合"住院报销政策

区　县	乡镇卫生院、社区中心		二级医院		三级医院		封顶线（元）
	起付线（元）	报销比例（%）	起付线（元）	报销比例（%）	起付线（元）	报销比例（%）	
朝阳区	0～5 万	60	3000～5 万	60	3000～5 万	60	17 万
	5 万以上	70	5 万以上	70	5 万以上	70	
海淀区	1300	60	1300	60	1300	55	18 万
丰台区	0	70	500	60	1300	45	18 万
通州区	0～5000	65	300～5000	50	1000～5000	40	18 万
	5001～3 万	75	5001～3 万	60	5001～3 万	45	
	3 万以上	80	3 万以上	65	3 万以上	50	
顺义区	300	72	800～2 万	65	1300～2 万	55	18 万
	—	—	2 万～5 万	70	2 万～5 万	60	
	—	—	5 万以上	77	5 万以上	67	
大兴区	0	80	500～1 万	70	2000～1 万	40	18 万
	—	—	1 万～4 万	75	1 万～4 万	50	
	—	—	4 万以上	80	4 万以上	55	
昌　平	200	75	600	65	1000	50	18 万
房山区	200～5000	75	500～1 万	55	1000～2 万	45	18 万/25 万
	5000 以上	80	1 万～2 万	60	2 万～3 万	50	
	—	—	2 万以上	65	3 万以上	55	
怀柔区	0	70	0	60	0	50	18 万
密云县	0	75	500～1 万	65	1000～1 万	55	18 万
	—	—	1 万～3 万	70	1 万～3 万	65	
	—	—	3 万以上	85	3 万以上	75	
门头沟	—	—	500	60	1300	40	18 万
平谷区	0～2000	65	651～5000	60	1301～1 万	50	18 万
	2001～1 万	75	5001～2 万	70	1 万～3 万	60	
	1 万以上	90	2 万以上	80	3 万以上	70	
延庆县	0～5000	75	0～5000	60	0～5000	45	18 万
	5000～3 万	85	5000～3 万	75	5000～3 万	65	
	3 万以上	95	3 万以上	85	3 万以上	85	
最　低	0	60	0	50	0	40	17 万
	8 个区县	2 个区县	2 个区县	通州	2 个区县	3 个区县	朝阳
最　高	1300	95	3000	85	3000	85	25 万
	海淀	延庆	朝阳	2 个区县	朝阳	延庆	房山

　　注：房山区封顶线 16 岁以下 25 万元，16 岁以上 18 万元。

　　资料来源：北京市农村经济研究中心研究调研课题《北京城镇居民基本医疗保险与"新农合"制度整合研究》，2011 年 2 月。

表 24　2011 年北京市城镇居民基本医疗保险主要政策

类　别		参保范围	缴费情况 （元/每人每年）			保障待遇（住院）			保障待遇（门诊）		
			缴费 标准	其中： 个人 缴纳	其中： 财政 补助	起付线 （元）	报销 比例 （%）	封顶线 （万元）	起付线 （元）	报销 比例 （%）	封顶线 （万元）
"一老"		北京市非农户籍、男年满 60 周岁（含）、女年满 50 周岁（含）	760	300	460	首次 1300 其余 650	60	15	650	50	2000
"一小"		北京市非农户籍的学生、儿童	560	100	460	650	70	17	650	50	2000
城镇 无业 居民	无业 居民	北京市非农户籍、男 16～60 周岁、女 16～50 周岁的城镇无业居民	1060	600	460	首次 1300 其余 650	60	15	650	50	2000
	其中： 残疾人		460	0	460						

资料来源：根据相关政策文件整理。

2. 天津城乡居民医疗保险政策

2003 年，天津市开始在东丽区、北辰区、大港区、静海县 4 个区县进行"新农合"试点，2007 年在全市 12 个涉农区县全面推开，实行区县统筹。2007 年 9 月，天津市印发《天津市城镇居民基本医疗保险暂行规定》（津政发〔2007〕64 号），自 2008 年 1 月 1 日起在全市推行以大病统筹为主的城镇居民基本医疗保险制度。

2008 年 6 月，天津市政府发布《关于新型农村合作医疗制度管理职能划转有关问题的通知》（津政发〔2008〕59 号），将原由市和区、县卫生部门管理的"新农合"工作划转交由市和区、县劳动保障部门管理。2009 年 4 月，天津市政府印发《天津市城乡居民基本医疗保险规定》（津政发〔2009〕21 号），自 2010 年 1 月 1 日起，天津率先实现城乡居民基本医疗保险整合，实行全市统筹。

天津城乡居民基本医疗保险整合后的筹资标准分为三档：一档为每人每年 560 元，其中个人缴纳 330 元，政府补助 230 元；二档为每人每年 350 元，其中个人缴纳 160 元，政府补助 190 元；三档为每人每年 220 元，其中个人缴纳 60 元，政府补助160元。重度残疾人、享受低保待遇的人员、特殊困难家庭人员和城镇低收入家庭60周岁以上的老年人，个人不缴费，由政府按照220元缴费档次给予全额补助。学生儿童每人每年100元，其中个人缴费50元，政府补助50元（见表25）。

表25 2010年天津市城乡居民基本医疗保险筹资标准

单位：元

	学生、儿童	一档	二档	三档
筹资标准(每人每年)	100	560	350	220
个人缴费	50	330	160	60
政府补助	50	230	190	160

资料来源：根据相关政策文件整理。

在报销待遇上，天津市按筹资标准档次以及医院级别的不同，规定不同的标准（见表26）。

表26 2010年天津市城乡居民基本医疗保障待遇

档次	医疗机构	门(急)诊保障待遇			住院医疗保障待遇		
		起付线（元）	报销比例（%）	封顶线（万元）	起付线（元）	报销比例（%）	封顶线（万元）
学生儿童	一级	800	30	3000	0	65	18
	二级				300	60	
	三级				500	55	
560元档	一级		40		0	65	11
	二级				300	60	
	三级				500	55	
350元档	一级		35		0	60	9
	二级				300	55	
	三级				500	50	
220元档	一级		30		0	55	7
	二级				300	50	
	三级				500	45	

资料来源：根据相关政策文件整理。

3. 上海城乡居民医疗保险政策

自1958年建立合作医疗制度以来，上海农村合作医疗一直未中断。1997

年，上海市政府批转市农委、市卫生局、市财政局《关于改革和完善本市农村合作医疗制度的意见》（沪府〔1997〕13 号），进一步改革和完善了农村合作医疗制度。2008 年 11 月，上海市政府办公厅转发市卫生局、市农委等五部门《关于加强和完善本市新型农村合作医疗工作的意见》（沪府办〔2008〕55号），提出逐年增加财政补助，提高统筹层次和补偿水平，逐步实行区（县）统筹，建立全市统一的补偿标准。2010 年 3 月 8 日，上海市卫生局印发《关于本市新型农村合作医疗参保农民跨区就医的试行意见》（沪卫基层〔2010〕1 号），允许长期跨区人户分离的参合农民跨区就医。

上海市 10 个涉农区县"新农合"政策也不一致。以上海市崇明县为例，2010 年，崇明县农村合作医疗基金继续实施县级统筹，个人缴费为 150 元，村集体扶持每人 10 元，市财政补贴每人 100 元，县财政补助每人 200 元，乡镇财政补助每人 115 元（见表 27）。

表 27　2010 年上海市崇明县"新农合"筹资标准

单位：元

	人均筹资	其　　中				
		市级财政	区县财政	乡镇财政	村集体	个人
崇明县	575	100	200	115	10	150

资料来源：根据相关政策文件整理。

崇明县"新农合"补偿主要有门诊补偿、住院补偿。具体政策如表 28 所示。

表 28　2010 年上海市崇明县"新农合"补偿标准

医疗机构	门(急)诊补偿标准			住院补偿标准	
	报销比例（%）	限制条件	封顶线	报销比例（%）	封顶线
村卫生室	80	每次限 30 元,每月就诊不超过 5 次	全年门急诊补偿累计封顶额为 1200 元	—	50000 元
乡镇社区卫生服务中心	70	每次限 120 元,每月就诊不超过 5 次		70	
县级医疗机构	50	—		50	
市级医疗机构	40	—		40	

资料来源：根据相关政策文件整理。

2007 年 12 月 8 日，上海市政府印发《上海市城镇居民基本医疗保险试行办法》（沪府发〔2007〕44 号），正式建立城镇居民医疗保险制度，自 2008 年 1 月 1 日起施行。城镇居民医保基金的筹资标准以及个人缴费标准，按照参保人员的不同年龄分段确定。2011 年和 2012 年的缴费标准均做了调整，2012 年城镇居民医保的个人缴费标准与 2011 年相同（见表 29）。

表 29　2008～2012 年上海市城镇居民基本医疗保险缴费标准

单位：元

年龄分段	2008～2010 年		2011 年		2012 年	
	筹资标准	个人缴费	筹资标准	个人缴费	筹资标准	个人缴费
70 周岁以上人员	1500	240	2800	310	3000	310
60 周岁以上、不满 70 周岁人员	1200	360	2200	460	3000	460
超过 18 周岁、不满 60 周岁人员	700	480	1200	620	1500	620
中小学生和婴幼儿	260	60	590	80	680	80

资料来源：根据相关政策文件整理。

《上海市城镇居民基本医疗保险试行办法》规定的医保待遇如表 30 所示。

表 30　2008～2009 年上海市城镇居民基本医疗保险待遇

单位：%

年龄分段	住院报销	门急诊报销	社区卫生服务中心或一级医疗机构报销
70 周岁以上人员	70	50	60
60 周岁以上、不满 70 周岁人员	60	50	60
超过 18 周岁、不满 60 周岁人员	50	50（起付线 1000 元）	60
中小学生和婴幼儿	50	50	60

资料来源：根据相关政策文件整理。

2011 年上海城镇居民医保的门诊急诊待遇做了调整，住院医疗待遇维持 2010 年的政策不变；2012 年上海城镇居民医保的住院医疗待遇做了调整，门诊急诊医疗待遇与 2011 年政策一致（见表 31）。

表 31　2011～2012 上海市城镇居民基本医疗保险待遇

年龄分段	医疗机构	2011 年			2012 年		
		门急诊待遇		住院待遇	门急诊待遇	住院医疗待遇	
		起付线（元）	报销比例（％）	报销比例（％）		起付线（元）	报销比例（％）
70 周岁以上人员	一级	300	65	70	继续按照 2011 年标准执行	50	85
	二级		65			100	75
	三级		50			300	65
60 周岁以上、不满 70 周岁人员	一级	300	65	60		50	85
	二级		65			100	75
	三级		50			300	65
超过 18 周岁、不满 60 周岁人员	一级	1000	65	50		50	75
	二级		55			100	65
	三级		50			300	55
中小学生和婴幼儿	一级	300	65	50		50	75
	二级		65			100	65
	三级		50			300	55

注：2012 年，上海城镇重残无保人员，基金支付比例从 70％ 调整为：在社区卫生服务中心（或者一级医疗机构）就医的，支付 85％；在二级医疗机构就医的，支付 75％；在三级医疗机构就医的，支付 65％。

资料来源：根据相关政策文件整理。

4. 重庆城乡居民医疗保险政策

2003 年 4 月 19 日，重庆市委、市政府印发《关于进一步加强农村卫生工作的决定》（渝委发〔2003〕10 号），提出从 2003 年起各级财政按照分级负担的原则，每年对参加新型农村合作医疗的农民给予每人不少于 10 元的补助，农民个人缴纳的合作医疗经费每人每年不低于 10 元。2004 年 2 月 17 日，重庆市政府办公厅印发《重庆市新型农村合作医疗暂行管理办法》（渝办发〔2004〕36 号），提出实行以区县为单位进行统筹。

2007 年 9 月 7 日，重庆市政府印发《关于开展城乡居民合作医疗保险试点的指导意见》（渝府发〔2007〕113 号），开展重庆市城乡居民合作医疗保险试点，城乡居民合作医疗保险实行区县统筹，全市分两档实行统一的筹资标准，一档筹资水平为每人每年 50 元，二档筹资水平为每人每年 160 元。2009 年 11 月 20 日，重庆市人力资源和社会保障局等五部门联合印发《关于将大学生纳入城乡居民合作医疗保险的实施意见》（渝人社发〔2009〕185 号），政府补助每人每年

80 元，个人缴费一档为每人每年 20 元，二档为每人每年 120 元。

2009 年 9 月 27 日，重庆市政府印发《关于调整我市城乡居民合作医疗保险管理体制的意见》（渝府发〔2009〕93 号），将"城乡居民合作医疗保险"和"新型农村合作医疗"统一为"重庆市城乡居民合作医疗保险"，由人力社保（劳动保障）部门统一负责管理，逐步实现全市统筹和城乡居民跨区参保就医"一卡通"。

2010 年 9 月 29 日，重庆市政府办公厅印发《关于进一步完善城乡居民合作医疗保险制度的指导意见》（渝办发〔2010〕283 号），决定从 2010 年起，财政对参保居民补助标准由每年 80 元/人提高到每年 120 元/人。参保居民个人缴费标准从 2011 年起一档由每年 20 元/人提高到 30 元/人，二档仍按每年 120 元/人执行。2010 年重庆市城乡居民合作医疗保险筹资标准如表 32 所示。

表 32　2010 年重庆市城乡居民合作医疗保险筹资标准

单位：元

缴费档次	人均筹资	其　中		
		中央财政补助	市、区县财政补助	个人缴费
一档	140	60	60	20
二档	240	60	60	120

资料来源：根据相关政策文件整理。

重庆市印发的《关于进一步完善城乡居民合作医疗保险制度的指导意见》对参保居民住院起付线、封顶线和报销比例也做了新的调整。2010 年重庆市城乡居民合作医疗保险筹资标准如表 33 所示。

表 33　2010 年重庆市城乡居民合作医疗保险筹资标准

缴费档次	住院待遇			门诊待遇	
	起付线（元）	报销比例	封顶线（元）	报销比例	封顶线（元）
一档	100	75%～80%	60000	60%	50
	300	55%～60%		30%	
	800	35%～40%		15%	
二档	100	(75%～80%)＋5%	100000	60%	80
	300	(55%～60%)＋5%		30%	
	800	(35%～40%)＋5%		15%	

资料来源：根据相关政策文件整理。

5. 小结

近年来，四个直辖市在推进城乡居民基本医疗保险制度建设上取得明显进展，实现了城乡居民基本医疗保险制度的全覆盖，有效地保障了城乡居民的健康权益。

北京市"新农合"实行区县统筹，朝阳和海淀两个区存在乡镇统筹。北京城镇居民基本医疗保险已于2011年实现制度整合，这为城镇居民基本医疗保险与"新农合"的制度整合打下了基础。

天津已于2010年率先实现了城乡居民基本医疗保险的制度整合，整合后实行市级统筹。

上海"新农合"人均筹资水平为全国最高，2010年人均筹资达757.7元，比北京高出202.3元。上海尚未实行城乡居民基本医疗保险制度整合，上海市城镇居民基本医疗保险门诊和住院待遇均未设封顶线。

重庆于2009年将"城乡居民合作医疗保险"和"新型农村合作医疗"合并为"重庆市城乡居民合作医疗保险"，实现管理体制的统一。2011年10月24日，重庆市政府办公厅印发《重庆市城镇职工医疗保险市级统筹办法》和《重庆市城乡居民合作医疗保险市级统筹办法》（渝办发〔2011〕293号），提出2012年年底前，实行城乡居民合作医疗保险市级统筹，实现待遇水平、就医管理、基金管理、信息系统和管理体制的统一。

2009～2010年全国及四个直辖市"新农合"、城镇居民基本医疗保险情况如表34所示。

表34 2009～2010年全国及四个直辖市"新农合"、城镇居民基本医疗保险情况

指标 地区	年度	县（市、区）数（个）	开展"新农合"县（市、区）数（个）	参加"新农合"人数（万人）	人均筹资（元）	本年度筹资总额（万元）	补偿受益人次（万人次）	城镇居民医保参保人数（万人）
北 京	2009	18	13	274.98	433.37	119167.68	456.23	146
	2010	16	13	278.5	555.4	154696.58	694.5	146
天 津	2009	16	12	367.90	172.28	63382.64	390.49	85
	2010	16	—	—	—	—	—	161
上 海	2009	18	10	166.55	563.82	93904.90	1594.30	184
	2010	18	10	149.0	757.7	112853.29	2035.2	254
重 庆	2009	40	39	2179.20	104.42	227561.16	2919.41	224
	2010	40	39	2200.4	141.5	311284.26	2461.2	407
全国总计	2009	2858	2716	83308.66	113.36	9443470.79	75896.25	18100
	2010	2856	2678	83560.0	156.6	13083346.40	108666.0	19472

资料来源：《2010中国卫生统计年鉴》。

（二）城乡居民养老保险政策比较

2009年9月1日，国务院发布《关于开展新型农村社会养老保险试点的指导意见》（国发〔2009〕32号），决定从2009年起开展新型农村社会养老保险（"新农保"）试点。2011年6月7日，国务院印发《关于开展城镇居民社会养老保险试点的指导意见》（国发〔2011〕18号），决定从2011年起开展城镇居民社会养老保险（以下简称城镇居民养老保险）试点。至此，我国开始建立覆盖城乡居民的养老保险制度。我们分别对四个直辖市的城乡居民养老保险政策（不涉及城镇职工养老保险）做出比较分析。

1. 北京城乡居民养老保险政策

2007年12月29日，北京市政府印发《北京市新型农村社会养老保险试行办法》（京政发〔2007〕34号），自2008年1月1日起施行"新农保"。新型农村社会养老保险基金实行区（县）级统筹。新型农村社会养老保险费采取按年缴费的方式缴纳，最低缴费标准为本区（县）上一年度农村居民人均纯收入的10%。新型农村社会养老保险待遇由个人账户养老金和基础养老金两部分组成。基础养老金标准全市统一为每人每月280元。

2007年12月29日，北京市政府印发《北京市城乡无社会保障老年居民养老保障办法》（京政发〔2007〕35号），规定自2008年1月1日起，凡具有本市户籍、年满60周岁，且不享受社会养老保障待遇的人员，每人每月享受200元的老年保障待遇（福利养老金）。

2008年12月20日，北京市政府印发《北京市城乡居民养老保险办法》（京政发〔2008〕49号），自2009年1月1日起施行。北京在全国率先建立城乡一体的居民养老保险制度，实现了城乡居民养老保障制度一体化。全市基础养老金标准统一为每人每月280元。"十一五"时期北京市参加基本养老保险人数情况如表35所示。

从2009年起，北京市对符合参加城乡居民养老保险条件且缴纳了城乡居民养老保险费的人员给予每人每年30元的缴费补贴。2009～2011年，北京市城乡居民养老保险缴费标准不变，即最低缴费标准为960元，最高缴费标准为7420元。

从2011年1月1日起，北京市将城乡居民基础养老金从每人每月280元提高到310元，福利养老金从每人每月200元提高到230元。2009～2011年北京市城乡居民养老保险缴费标准和基础养老金标准如表36所示。

表35　北京市参加基本养老保险人数情况

年份	参加基本养老保险人数（万人）	农村居民参加城乡居民养老保险人数（万人）	农民养老保险参保率（％）
2006	604.1	44.8	29.3
2007	671.07	49.1	36.6
2008	758.1	127.5	85.0
2009	827.7	153.9	90.0
2010	982.5	159.3	92.0

注：农村居民参加城乡居民养老保险人数在2007年及以前为参加"老农保"人数，2008年为参加"新农保"人数，2009年及以后为参加城乡居民养老保险人数。

资料来源：《北京统计年鉴2011》。

表36　2009～2011年北京市城乡居民养老保险缴费标准和基础养老金标准

年份	最低缴费标准（元/年）	最高缴费标准（元/年）	基础养老金标准（元/月）
2009	960	7420	280
2010	960	7420	280
2011	960	7420	310

资料来源：根据相关政策文件整理。

2. 天津城乡居民养老保险政策

2007年9月17日，天津市政府印发《天津市农村社会基本养老保障暂行办法》（津政发〔2007〕65号），自2008年1月1日起建立农村社会基本养老保障制度。农村社会基本养老保障制度主要包括农籍职工基本养老保险制度、农村居民基本养老保险制度、农村老年人基本生活费补助制度三部分内容。农籍职工基本养老保险和农村居民基本养老保险实行全市统筹。

农村居民基本养老保险实施初期，按每人每月125元的待遇水平确定不同年龄参保人员的基本养老保险缴费标准。市和区县政府对参保人员逐年给予补贴。

2009年4月17日，天津市政府印发《天津市城乡居民基本养老保障规定》（津政发〔2009〕22号），自2009年1月1日起建立城乡统一的居民基本养老保险制度，城乡居民基本养老保险实行全市统筹。

天津城乡居民基本养老保险费的缴费基数为上年度该市农村居民人均纯收入，缴费比例为10%～30%。城乡居民基本养老金由个人账户养老金和基础养老金两部分组成，全市统一基础养老金标准为每人每月150元。

未参加城乡居民基本养老保险和无社会养老保障待遇的人员，可享受老年人生活补助待遇，城乡老年人生活补助费实行全市统筹，具体补助标准如表37所示。

表37 天津市城乡老年人生活补助标准

单位：元

年份	年满60周岁、不满70周岁	年满70周岁、不满80周岁	80周岁以上
2008	30	40	50
2009	60	70	80
2010	60	70	80
2011	70	80	90

注：天津市享受生活补助待遇的城乡老年人是指未参加城乡居民基本养老保险和无社会养老保障待遇的人员。

自2010年1月1日起，天津市财政对参加城乡居民基本养老保险人员给予每人每年30元缴费补贴；增设城乡居民基本养老保险5%的缴费档次，参保人员可以按照上年度农民人均纯收入的5%、10%、20%、30%共四档选择缴纳养老保险费。2009年，天津市基础养老金为每人每月150元，2011年调整到每人每月180元。2009~2011年天津市城乡居民养老保险缴费标准及基础养老金标准如表38所示。

表38 2009~2011年天津市城乡居民养老保险缴费标准及基础养老金标准

年份	按5%比例缴费标准（元）	按10%比例缴费标准（元）	按20%比例缴费标准（元）	按30%比例缴费标准（元）	基础养老金标准（元/月）
2009	—	970	1940	2910	150
2010	530	1060	2120	3180	150
2011	583	1166	2332	3498	180

注：2009~2011年，天津市城镇居民缴费基数分别为9700元、10600元、11660元。
资料来源：根据相关政策文件整理。

3. 上海城乡居民养老保险政策

1996年1月15日，上海市政府发布了《上海市农村社会养老保险办法》，自1996年2月1日起实行农村社会养老保险制度（"老农保"）。

自2004年1月1日起，上海实施老年农民养老金补贴制度，将年满65周岁（含65周岁）的农业人员，每人每月实际领取养老金低于75元的提高到75元。

2010年11月10日，上海市政府印发《上海市人民政府贯彻国务院关于开展新型农村社会养老保险试点指导意见的实施意见》（沪府发〔2010〕39号），提出开展新型农村社会养老保险（"新农保"）试点，2010年试点范围为浦东新区、松江区和奉贤区。到2011年10月，上海市实现"新农保"全覆盖。

上海"新农保"个人缴费标准为每人每年500元、700元、900元、1100元、1300元五档。各级政府按照五档缴费标准，对应补贴标准分别为每人每年200元、250元、300元、350元、400元（见表39）。对农村重度残疾人，由区县财政和残疾人就业保障金按照每人每年900元为其代缴部分或全部养老保险费。

表39　2011年上海市"新农保"个人缴费及政府补贴标准

单位：元/年

缴费档次	个人缴费标准	政府补贴标准	缴费档次	个人缴费标准	政府补贴标准
一档	500	200	四档	1100	350
二档	700	250	五档	1300	400
三档	900	300			

上海"新农保"基础养老金分为两类三个档次：一类是缴费不满15年人员，分两个档次，一是年满60周岁至未满65周岁的，基础养老金标准为每人每月135元。二是年满65周岁及以上的，基础养老金标准为每人每月155元。另一类是缴费满15年人员，基础养老金标准为每人每月300元。区县政府可适当提高基础养老金标准。目前上海各区县确定的"新农保"基础养老金标准集中在320元、330元、370元三个档次。

以上海浦东新区为例。2011年4月15日，浦东区政府印发《浦东新区新型农村社会养老保险试点办法》（浦府〔2011〕85号），浦东新区"新农保"个人缴费与政府补贴标准与全市一致，基础养老金标准分为两档，即累计缴费不满15年的，基础养老金标准为每人每月155元；累计缴费满15年的，基础养老金标准为每人每月370元（见表40）。

表40　2011年上海市及浦东新区新农保养老金待遇标准

单位：元/月

类　型	档　次	上海市养老金标准	浦东新区养老金标准
缴费不满15年	年满60周岁至未满65周岁	135	155
	年满65周岁及以上	155	
缴费满15年		300	370

目前上海市尚未建立统一的城镇居民养老保险以及城乡居民养老保险制度。有关城镇居民的养老保险政策主要涵盖在"镇保"和城镇高龄无保障老人养老保险政策之中。

2003 年 10 月 10 日，上海市第十二届人大常委会第七次会议通过《〈上海市小城镇社会保险制度的实施方案〉的决定》，在上海市郊区实施小城镇社会保险制度。2003 年 10 月 18 日，上海市政府印发《上海市小城镇社会保险暂行办法》(沪府发〔2003〕65 号)，正式建立小城镇社会保障制度("镇保")。

"镇保"的适用对象是：郊区范围内用人单位及其具有上海市户籍的从业人员；经市政府批准的其他人员；被征地人员；原已参加农村社会养老保险的用人单位及其从业人员；个体工商户及其帮工、自由职业者、非正规劳动组织从业人员。被征地人员是参加"镇保"的主体。2003～2010 年上海小城镇养老保险参保人数如表 41 所示。

表 41　2003～2010 年上海小城镇养老保险参保人数

单位：万人

类别＼年份	2003	2004	2005	2006	2007	2008	2009	2010
参加"镇保"人数	2.07	59.21	110.16	139.8	138.64	148.02	155.39	114.44
其中：被征地人员	1.05	14.07	74.38	94.71	92.72	92.95	97.77	96.72
其他	1.02	45.14	35.78	45.09	45.92	55.07	57.62	17.72

资料来源：历年《上海统计年鉴》。

参加"镇保"的基本养老保险待遇是：缴费年限满 15 年的，养老金按其办理手续时上年度全市职工月平均工资的 20% 计发，缴费年限每增加 1 年，相应增加上年度全市职工月平均工资 0.5% 的养老金，但最高不超过上年度全市职工月平均工资的 30%。从 2011 年 7 月起，上海将"镇保"转为城镇职工社会保险。

从 2006 年 9 月 1 日起，上海将城镇高龄无保障老人纳入社会保障，养老待遇为每人每月 460 元。2008 年 12 月 1 日后，上海年满 70 周岁的城镇老年居民养老待遇为每人每月 500 元；年满 65 周岁、不满 70 周岁的城镇老年居民养老待遇为每人每月 400 元。

4. 重庆城乡居民养老保险政策

2009 年 6 月 6 日，重庆市人民政府印发《重庆市城乡居民社会养老保险试点工作指导意见》(渝府发〔2009〕64 号)，开展城乡居民社会养老保险试点工作。

2009年9月1日，重庆市政府印发《关于开展城乡居民社会养老保险试点工作的通知》（渝府发〔2009〕85号），决定从2009年7月1日起开展城乡居民社会养老保险试点工作，渝府发〔2009〕64号文件停止执行。

重庆市城镇居民养老保险基金由个人缴费、集体补助、政府补贴构成。年满16周岁、不满60周岁的人员，年缴费标准分为100元、200元、400元、600元、900元五个档次（见表42）。年满60周岁及其以上的人员，不用缴费。政府在参保人缴费的基础上，每人每年补贴30元。对重度残疾人，政府对其缴纳最低标准的保险费再补贴40元。

表42 重庆市城乡居民养老保险缴费标准及基础养老金标准

缴费档次	个人缴费标准（元/年）	政府补贴标准（元/年）	基础养老金标准（元/月）
一档	100	30	80
二档	200	30	80
三档	400	30	80
四档	600	30	80
五档	900	30	80

2010年10月，重庆市将三峡库区和主城区15个区县纳入试点范围，2011年4月，重庆又将其余10区县全部纳入城乡居民保险范围，提前实现全市城乡居民养老保险制度的全覆盖。

5. 小结

建立覆盖城乡居民的养老保险制度是保障和改善民生的重大举措。北京在全国率先建立"新农保"和城镇居民养老保险制度，并率先实现了城乡居民养老保险制度的一体化，基础养老金处于较高水平。北京市城乡居民养老保险基金实行区（县）级统筹。

天津几乎与北京同时实现城乡居民养老保险制度的一体化。与北京不同的是，天津在建立城乡一体化的城乡居民养老保险制度之前，没有建立城镇居民养老保险制度。虽然天津市城乡居民养老保险的基础养老金标准远低于北京，但天津城乡居民基本养老保险基金实行了全市统筹。

目前，上海是四个直辖市中唯一尚未建立城乡统一的居民养老保险制度的城市。上海的"新农保"养老金也未实行全市统一标准，《上海市新型农村社会养老保险办法》正在制定之中。上海也没有明确建立统一的城镇居民养老保险制度。在建立城乡一体化的居民养老保险制度上，上海似乎显得滞后。但上海较早实施了城乡老年人的生活补贴政策。

重庆在没有分别建立"新农保"和城镇居民养老保险制度的情况下，于2009年7月一步到位地建立城乡统筹的居民养老保险制度，实行居民养老保险基金的全市统筹，并于2011年上半年实现了全市40个区县的城乡居民养老保险制度全覆盖，这体现了重庆市作为全国统筹城乡发展综合改革试验区所具有的后发制度创新优势。

（三）城乡居民低保政策比较

1997年9月2日，国务院发布了《关于在全国建立城市居民最低生活保障制度的通知》（国发〔1997〕29号），决定在全国城镇建立最低生活保障制度。2007年7月11日，国务院发布《关于在全国建立农村最低生活保障制度的通知》（国发〔2007〕19号），建立农村低保制度。至此，我国最低生活保障制度已经覆盖城乡居民。现对北京、天津、上海、重庆四个直辖市的城乡低保政策做简要比较分析。

1. 北京城乡居民低保政策

1996年6月20日，北京市政府转发市民政局、劳动局、人事局、财政局《关于实施城镇居民最低生活保障制度的意见》（京政发〔1996〕15号），决定从1996年7月1日起建立并实施城镇居民最低生活保障制度，确定1996年城镇居民最低生活保障线标准为家庭月人均收入170元。

2005年7月，北京市建立城市居民最低生活保障标准调整机制。自2011年1月1日起，城市低保标准由家庭月人均430元上调为480元。自2011年7月1日起，城市低保标准从家庭月人均480元上调为500元。1996~2011年北京市城镇居民最低生活保障标准如表43所示。

表43 1996~2011年北京市城镇居民最低生活保障标准

年份	1996	1997	1998	1999	2000	2001	2002	2003	2004	2005	2006	2007	2008	2009	2010	2011
标准（元/月）	170	190	200	210/273	280	285	290	290	290	300	310	330	390	410	430	480/500

资料来源：北京市民政局。

2002年4月27日，北京市政府批转市民政局《关于建立和实施农村居民最低生活保障制度意见》（京政发〔2002〕15号），决定从2002年起建立并实施农村居民最低生活保障制度。

2005 年 4 月 14 日，北京市政府发布《关于推进城乡社会救助体系建设的意见》（京政发〔2005〕8 号），提出完善最低生活保障制度，建立规范的低保标准调整机制。

自 2011 年 1 月 1 日起，农村低保标准由家庭月人均 210 元上调为 300 元。2011 年 7 月 1 日起，农村低保标准从家庭月人均 300 元上调为 340 元。2005 ~ 2011 年北京市农村居民最低生活保障标准如表 44 所示。

表 44　2005 ~ 2011 年北京市农村居民最低生活保障标准

年份	年标准（元/年）	月标准（元/月）	年份	年标准（元/年）	月标准（元/月）
2005	1510	125.83	2009	2040	170
2006	1580	131.67	2010	2520	210
2007	1630	135.83	2011	3600/4080	300/340
2008	1780	148.33			

资料来源：北京市民政局。

在北京 13 个涉农区县中，近郊的朝阳、海淀、丰台三个区已经实现了城乡低保待遇的统一，10 个远郊区县的农村低保标准有所不同。2007 ~ 2011 年北京市及 13 个涉农区县农村居民最低生活保障标准及人数如表 45 所示。

表 45　2007 ~ 2011 年北京市及 13 个涉农区县农村居民最低生活保障标准及人数

区县 \ 年份	2007 标准（元/月）	2007 人数（人）	2008 标准（元/月）	2008 人数（人）	2009 标准（元/月）	2009 人数（人）	2010 标准（元/月）	2010 人数（人）	2011 标准（元/月）
全　　市	135.83	77818	148.33	78789	170	79821	210	76955	300/340
朝 阳 区	330	1627	390	1563	410	1635	430	1471	480
丰 台 区	330	1406	390	1377	410	1348	430	1299	480
海 淀 区	330	1451	390	1338	410	1371	430	1005	480
房 山 区	140	15891	160	16137	170	16782	210	15840	300
通 州 区	120	7522	160	7127	170	7201	220	6903	300
顺 义 区	150	7743	180	7695	210.83	7443	280	7359	384
昌 平 区	140	3874	160	3886	210	3220	230	3029	300
大 兴 区	120	4226	160	4376	200	4420	240	4085	300
门头沟区	130	2306	170	2306	200	2493	240	2686	300
怀 柔 区	112.5	7667	148.33	8085	170	8083	210	8145	300

续表

年份 / 区县	2007		2008		2009		2010		2011
	标准（元/月）	人数（人）	标准（元/月）	人数（人）	标准（元/月）	人数（人）	标准（元/月）	人数（人）	标准（元/月）
平 谷 区	100	9594	150	9242	170	9516	210	8809	300
密 云 县	100	6933	150	7305	170	8191	210	8892	300
延 庆 县	91.67	7578	150	8352	170	8118	210	7432	300

注：2007 年、2008 年北京市农村居民最低生活保障标准分别为 1630 元/年、1780 元/年。自 2011 年 7 月 1 日起，北京市农村低保标准从家庭月人均 300 元上调为 340 元，2011 年各区县农村低保标准为 2011 年上半年数据。

资料来源：北京市民政局。

2. 天津城乡居民低保政策

1997 年 12 月 16 日，天津市政府发布《天津市城乡居民最低生活保障办法》（津政发〔1997〕92 号），自 1998 年 1 月 1 日起实行城镇居民和农村居民最低生活保障制度。

天津市城市居民低保标准实行全市统一，并根据经济社会发展情况进行调整。1998 ~ 2011 年，天津先后 9 次提高城市居民最低生活保障标准。天津市历年城市居民最低生活保障标准如表 46 所示。

表 46 天津市历年城市居民最低生活保障标准一览表

时 间	标 准（元）	政策依据
1998 年 1 月 1 日 ~ 1999 年 6 月 30 日	185	津民社字〔1997〕156 号
1999 年 7 月 1 日 ~ 2004 年 6 月 30 日	241	津民社字〔1999〕73 号
2004 年 7 月 1 日 ~ 2006 年 6 月 30 日	265	津民发〔2004〕143 号
2006 年 7 月 1 日 ~ 2007 年 5 月 30 日	300	津民发〔2006〕56 号
2007 年 6 月 1 日 ~ 2007 年 12 月 31 日	330	津民发〔2007〕40 号
2008 年 1 月 1 日 ~ 2008 年 6 月 30 日	345	津民发〔2008〕21 号 津财社联〔2008〕32 号
2008 年 7 月 1 日 ~ 2009 年 3 月 31 日	400	津民发〔2008〕85 号
2009 年 4 月 1 日 ~ 2010 年 3 月 31 日	430	津民发〔2009〕39 号 津财社联〔2009〕69 号
2010 年 4 月 1 日 ~ 2011 年 3 月 31 日	450	津民发〔2010〕55 号
2011 年 4 月 1 日至今	480	津民发〔2011〕23 号

资料来源：天津市民政局。

1997 年，天津市政府发布《天津市城乡居民最低生活保障办法》（津政发〔1997〕92 号），同步建立农村居民最低生活保障制度，天津现行农村居民最低生活保障的主要政策依据是 2001 年发布的《天津市最低生活保障办法》（天津市政府令第 38 号）。

天津市各区县农村居民低保标准各异。2007 年 3 月 6 日，天津市民政局、市财政局发布《关于进一步完善我市农村最低生活保障制度有关问题的通知》（津民发〔2007〕14 号、津财社联〔2007〕18 号），决定建立农村最低生活保障标准指导线制度。从 2007 年 1 月 1 日起，天津市农村最低生活保障标准指导线为年人均 1500 元。自 2007 年以来，天津市农村最低生活保障标准指导线每年都做了调整。2011 年 4 月 1 日起，农村居民最低生活保障标准由每人每月 250 元调整为 280 元。天津市历年农村最低生活保障标准指导线如表 47 所示。

表 47　天津市历年农村最低生活保障标准指导线

单位：元/月·人

年 份	2007	2008	2009	2010	2011
农村最低生活保障标准指导线	125	135/200	230	250	280

资料来源：天津市民政局。

3. 上海城乡居民低保政策

1993 年 5 月 7 日，上海市民政局、财政局、劳动局、人事局、社会保险局、总工会联合发布《关于本市城镇居民最低生活保障线的通知》（沪民救〔1993〕17 号），决定从 1993 年 6 月 1 日起实施城镇居民最低生活保障制度，低保标准为月人均 120 元。

自 1999 年 10 月 1 日起，上海原由单位负担的城镇居民最低生活保障金调整为由市、区（县）财政负担，最低生活保障对象实行全员覆盖。

1993 年以来上海市城镇居民最低生活保障标准如表 48 所示。

1994 年，上海市政府办公厅转发市农委等三部门《关于做好本市农村扶贫工作的意见》（沪府办发〔1994〕15 号），开始建立农村居民最低生活保障制度。农村居民最低生活保障标准分为近郊、远郊、海岛三种。农村低保金由县（区）、乡（镇）、村三级按 4∶4∶2 的比例落实，1999 年农村低保资金由县（区）、乡（镇）各承担 50%。

表 48　上海市历年城镇居民最低生活保障标准

单位：元/月

时　　间	标准	时　　间	标准
1993 年 6 月 1 日起	120	2002 年 8 月 1 日起	290
1994 年 7 月 1 日起	135	2005 年 8 月 1 日起	300
1995 年 4 月 1 日起	165	2006 年 8 月 1 日起	320
1996 年 4 月 1 日起	185	2007 年 8 月 1 日起	350
1997 年 4 月 1 日起	195	2008 年 4 月 1 日起	400
1998 年 4 月 1 日起	205	2009 年 4 月 1 日起	425
1999 年 4 月 1 日起	215	2010 年 4 月 1 日起	450
1999 年 7 月 1 日起	280	2011 年 4 月 1 日起	505

注：1999 年城镇居民低保标准调整 2 次，2000 年、2001 年、2003 年、2004 年未做调整。

资料来源：上海市民政局救济救灾处。

从 2002 年起，上海市郊区农村居民最低生活保障标准由原近郊、远郊、海岛三条标准线归并为郊区、海岛两条最低生活保障标准线。城镇居民最低生活保障标准与郊区农村居民最低生活保障标准的比例关系确定为 1.5∶1 左右；城镇居民最低生活保障标准与海岛农村居民最低生活保障标准的比例关系确定为 1.7∶1 左右。

从 2005 年 8 月 1 日起，上海统一农村居民最低生活保障标准，农村低保标准与城镇低保标准按 1∶1.5 的比例确定。

1994 年以来上海市农村居民最低生活保障标准如表 49 所示。

表 49　上海市历年农村居民最低生活保障标准

单位：元/年

时间	标准		时间	标准
1993 年 1 月 1 日起	近郊	850	2002 年 1 月 1 日起	郊区 2240
	远郊	750		
	海岛	700		海岛 1980
1996 年 4 月 1 日起	近郊	1700	2005 年 8 月 1 日起	2340
	远郊	1500	2006 年 7 月 1 日起	2560
	海岛	1300	2007 年 7 月 1 日起	2800
1999 年 4 月 1 日起	近郊	1800	2008 年 4 月 1 日起	3200
	远郊	1600	2009 年 4 月 1 日起	3400
	海岛	1400	2010 年 4 月 1 日起	3600
1999 年 7 月 1 日起	近郊	2200	2011 年 4 月 1 日起	4320
	远郊	2000		
	海岛	1800		

注：1999 年农村居民低保标准调整 2 次，2000 年、2001 年、2003 年、2004 年未做调整。从 1993 年起，农村低保标准分近郊、远郊、海岛三类，从 2002 年起农村低保标准分郊区、海岛两类，从 2005 年起，农村低保标准实行统一。

资料来源：上海市民政局救济救灾处。

4. 重庆城乡居民低保政策

1996 年 6 月 28 日，重庆市政府颁布《重庆市城市居民最低生活保障暂行办法》（渝府发〔1996〕100 号），决定从 1996 年 7 月 1 日起开始实施城市居民最低生活保障试点。最低生活保障线标准每人每月 120 元，保障资金实行分级负担，由市、区财政各负担 50%。1999 年 6 月前，全市各区县普遍建立健全城市居民最低生活保障制度。

2008 年 7 月 25 日，重庆市人大常委会公布《重庆市城乡居民最低生活保障条例》（重庆市人民代表大会常务委员会公告〔2008〕第 13 号），在地方立法上实现了城乡居民最低生活保障制度的城乡统筹。

自 2011 年 10 月 1 日起，重庆调整城乡低保、城市"三无"、农村五保人员的保障标准，力争到 2015 年将城乡低保标准缩小到 1.5 倍之内。

2011 年调整后的重庆城市低保标准是：（1）渝中、大渡口区、江北区、沙坪坝区、九龙坡区、南岸区、北碚区、万盛区、双桥区、渝北区、巴南区 11 个区及北部新区城市居民最低生活保障线标准提高到每人每月 320 元；（2）万州区、黔江区、涪陵区、江津区、合川区、永川区、长寿区、綦江县、潼南县、铜梁县、大足县、荣昌县、璧山县 13 个区县城市居民最低生活保障线标准提高到每人每月 305 元；（3）南川区、梁平县、城口县、丰都县、垫江县、武隆县、忠县、开县、云阳县、奉节县、巫山县、巫溪县、石柱县、秀山县、酉阳县、彭水县 16 个区县城市居民最低生活保障线标准提高到每人每月 290 元。

自 1996 年以来，重庆城镇居民最低生活保障标准如表 50 所示。

表 50　重庆市历年城镇居民最低生活保障标准

单位：元/月

区　　　　县 ＼ 时　间		1996 年 7 月	1998 年 3 月	1999 年 7 月	2002 年 1 月	2004 年 10 月	2006 年 7 月	2008 年 4 月	2010 年 10 月	2011 年 10 月
全市平均		120	119	129	143	161	178	230	260	303
一小时经济圈	渝 中 区	120	130	169	185	195	210	260	290	320
	大渡口区	120	130	169	185	195	210	260	290	320
	江 北 区	120	130	169	185	195	210	260	290	320
	沙坪坝区	120	130	169	185	195	210	260	290	320
	九龙坡区	120	130	169	185	195	210	260	290	320
	南 岸 区	120	130	169	185	195	210	260	290	320
	北 碚 区	120	130	169	185	195	210	260	290	320
	渝 北 区	120	130	169	185	195	210	260	290	320

续表

区县＼时间		1996年7月	1998年3月	1999年7月	2002年1月	2004年10月	2006年7月	2008年4月	2010年10月	2011年10月
一小时经济圈	巴南区	120	130	169	185	195	210	260	290	320
	万盛区	120	130	169	185	195	210	260	290	320
	双桥区	120	130	169	185	195	210	260	290	320
	涪陵区		80	130	145	160	175	230	260	305
	长寿区			130	145	160	175	230	260	305
	江津区			130	145	160	175	230	260	305
	合川区			130	145	160	175	230	260	305
	永川区			130	145	160	175	230	260	305
	南川区			104	115	140	155	210	240	305
	綦江县			130	145	160	175	230	260	305
	潼南县			130	145	160	175	230	260	305
	铜梁县			130	145	160	175	230	260	305
	大足县			130	145	160	175	230	260	305
	荣昌县			130	145	160	175	230	260	305
	璧山县			130	145	160	175	230	260	305
	北部新区			169	185	195	210	260	290	320
渝东北翼	万州区		80	104	115	140	175	230	260	305
	梁平县			104	115	140	155	210	240	290
	城口县			104	115	140	155	210	240	290
	丰都县			104	115	140	155	210	240	290
	垫江县			104	115	140	155	210	240	290
	忠县			104	115	140	155	210	240	290
	开县			104	115	140	155	210	240	290
	云阳县			104	115	140	155	210	240	290
	奉节县			104	115	140	155	210	240	290
	巫山县			104	115	140	155	210	240	290
	巫溪县			104	115	140	155	210	240	290
渝东南翼	黔江区		80	104	115	140	175	230	260	290
	武隆县			104	115	140	155	210	240	290
	石柱县			104	115	140	155	210	240	290
	秀山县			104	115	140	155	210	240	290
	酉阳县			104	115	140	155	210	240	290
	彭水县			104	115	140	155	210	240	290

资料来源：重庆市民政局最低生活保障事务中心，感谢姚力的大力支持。

2003 年 7 月，重庆市在南岸区、双桥区开始试点建立农村低保制度。2005 年 1 月 19 日，重庆市政府印发《关于加快建立新型社会救助体系的意见》（渝府发〔2005〕21 号），提出逐步建立农村最低生活保障制度。

截至 2007 年底，重庆市 39 个涉农区县已全面建立了农村低保制度，规定农村居民每人最低生活保障标准不低于 700 元/年。

2011 年 10 月，重庆市对城乡低保标准做了新的调整，调整后的农村低保标准是：（1）渝中区、大渡口区、江北区、沙坪坝区、九龙坡区、南岸区、北碚区、万盛区、双桥、渝北区、巴南区 11 个区及北部新区农村居民最低生活保障线标准提高到每人每月 170 元；（2）万州区、黔江区、涪陵区、江津区、合川区、永川区、长寿区、綦江县、潼南县、铜梁县、大足县、荣昌县、璧山县 13 个区县农村居民最低生活保障线标准提高到每人每月 160 元；（3）南川区、梁平县、城口县、丰都县、垫江县、武隆县、忠县、开县、云阳县、奉节县、巫山县、巫溪县、石柱县、秀山县、酉阳县、彭水县 16 个区县农村居民最低生活保障线标准提高到每人每月 150 元。

自 2003 年以来，重庆市历年农村低保标准如表 51 所示。

表 51 重庆市历年农村居民最低生活保障标准

单位：元/年

区 县 \ 年份		2003	2004	2005	2006	2007	2008	2010	2011
全市平均		713	756	938	984	791	1369	1612	1896
一小时经济圈	大渡口区		800	1000	1000	1260	1600	1800	2040
	江 北 区		800	800	1000	1400	1600	1800	2040
	沙坪坝区				1000	1200	1600	1800	2040
	九龙坡区			1000	1000	1200	1600	1800	2040
	南 岸 区	800	800	1000	1200	1200	1600	1800	2040
	北 碚 区			1000	1000	1000	1600	1800	2040
	渝 北 区			1000	1000	1000	1600	1800	2040
	巴 南 区				800	800	1600	1800	2040
	万 盛 区					700	1600	1800	2040
	双 桥 区	625	625	825	825	825	1600	1800	2040
	涪 陵 区					800	1400	1600	1920
	长 寿 区					800	1400	1600	1920
	江 津 区					800	1400	1600	1920
	合 川 区					800	1400	1600	1920

续表

区　县　年份		2003	2004	2005	2006	2007	2008	2010	2011
一小时 经济圈	永 川 区				800	800	1400	1600	1920
	南 川 区					700	1200	1400	1800
	綦 江 县					700	1400	1600	1920
	潼 南 县					700	1400	1600	1920
	铜 梁 县					700	1400	1600	1920
	大 足 县					700	1400	1600	1920
	荣 昌 县					700	1400	1600	1920
	璧 山 县					800	1400	1600	1920
	北部新区				1200	2520	1600		
渝东 北翼	万 州 区					700	1400	1600	1920
	梁 平 县					700	1200	1400	1800
	城 口 县					700	1200	1400	1800
	丰 都 县					700	1200	1400	1800
	垫 江 县					720	1200	1400	1800
	忠 县					700	1200	1400	1800
	开 县					700	1200	1400	1800
	云 阳 县					700	1200	1400	1800
	奉 节 县					700	1200	1400	1800
	巫 山 县					700	1200	1400	1800
	巫 溪 县					700	1200	1400	1800
渝东 南翼	黔 江 区					700	1400	1600	1800
	武 隆 县					700	1200	1400	1800
	石 柱 县					700	1200	1400	1800
	秀 山 县					700	1200	1400	1800
	酉 阳 县					700	1200	1400	1800
	彭 水 县					700	1200	1400	1800

资料来源：重庆市民政局最低生活保障事务中心。感谢姚力的大力支持。

5. 小结

（1）低保建立时间。20世纪90年代，我国建立了城市低保制度。上海市于1993年6月在全国最早建立城市低保制度。北京和重庆均于1996年7月建立城市低保制度，天津于1998年建立城市低保制度。上海、天津、北京和重庆分别于1994年、1997年、2002年和2003年建立农村低保制度。直辖市和省会城市最低生活保障制度创建时间如表52所示。

表52 直辖市和省会城市最低生活保障制度创建时间比较

城　市	创建时间	城　市	创建时间	城　市	创建时间	城　市	创建时间
北　京	1996.7	上　海	1993.6	武　汉	1996.3	昆　明	1996.7
天　津	1998.1	南　京	1996.8	长　沙	1997.7	拉　萨	1997.1
石家庄	1996.1	杭　州	1997.1	广　州	1995.7	西　安	1998.1
太　原	1997.7	合　肥	1996.7	南　宁	1995.9	兰　州	1998.1
呼和浩特	1997.1	福　州	1995.1	海　口	1995.1	西　宁	1997.8
沈　阳	1995.3	南　昌	1997.1	成　都	1997.7	银　川	1998.1
长　春	1996.7	济　南	1996.7	重　庆	1996.7	乌鲁木齐	1998.1
哈尔滨	1997.4	郑　州	1996.8	贵　阳	1998.1		

资料来源：民政部救灾救济司。

（2）城乡低保标准。截至2011年10月，在四大直辖市中，上海市的城乡居民低保标准最高，分别为每人每月505元、360元。北京市城乡居民低保标准次之，分别为每人每月500元、340元，比上海城乡居民低保标准每人每月分别低5元和20元。天津市的城乡居民标准低于上海和北京，重庆市城乡居民低保标准在四个直辖市中处于最低水平。

北京、天津、上海的城市居民低保标准实行全市统一标准。北京农村居民低保标准尚未统一，目前存在三个标准。天津市农村居民低保标准也未统一，自2007年以来天津市每年出台农村最低生活保障标准指导线，各区县农村低保标准不低于全市指导线，天津已建立城乡居民统一的低保制度框架。上海自2005年起，农村居民最低生活保障标准已实现统一。重庆市的城市居民低保标准和农村居民低保标准均未实现全市统一。

表53 四大直辖市城乡低保标准比较（2011年10月）

单位：元/月

城市	城市居民最低生活标准	农村居民最低生活标准	城市	城市居民最低生活标准	农村居民最低生活标准
北京	500	340	上海	505	360
天津	480	280	重庆	303	158

注：重庆市城乡居民标准为全市平均数。
资料来源：根据相关资料整理。

（3）城乡低保覆盖面。在四个直辖市中，城市居民低保覆盖率最高的是重庆，其次是天津。北京的城市居民低保覆盖率最低，只有1.38%，分别比上海、天津和重庆低 1.43 个、1.89 个和 4.11 个百分点。农村居民低保覆盖率最高的也是重庆，其次是上海，北京比天津略高，但比上海和重庆分别低 2.29 个和 2.45 个百分点。2010 年四大直辖市城乡居民低保人数及低保覆盖率如表 54 所示。

表 54　2010 年四大直辖市城乡居民低保人数及低保覆盖率

城市	城市居民低保人数（人）	城市非农户籍人口数（万人）	城市居民低保覆盖率（%）	农村居民低保人数（人）	城市农业户籍人口数（万人）	农村居民低保覆盖率（%）
北京	137024	989.5	1.38	76955	268.3	2.87
天津	197908	604.42	3.27	86140	380.43	2.26
上海	353246	1254.95	2.81	81297	157.37	5.16
重庆	607672	1107.00	5.49	1168799	2196.45	5.32

注：城乡居民低保覆盖率，指的是享受低保的城乡居民人数分别占户籍城镇人口与户籍农业人口的比重。

资料来源：根据相关统计年鉴等资料整理。

七　思考和建议

城市化是农村土地转变为城市用地、农民转变为市民的过程。城市化的本质是农民的市民化。中国城市化的特殊性背景在于两个基本的体制前提，即农村集体所有制和城乡二元体制。我们基于人口城市化和土地城市化这两个基本维度，提出对农村集体所有制与城乡二元体制所构成的双重封闭排斥体制进行协同改革的分析框架和基本思路，这个分析框架和基本思路可以概括为"两个二"：一是紧扣中国城市化的两个基本体制前提，即农村集体所有制和城乡二元体制；二是着眼于新型城市化的两个基本任务和目标，即（1）改革农村集体所有制，维护和实现农民的集体财产权，保障农民带着集体产权进入城市化；（2）改革城乡二元体制，维护和实现农民的身份平等权，保障进城农民享有公民权利实现市民化。通过走新型城市化道路，维护和发展农民财产权，实现农民市民化，从而加快解决"三农"问题，构建平等互利的新型城乡关系，促进城乡融合与共赢，实现共同富裕。

（一）把加强制度供给作为新型城市化的基础工程

制度是一个社会的博弈规则，是政府提供的基本公共产品。制度在社会中的主要作用是通过建立一个人们互动的稳定结构来减少不确定性。在快速城市化进程中，我国面临的一个突出问题是制度供给的严重滞后，制度的短缺是造成城市化中诸多社会问题的重要根源。制度供给的严重滞后主要体现在三个方面：

一是制度供给滞后于实践发展。随着市场化、工业化、城市化、城乡一体化的快速发展，原来在计划经济体制和城乡二元体制下设计和制定的一系列制度，没有得到及时全面的清理和相应的修改。实践在不断发展，而制度却供不应求，由此造成了新的实践与旧有制度的现实冲突与社会矛盾，产生了我国社会转型时期比较突出的制度告缺症。正如物质产品供不应求产生市场危机一样，制度供不应求会引起社会危机。例如，在城市化进程中，大量的农村人口进入城市是经济社会发展的必然趋势，但相应的农村集体所有制和城乡二元体制没有及时配套改革，导致离开农村的农民不能自主地退出农村，进入城市的农民工又不能公平地融入城市。再如，市场化改革以来，城乡人口可以在全国各地流动，但相应的社会保障制度等却不能在全国各地接转，等等。长期以来存在的农民工问题、留守老人、留守妇女、留守儿童等社会问题，正是城市化制度供给不足的后遗症。制度供给不足的不断积累，产生了制度供给的惰性。

二是顶层制度设计滞后于地方改革创新。制度供给的主体可分为多个层次，从中央到地方、到基层，各级政府都承担着相应的制度供给责任。在制度供给不足的情况下，城市化的实践突破往往来源于地方的改革创新。地方改革创新的经验和实践，既有可能上升到国家层面转变为制度成果，也有可能长期被漠视而停留在地方个案的实践之中。如果地方个案创新实践不能有效转化为制度成果，其后果有二：要么使地方个案创新实践陷入锁定状态，要么就是地方各自为政，造成地方政策制度的碎片化。例如，广州市天河区早在20世纪80年代就进行了农村社区股份制改革，但20多年后的今天，广州市尚未出台全市统一的农村社区股份制改革的正式制度。在国家层面，更是缺乏全国性的农村集体经济产权制度改革的顶层设计和法律框架。

三是下位制度建设滞后于上位制度建设。在顶层制度设计滞后于地方改革创新的同时，下位制度建设又滞后于上位制度建设。在现代国家，宪法是一个国家的最高上位法，其他各种法律都源于宪法，将宪法规定具体化、细则化。在实施宪法的制度建设上，相关制度建设滞后主要有三个原因：一是实施宪法的下位法没有制定，使宪法规定的条款无法正常实施。例如《宪法》第10条规定："国家为了公共利益的需要，可以依照法律规定对土地实行征收或者征用并给予补偿。"但国家至今未制定具体法律对公共利益进行界定，致使各级政府不管是公共利益还是非公共利益，都启用征地权征收或征用农村土地。二是实施宪法的下位法制定严重滞后。例如，早在 1954 年我国《宪法》第 93 条就规定，"中华人民共和国劳动者在年老、疾病或者丧失劳动能力的时候，有获得物质帮助的权利。国家举办社会保险、社会救济和群众卫生事业，并且逐步扩大这些设施，以保证劳动者享受这种权利。"但直到 2010 年 10 月 28 日十一届全国人大常委会第十七次会议才通过第一部《中华人民共和国社会保险法》。三是实施宪法的下位法与宪法相抵触。例如，我国宪法规定实行全民所有制和集体所有制两种公有制，城市土地属于国家所有，农村土地属于集体所有。两种公有制都平等地受到宪法的保护。但现行《土地管理法》第 43 条规定，"任何单位和个人进行建设，需要使用土地的，必须依法申请使用国有土地。"这就使集体土地不能直接进入市场，只能经政府征收变性为国有土地后才能进入市场，造成了集体土地与国有土地的"同地、不同权、不同价"。此外，有些宪法条款滞后于改革发展进程却没有得到及时修改。下位制度建设滞后于上位制度建设还体现在地方以及基层的法律法规、政策与国家法律不衔接不一致。这主要有三种情况：一是违背上位法却适应改革发展实际的地方制度；二是违背上位法却保护地方或少数人既得利益的地方政策；三是对上位法未制定相应的地方法律法规予以贯彻实施，将上位法"悬空化"。下位制度建设滞后于上位制度建设造成形形色色的"土政策"现象，破坏了国家的制度统一。

我们建议：

一是将制度建设和制度供给作为重中之重，改变城市化进程中制度供给短缺的局面。制度供给作为维系社会秩序和规范社会行为最重要的公共产品，是各级政府的基本职责。要改变轻制度建设的观念和做法。

二是各级人大要立足本职，更有效地承担起制度建设和供给的主要职责。作为立法机关的人大，要重点专注于法制建设，改变长期以来泛行政化的倾向，应围绕城市化进程中涉及的相关问题进行立法调研，加强旧法旧规修订和城市化的专题立法工作，保障制度供给适应实践发展的需要。

三是加强顶层设计，制定全国及地方城市化发展规划。制定城市化发展规划而非城市发展规划，是我国城市化快速发展的现实需要。城市化将农村与城市联结起来，城市化要突破单纯的城市规划或农村规划的局限，从全局高度统筹兼顾、协调部署。

（二）把依法改革创新作为新型城市化的基本方式

改革创新是我国经济社会发展的根本动力，依法治国是党领导人民治理国家的基本方略。长期以来，我国的改革创新走的是一条违法式改革路径。我国各地推行的城市化改革创新，在诸多方面走的也是一条违法式改革创新路子。随着依法治国方略的提出和实施，违法式改革与建设法治国家的内在矛盾冲突日益突出，违法式改革造成的社会后遗症愈来愈严重，应当及时转变改革方式，走立法式改革之路。

违法式改革就是在先不修改现行法律制度的情况下，以解放思想和大胆创新为名，冲破旧的思想观念和法律制度的束缚，开创发展的新路，在改革实践取得实际成果并成为共识时，再启动修法程序，修改废除旧法律，将违法式的改革创新经验上升为新的法律制度。立法式改革就是先提出改革议题，并就改革议题进行广泛的讨论以取得共识，然后通过法定程序对改革议题进行立法，在改革法案依照法定程序通过后，再依法进行改革。违法式改革是改革实践在前，立法保障在后；立法式改革是改革立法在前，改革实践在后。简单地说，违法式改革是"先改革，再变法"，立法式改革是"先变法，再改革"。

我国改革属于典型的违法式改革。违法式改革分为自上而下的违法式改革和自下而上的违法式改革。自上而下的违法式改革就是在未修改现行法律的情况下，由上级政府或部门允许下级或某一区域进行改革试点，特许改革试点区可以冲破现有政策法律的框架，进行改革探索创新。例如农村集体建设用地流转试点、城乡土地增减挂钩试点等就是自上而下的违法式改革模式。自下而上的违法式改革就是由基层群众或地方自发进行的违背现行法律制度框架的实践活动。自下而上的违法式改革有三种前景：一是得到积极肯定。将违法式改革成果合法化，其典型案例有小岗村的包产到户等。二是被坚决否定。将违法式改革视为违法行为，严格依法处理，这方面的例子相当多。三是进退两难，既不能将违法式改革合法化，又不能严格执法予以处理。城市化中涌现的"小产权"现象就是一个典型例子。违法式改革还造成了中国式的选择性执法，既把有的违法实践树立为改革典型，又对有的违法实践进行严厉打击，或者对有的违法实践则听之任之。

我国选择违法式改革，有其历史必然性。改革之初，面对强大的计划经济体制和意识形态束缚，在不可能通过修改既有法律制度的前提下，基层群众为谋求生存和发展只能冒着各种风险寻求违法式改革的突破，即后来被认可的

"伟大创造"，以实现生存权和发展权。

市场化改革发展到今天，各种利益驱动和发展诉求交织在一起，各种名目的地方改革创新手段层出不穷，这其中既有不合法但合情合理且适应时代发展需要的改革创新实践，也有不合法却能满足地方局部利益而可能损害农民利益和公共利益的所谓改革创新。在城市化进程中，各种违法式改革和创新现象举不胜举。例如，在农村集体建设用地入市上，现行土地管理法禁止农村建设用地入市，但处于工业化、城市化前沿地区的广东省，早在20世纪80年代就出现了农村集体建设用地自发进入市场的现象。农村集体建设用地入市适应了工业化和城市化发展的需要，但与现行法律相抵触。2005年5月，广东省政府通过了《广东省集体建设用地使用权流转管理办法》（粤府令第100号），允许农村集体建设用地入市。对这个政策的评价有两个层面：相对于广东省内各地开展农村集体建设用地流转来说，《广东省集体建设用地使用权流转管理办法》提供了合法的政策依据；相对于《土地管理法》来说，《广东省集体建设用地使用权流转管理办法》又属于与上位法相抵触的"违法政策"，但《土地管理法》自身也存在严重问题和不适应性。至于近年来各地在城市化进程中掀起的撤村并居、强迫农民上楼等"违法式改革"，不但损害了法律的尊严，而且极大损害了农民群众的切身利益。

违法式改革的重要原因既有制度的不公正不合理，又有制度建设和制度供给的严重滞后。正本清源是良治的基本要求，理论上的不清醒必然会导致实践上的混乱。我国城市化进程中所呈现的一些混乱现象和无序化，对转变改革方式提出了现实的紧迫要求。

在现代法治国家，改革模式均系立法式改革。经过30多年的改革，我国已经到了一个必须转变改革方式的新时期。我们不仅要转变经济发展方式，而且要从战略高度转变改革创新方式，将改革创新纳入法制的框架之中，走依法改革创新之路，实现从违法式改革向立法式改革的重大转变。

立法式改革须先立良法，再依法改革。法律以正义为依归。新制定的法律必须体现社会公平正义，符合宪法，如果宪法存在缺陷或不足，应当通过正当程序修宪。在良宪和良法的基础上，将改革纳入宪法和法律的框架之中。只有走上立法式改革的轨道，我国才能从根本上摆脱违法式改革造成的种种困境。

我们建议：

一是树立法治城市化的新理念，将法治城市化提上战略高度予以统筹规划和有序推进。不管是政府主导的城市化，还是农民自主的城市化，离开法治的

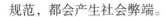

规范，都会产生社会弊端。

二是制定促进城市化发展的法律法规和相关改革法案。我国正处于快速城市化发展的关键时期，没有相关法律制度的规范，各自为政的城市化竞争必然导致无序的城市化。对于城中村改造、集体土地房屋征收补偿、户籍制度改革、城乡基本公共服务均等化等城市化进程中出现的重大问题，都应当通过正当程序制定公正的法律制度，保障城市化进程中的各项改革活动在法制的轨道上健康有序运行。

三是以符合法定程序和要求的方式推行改革试点。我国幅员广阔，情况千差万别，采取试点先行的探索路径是我国改革的重要特色和基本经验。但改革试点政策大都出自政府或政府部门，而经过立法机关审议颁布相应法规的改革试点并不多。这种重行政、轻立法的改革试点模式，虽有利于提高行政效率，但不利于提高整个社会的规则意识和法治观念。

（三）把深化土地制度改革作为新型城市化的关键环节

从空间上说，城市化扩张就是农村土地不断转变为城市土地的过程。我国土地制度具有三重约束：一是农村土地的集体所有制约束。农村土地所有权归集体所有，农民只有土地的使用权。这是与实行土地私有制国家和地区完全不同的土地制度。二是城乡二元土地制度的约束。农村土地实行集体所有制，城市土地实行国家所有制。三是国家严格土地制度管理的约束。国家对农村土地实行严格的所有制管制和用途管制，并实行最严格的耕地保护制度和最严格的集约用地制度。

在市场化改革以前，我国土地制度还能够使城乡之间相安无事。但随着市场化改革的推进和工业化、城市化的快速发展，现行土地制度的弊端日益显现出来。我国城市化进程中的土地问题主要表现在以下几个方面：

一是农民不能获得公平合理的征地补偿。现行征地制度的问题是，凡是城市扩张需要农村集体土地的，不管是公益性用地还是非公益性用地，一律启动政府强制征地权。更突出的问题还在于，政府征收农民土地进行非农使用后，以农业用途为依据对农民进行补偿而不是按市场价补偿。一方面，政府一手从农民手中低价征收土地，一手高价转让土地，从而获取巨额的土地差价；另一方面，政府低价从农民手中征收的土地，既获得了土地的使用权，又获得了土地的永久所有权，而政府转让出去的土地只是有限期的土地使用权。这就是征地制度的秘密。在城市化进程中，农民遇到了城乡土地价格"剪刀差"，这是继工农产品价格"剪刀差"之后又一损害农民利益的"剪刀差"。据有关学者研究，在过去30多年的城市化进程中，农民被剥夺的土地级差收入高达30多万亿元。

二是农民不能合法地以土地参与城市化。沿海经济发达地区和城乡接合部地区是农村集体土地被城市化的前沿地带。这些地区或早或迟会成为城市市区，因而农民一般不必离开原住地就可以就地实现城市化。但现行的土地制度严格限制农村集体建设用地进入市场，农民不能合法地以土地参与城市化，不能在自己的土地上建设自己的城市，只能由政府将农村集体土地征收为国有土地后由政府来建设城市，农民只能被动地等待政府安置。农民在这种被动城市化中，既不能以自己的土地参与城市化以实现土地发展权从而获取土地收益，也不能发挥就地建设城市家园的主体性作用。一些地方在城中村改造中采取留地安置即留给村集体和农民一定比例的产业用地政策，这无疑是一个重大的政策突破。一些城乡接合部地区的村庄，例如北京的郑各庄村等，积极主动地以土地参与到城市化进程中，在集体土地上主动实现了就地城市化，保障了村集体和农民以土地参与城市化的自主性，但这样的主动城市化样本，正面临着合法性的拷问。

三是缺乏农民退出农村土地的市场机制。与城乡接合部地区的农村可以实现就地城市化不同，远离城市的绝大部分农村地区，更多是走异地迁移城市化道路，即农村人口离开原住地进入城市，实现异地城市化。农民在异地城市化中面临的双重体制困境是：一方面，离开农村却不能以市场渠道退出农村产权或带着农村产权进入城市化；另一方面，进入城市后却又不能以公民身份享受市民待遇。农民退出农村土地的范围，涉及承包耕地、宅基地、林地、建设用地等，此外，迁入城市的农民还涉及农村住房的退出。以承包地为例，《农村土地承包法》规定，承包方全家迁入小城镇落户的，应当按照承包方意愿保留土地承包权；全家迁入设区的市，转为非农业户口的，要将承包地交回发包方。就是说，在如何退出承包地上，国家没有为农民设立以市场机制自愿有偿退出的制度安排。此外有关宅基地、林地、建设用地等市场退出机制均未有效建立，农民住房只能在本村集体内交易，不能跨村交易，更禁止向城镇居民出售。近年来，各地在推进城市化中出台的"以承包地换社保""以宅基地换城镇住房"以及各种撤村并居、农民集中上楼等政策，都是政府以行政手段替代市场机制推动农民退出农村土地。

四是农民缺乏抵抗强制征地拆迁的权利。在现行土地制度下，政府既是土地的管理者，又是土地的经营者。中央政府更注重土地的管理，例如设定了一个18亿亩耕地的红线等。地方政府则更注重土地的经营，因为作为土地一级市场的垄断者，地方政府可以从低价征收土地再高价出让土地的经营中获取巨额的土地出让金。2010年，全国土地出让成交总价款高达2.7万亿元，占财政收入比重达32.53%。地方政府已经形成了对土地财政的高度依赖。近年来，地方政府在推动城市化进程中，外受国家严格保护耕地的严格制约，内受土地财政的巨大激励，在城市建设用地指标短缺的情况下，各地兴起了圈占农民宅基地的运动，强制征地、强制拆迁、强制农民上楼等一时成为风潮，而农民却缺乏抵制地方强制城市化的基本权利和制度保障。一些地方发生的农民以自焚抗议强制征地拆迁现象，就是畸形城市化结出的苦果，是严重的"城市化之病"（不是"城市之病"）。

我们建议：

一是将现行宪法和法律规定的城市土地实行国有制修改为城市土地实行国有制和集体所有，允许城市土地制度的多元化。1982年宪法对城市土地实行国有制的规定只是一种静态的规定，但城市的边界却是动态变化不断向外扩展的。我国现行宪法于1982年颁布实施时，全国城市建成区面积只有7862.1平方公里，到2010年全国城市建成区面积已经扩大到40058平方公里，是1982年的5倍多。在城市边界不断外扩中，新成为城区的农村土地，既可理解为城市土地，实行国有制也可理解为农村土地，继续保留集体所有制。长期以来的主流做法就是将农村土地征收为国有土地，使城市不断蚕食农村集体土地。但有的城中村或者整建制转居村却仍然保留了集体土地所有制，这使城市中的土地实际上存在着国有制和集体所有制，因而需要通过修改宪法和法律予以确认，同时保护农村集体土地平等参与城市化而不被过度国有化。

二是明确将国有土地实行多级所有制。我国宪法和法律规定城市市区的土地属于国家所有，其所有权由国务院代表国家行使。这是一种整体性的规定。国务院从总体上代表国家行使国有土地所有权，而事实上各城市的土地由各级城市政府所控制。我们建议应按照政府层级，将城市中的国有土地按现有行政层次细化为中央政府所有、省市（自治区）政府所有、地级市政府所有、区县政府所有和乡镇政府所有，从而分别实施国有土地所有权的确权、登记和颁证工作。

三是改革征地制度，允许和规范集体建设用地与国有土地同权进入市场。正在修改之中的《土地管理法》应当明确将征地权严格控制在公共利益的范围之内，列举出公共利益的具体范围，对被征地村集体和农民按市场价给予公正补偿；凡非公共利益需要农村土地的，应通过土地市场机制解决。在缩小征地范围的同时，允许集体建设用地入市，大力发展农村土地股份制，加快建立健全与市场经济和城市化发展相适应的土地要素市场体系。

四是修改《农村土地承包法》有关规定，建立农户承包地市场化的退出机制。要与《物权法》的规定和党的十七届三中全会提出的农村土地承包关系长期不变的精神相衔接，充分保障农民的土地用益物权。农民进入各级城市落户不得强制农民退出承包地，也不得阻止农民退出承包地，应赋予农民自愿退出农村承包地的权利，关键是建立与社会主义市场经济体制相适应的退出承包地的体制机制。

农民宅基地同样也应建立市场化的退出机制。对于侵犯农民土地财产权和住房权的行为，要坚决予以制止和严格依法惩处。

（四）把推进农村产权改革作为新型城市化的重大任务

我国农村实行生产资料集体所有制。所有制是人们对生产资料的占有形式，具有社会属性的概念。产权是所有制的核心和主要内容，产权由所有权、占有权、使用权、收益权、处分权等权能构成。产权是中性的，产权通过交易能够使产权主体的利益得以实现。

农村集体所有制改革的实质是农村集体产权制度的改革。改革以来，我国实行家庭联产承包责任制，对集体所有制进行了第一轮具有实质意义的重大改革，即将土地的承包经营权（使用权）赋予农民。而随着市场化、工业化和城市化的快速发展，又对农村集体所有制的新一轮改革提出了现实的要求，新一轮农村产权改革的核心是要赋予农民对集体资产的处分权，进而确立集体资产其他派生权利，保障农民带着集体资产参与城市化。

从广义上说，农村集体资产包括农村集体所有制的全部资产，即包括承包地、林地、宅基地、集体建设用地等资源性资产以及集体企业经营性资产和集体公益性资产。农村土地是最重要的集体资产，上一篇我们之所以将土地制度单列出来讨论，是因为农村土地除了具有集体所有制的独特属性外，还具有城乡二元土地制度和国家土地管制的重要特性，我们着重从制度改革层面对之做了探讨，本篇涉及农村土地问题时则着重于产权改革的层面。

在城市化进程中，我国农村产权制度的不适应性主要体现在以下几个方面：

一是集体资产所有权的虚置性。市场经济要求产权清晰，我国虽然从政治上和法律上明确规定了农村集体资产归劳动群众集体所有，农村集体经济组织是集体资产的所有者，这是一种共同共有的所有制结构。从整体概念上，集体所有权主体是清晰的，但从作为集体经济组织成员的农民个体来说，并不清楚自己拥有集体资产的具体份额，如不对农村集体经济组织进行产权制度改革，集体所有制就成为一种"大家共有、人人无份"的所有制。广东、浙江、江苏、北京等地推行的农村集体经济组织产权制度改革，将共同共有的集体产权改革为按份共有，将"悬浮"的传统集体所有权落实到集体经济组织的每一位成员身上，明晰了产权，确保了人人有份，发展了新型集体经济，具有重要的制度创新和实践探索价值。

二是农民拥有集体资产产权的残缺性。完整的产权具有占有、使用、收益和处分四大主要权能以及派生的抵押、担保、转让、继承等权能。现行法律政策对农村集体产权权能进行了严格的限制。农民对承包土地等集体资产主要拥有使用权和部分收益权，以及在农业用途范围内可以依法采取转包、出租、互换、转让等方式的流转权。农民缺乏自主处分权以及抵押、担保、转让等权能。农民集体资产产权的残缺性极大制约了农民参与城市化的进程。广州、上海、北京等地推行的农村社区股份合作制改革，有的允许个人股可以继承，但不能转让，或允许在内部转让；有的允许转让、继承，但不得退股。广州天河区规定个人股享有完整意义的个人财产所有权，这是一个重大的突破。

三是农村集体经济组织的封闭性。农村集体经济组织的封闭性有其历史必然性和一定的合理性，但随着城市化进程的快速发展，人口的大规模流动对农村集体经济组织封闭性产生了重大的冲击。农村集体经济组织的封闭性主要有两个方面：一方面是对人员的封闭。集体经济组织成员的身份只限于原住村民，在城市化进程中，人口的流动事实上打破了集体经济组织和村庄的封闭性，但适应城市化发展需要的开放性体制并未及时全面建立起来。另一方面是对产权的封闭。农村集体产权的封闭性相当突出，与城市化快速发展极不协调。例如，农村宅基地使用权只能在本集体内转让，农民住房不能向城镇居民出售，农民进入城市落户要求退出承包地，或者进入城市的农民不能自愿有偿退出集体产权，等等。

四是农村集体产权改革的滞后性。与整个城市化发展进程相比，我国农村集体产权改革还相当滞后。首先，农村集体产权改革的范围不大。虽然广东、浙江、北京等城市化发达地区率先推行了集体经济产权制度改革，但这些地区已经完成农村集体经济产权制度改革的乡村所占比例还较低。近年来，北京明显加快了农村集体经济产权制度改革的步伐，但全面完成乡村两级集体经济产权制度改革任务仍很繁重。中西部地区的农村集体产权改革更是任重道远。作为全国统筹城乡发展试验区的成都市，从 2008 年起率先在全域范围内对农村产权制度进行改革，具有重要的示范意义。但全国性的农村产权制度改革并没有提上日程。其次，农村集体产权改革的领域较窄。农村集体产权涵盖的领域十分广泛，包括一切集体所有的承包地、林地、宅基地、建设用地、未利用地以及集体经营性资产和公共性集体资产。有的集体经济产权制度改革只限于经营性集体资产的改革，有的只限于经营性集体资产和承包地的产权改革，很少有全面的农村产权制度改革的案例和实践。这说明统筹推进农村产权制度改革的顶层设计还很不完善。再次，农村集体产权改革的力度不彻底。例如，在推行农村集体产权改革的地方一般设置比例较高的集体股，个人股大都未被赋予完整的股权权能。

此外，如何加强集体产权的民主管理和有效监督，防止集体经济组织内部人员和外部势力对集体资产的侵夺，维护集体经济组织和村民的合法权益，仍面临许多现实的挑战。

我们建议：一是明确把全面推行农村产权制度改革作为新阶段农村改革发展和城市化的重大任务纳入各级政府公共政策议程。所谓全面推行农村产权制度改革，既包括地理范围上的全国农村都要推行集体产权制度改革，又包括产权改革的领域要涵盖农村全部集体资产。这需要加强农村产权制度改革的顶层设计。二是重点确立和赋予农民对其所拥有的集体产权的处分权，只有获得产权处分权的农民，才能够既可以带着集体资产进入城市，又可以转让集体资产进入城市，还可以运用集体资产参与城市化进程。在此基础上，要赋予农民获得完整的集体产权权能。三是加快建立完善农村产权交易市场体系。要适应城市化发展的需要，加快建立覆盖全国的农村产权交易市场网络，农民进入城市后是否退出农村产权以及如何退出农村产权，应当完全交给农民自主选择。政府的责任是建立健全能够满足农民自由交易农村产权的市场制度平台。应当制止由政府操纵和控制的强制农民退出农村产权的行政化行为。

（五）把实现农民市民化作为新型城市化的战略目标

城市化不是城市发展，城市化的本质是人口的城市化，也就是农民的市民化。农民市民化就是进入城市就业、定居、生活的农民获得市民身份，享受市民待遇，真正融入城市社会，成为城市的新市民。农民市民化并不是要将全部农民都实现市民化，而是要将包括城郊农村地区就地城市化的农民和其他广大农村地区异地进城的农民工及其子女后代（所谓新生代农民工）实现市民化。对于未迁入城市就业生活而在农村从事农业的职业农民，应当享受均等的基本公共服务。

现有城市化存在的几个重大误区：

一是将城市化等同于城市建设。城市化就是要将进入城市的农民转变为市民，而城市建设是指城市基础设施的改善、城市建成区的扩大、城市经济的增长、城市社会管理的完备等方面。应该说我国的城市建设取得了举世瞩目的重大成就，但城市化的成就却要远为逊色。

二是要农民土地不要农民，要劳动力不要劳动者。城市的扩张需要大量的土地供给。于是，近郊农村的大量土地被低价征收转变为城市用地，但被征收土地上的农民却没有相应地实现市民化，造成了数以千万计的失地农民。同时，城市的经济发展需要大量的廉价劳动力供给。于是，全国农村的大量青壮年农民进入城市务工就业，但进城务工就业的劳动力却没有相应地实现市民化，造成了数以亿计的农民工。中国的失地农民问题和农民工问题，都是畸形城市化发展模式的产物。

三是对农民工等外来流动人口重在治安管理而不是重在提供公共服务。长期以来，各个城市对涌入的大量农民工等外来流动人口，主要采取治安管理的方式进行社会管理，而不是将之视为移居城市的新市民从而提供基本的公共服务。

将进城农民不是变为新市民而是将之变为农民工的城市化模式，将原有的城乡二元结构在城市内部进行重新复制，形成了新的城市内部二元结构，即城市户籍人口为一元、农民工等外来流动人口为一元的新的城市二元结构。

改革开放以来，我国城乡关系的第一个重大调整就是允许农民进城务工，这在造就城市繁荣发展的同时，也造成了现有城市化的最大弊端，即没有从制度上实现农民的市民化。现在迫切需要进行城乡关系的第二次重大调整，即在允许农民进城务工的基础上，实现进城农民工的市民化，从根本上解决农民工问题。

我们建议：

一是进一步转变观念，实现统筹城乡发展的第二次大跨越。长期的城乡二元结构使城市政府只负责城市非农业人口的公共服务，而将城郊区农民排除在外。党的十六大正式提出统筹城乡发展以来，各个城市实现了统筹城乡发展的第一次大跨越，把郊区农民纳入城乡统筹发展的制度框架之中，将城市基本公共服务向郊区农村延伸，逐步实现公共财政向郊区农民覆盖。农民也是市民的观念树立起来了。从此，各个城市的市长不再只是市民的市长，也是郊区农民的市长。实现统筹城乡发展的第二次大跨越，就是要将农民工等外来流动人口纳入统筹发展的制度框架，树立农民工等外来人口是城市的新市民的观念，实现基本公共服务向城市全部常住人口的全覆盖，保障农民工等外来流动人口享受基本公共服务，成为新市民。各个城市的市长不再只是户籍居民的市长，而是城市全部常住人口的市长。

二是将推进农民市民化作为城市支持农村最重要的实现方式。改革以前，农村长期以工农产品价格"剪刀差"的方式支持城市；市场化改革以来，农村又事实上以城乡土地价格"剪刀差"的方式继续支持城市。此外，农村还源源不断地以向城市输送青壮年劳动力的方式支持城市发展。党的十六大以来，党和国家明确提出工业反哺农业、城市支持农村的基本方针。在工业反哺农业、城市支持农村的方式选择中，不可能再找到或利用"剪刀差"的方式。我们认为，实现亿万进城农民的市民化是城市支持农村最重要最有效的实现方式。因此，应当将农民市民化提上战略高度加以贯彻落实。

三是将市民化率作为衡量城市化质量的主要指标。现有的城市化率指标不能真实地反映城市化的质量。我们提出并建议采用市民化率（即一个地区或城市中享受市民待遇的人口占全部常住人口的比重）作为衡量城市化质量的主要指标。为提高城市化的质量，需要加快推进户籍制度改革，废除城乡二元户籍制度，实行以居住地为主要依据的城乡统一的户籍登记制度，加快实现城乡基本公共服务均等化，加快推进公共财政体制改革，加快建立公共服务型政府，尤其要适应城市化和人口全国性流动的现实需要，尽快实现城乡社会保障的全国统筹和接续。在农民市民化进程中，国家调节城市人口规模最有效的办法，不是恢复计划经济时代严格的人口控制，而是对公共投资和公共资源在各个城市和地区之间的合理布局。在市场经济条件下，如果任何一座大城市既希望高度集中公共资源，又希望人口不要过度集中，这是一种难以破解的城市化悖论。

四是允许和鼓励农民从个体进城向家庭式迁居城市的转变。家庭是一个社会的基本细胞，家庭的和谐是社会和谐的基础。家庭承担了三个最基本的社会职能：对上赡养老人，对下抚育孩子，中间是夫妻生活。所以，中国传统文化高度重视家庭，国际社会也将保护家庭作为一项重要的国际准则。我国现有的城市化发展模式，对家庭造成了空前的巨大冲击与破坏，造成妻离子散、母子分离。城市将农村中的青壮年劳动力大量吸走，却将老人、妇女和儿童留在农村，产生了普遍的农村留守老人、留守妇女、留守儿童等农村社会问题，城市中则大量滋生了卖淫嫖娼等城市社会丑恶现象。这些农村社会问题和城市社会问题，都是畸形的城市化发展模式的产物。不改变这种城市化模式，就不可能解决上述社会问题。我们要想在经济繁荣发展中提升中华民族的道德文化水平，增强城乡居民在发展中的幸福感，就必须切实保护家庭，彻底改变破坏家庭的城市化，走以人为本的新型城市化之路。我们建议，要积极创造条件允许和鼓励农民从个体进城务工向家庭式迁居城市生活的重大转变，为迁居城市的农民工家庭所有成员提供就学、就业、就医、养老、住房等基本公共服务保障。鼓励企业实行终身雇佣制，按照国际劳工标准保障和落实农民工权益。全面创新社会管理，尽快修复被畸形城市化破坏了的家庭的基本功能，重塑中华家庭美德，再造中华文明。

新型城市化既是一种发展理念，也是一种实践创新。中国正在走向一个与几千年乡村社会完全不同的城市社会。城市化正在考验着中国，考验着中国人的智慧与能力，也考验着中国人的良知与责任。

参考文献

《中国统计年鉴 2011》，中国统计出版社，2011。

《中国城市统计年鉴 2010》，中国统计出版社，2011。

《中国国土资源统计年鉴 2010》，地质出版社，2011。

方芳、周国胜：《农村土地使用制度创新实践的思考——以浙江省嘉兴市"两分两换"为例》，《农业经济问题》2011 年第 4 期。

汪晖、陶然、史晨：《土地发展权转移的地方试验》，《国土资源导刊》2011 年第 Z1 期。

汪晖、陶然：《论土地发展权转移与交易的"浙江模式"——制度起源、操作模式及其重要含义》，《管理世界》2009 年第 8 期。

蒋胜强：《农民再次从土地上获得新的解放——浙江省嘉善县"姚庄模式"实践样本》，载北大林肯中心土地制度改革论坛《中国土地管理制度改革：地方经验与创新》会议论文，2010 年 4 月。

王彧、郭锦辉、张海生：《土地改革的嘉兴试验——"两分两换"：嘉兴探索优化土地资源》（上），《中国经济时报》2009 年 10 月 15 日第 1 版。

王彧、郭锦辉、张海生：《土地改革的嘉兴试验——"两分两换"模式度的把握》（中），《中国经济时报》2009 年 10 月 16 日第 1 版。

王彧、郭锦辉、张海生：《土地改革的嘉兴试验——"两分两换"试验中的再探索》（下），《中国经济时报》2009 年 10 月 19 日第 1 版。

北京大学国家发展研究院综合课题组：《还权赋能：奠定长期发展的可靠基础——成都市统筹城乡综合改革实践的调查研究》，北京大学出版社，2009。

倪鹏飞等：《中国新型城市化道路——城乡双赢：以成都为案例》，社会科学文献出版社，2007。

张云华等：《完善与改革农村宅基地制度研究》，中国农业出版社，2011。

蒋省三、刘守英、李青：《中国土地政策改革：政策演进与地方实施》，上海三联书店，2010 年 7 月。

广东省住房和城乡建设厅：《广东省"十二五"城镇化发展战略重大问题研究》，2010 年 3 月。

中国（海南）改革发展研究院编《"十二五"：城乡一体化的趋势与挑战》，中国长安出版社，2010。

上海闵行区委、区政府研究室：《上海闵行区撤制村、队集体资产处置现状及对策》，闵行区政府网站，http：//www. shmh. gov. cn/mhgl ＿ nj ＿ details. aspx？CatalogID ＝1865&ContentID ＝24278，2001－11－14。

〔美〕道格拉斯·C. 诺思：《制度、制度变迁与经济绩效》，杭行译，上海人民出版社，2008。

卞华舵：《主动城市化——以北京郑各庄为例》，中国经济出版社，2011。

中国国际城市化发展战略研究委员会：《2009 年中国城市化率调查报告》（白皮书），2011 年 11 月。

北京现代化研究中心编著《北京现代化报告 2006——北京城市化进程评价》，北京科学技术出版社，2006。

课题负责人：郭光磊

课题组组长：张英洪　王修达

调研组成员：第 1 组（上海、浙江）组长：张秋锦，成员：焦守田、王新、王修达、杨万宗、张英洪、陈雪原、贺潇、黄丽；第 2 组（成都、重庆）组长：王瑞华，成员：吴志强、王修达、陈水乡、熊文武、胡登州、张英洪、杨玉林、纪绍军、阎建革、刘雯；第 3 组（广州）组长：曹四发，成员：王海龙、樊汝明、葛继新、张英洪、曹晓兰、段书贵、纪绍军、刘睿文；第 4 组（台湾）团长：曹四发，成员：李成贵、王新、张英洪、刘树、杨万宗、樊汝明、季虹、袁庆辉、吴巍、陈珊、贺潇、吴汝明、曹晓兰、李理、陈娟、刘淑清、李建琪、吕福荣、刘志勇

执笔：张英洪

2011 年 12 月 4 日

第三篇

北京市新型城市化中农民土地权益发展研究

一　引言

城市化是我国经济社会发展的一个大战略。北京作为我国首都和经济发达地区，城市化发展水平较高，2011年北京城市化率达86.23%，但这并不意味着北京已经完成了城市化任务。众所周知，在我国特有的城乡二元体制以及国有—集体二元土地所有制结构中，北京的城市化面临一系列深层次的体制矛盾与问题。2008年12月，北京市提出率先形成城乡经济社会发展一体化新格局。2009年，北京市委、市政府提出建设世界城市的重大任务。2012年6月，北京市第十一次党代会明确将建设中国特色世界城市作为新时期北京发展的奋斗目标。在世界城市建设和城乡一体化背景中，谋划解决北京"三农"问题，维护和发展农民的土地权益，具有重要的现实意义。

近年来，我们将城市化作为重要内容进行调查研究。与其他有关部门和专家从事城市化研究的视角与侧重点不同的是，我们立足于解决"三农"问题来探讨城市化发展问题。

2010年，我们在北京城乡接合部经济社会发展问题研究中，提出破除城乡双重二元结构、走以人为本的新型城市化道路的重要命题，对新型城市化的内涵做了初步的思考和概括，认为新型城市化是空间布局合理的城市化，是维护农民权利的城市化，是善待外来人口的城市化，是产业结构优化的城市化，是生态环境友好的城市化，是发展民主法治的城市化。

2011年，我们开展新型城市化发展路径比较研究，考察和比较京、津、沪、渝、蓉、穗、浙等地推进新型城市化的政策经验，提出对农村集体所有制与城乡二元体制所构成的双重封闭排斥体制进行协同改革的基本思路，通过改革农村集体所有制，维护和实现农民的集体财产权，保障农民带着集体产权进入城市化；通过改革城乡二元体制，维护和实现农民的身份平等权，保障进城农民享有公民权利，实现市民化，从而加快解决"三农"问题，构建平等互利的新型城乡关系。

2012年，我们将北京市新型城市化中农民土地权益发展研究作为重点课题，分析城市化中农民土地权益面临的主要问题，总结北京探索新型城市化发展的经验模式，最后提出维护和发展农民土地权益的政策建议。

二 北京城市化中农民土地权益
面临的主要问题

新型城市化是相对于传统城市化而言的，传统城市化有两个最基本的缺陷：一是侵害农民土地财产权利；二是限制农民身份的市民化。新型城市化的内涵非常丰富，我们重点关注新型城市化的两个基本方面：一是维护和发展农民的土地财产权，二是促进和实现农民的市民化。本研究所说的新型城市化，侧重点是指维护和发展农民土地权益的城市化。简言之，凡是侵害农民土地财产权的城市化就是传统的城市化，凡是保护和发展农民土地财产权的城市化就是新型城市化。农民土地财产权主要包括承包地使用权、宅基地使用权、农村集体建设用地使用权、林地使用权以及土地发展权等。

新中国成立以来，特别是改革开放以来，北京的城市化得到了快速发展。北京市常住人口由 1978 年的 871.5 万人增加到 2011 年的 2018.6 万人；城市化率由 1978 年的 54.96% 上升到 2011 年的 86.23%；建成区面积由 1949 年的 109 平方公里增加到 2009 年的 1350 平方公里。

城市人口的增加和城市面积的扩大，是城市化发展的普遍现象和必然结果。传统城市化模式的严重弊端在于，既没有将进城的农村人口转为市民，也没有保障农民的土地财产权。在快速城市化进程中，北京市农民土地权益面临的主要问题体现在以下几方面：

（一）征地规模大，失地农民多

2000 年，北京市建成区面积为 386 平方公里，到 2009 年建成区面积扩大到 1350 平方公里，增长了 175.45%，平均每年扩大建成区面积 107.1 平方公里，相当于每年增加一个 1949 年时的北京城。例如，2009 年，北京市总计征地面积 6544.6885 公顷（见表 1）。征占农村集体土地后，造成了大量的失地农民。据调查，1993~2008 年，北京市失地农民累计达 33 万人，2008~2012 年，北京市因征地而产生的失地农民接近 10 万人。[①]

---

① 参见本课题专题报告：张云华《北京市统筹城乡发展中保障农民土地权益的关键问题》。

表1　2009年北京市土地征收情况

	征地总面积(公顷)			征地补偿费 (万元)	安置 农业人口 (人)
	总　计	农用地(公顷)			
			其中: 耕地(公顷)		
市辖区	6452.6157	4159.3024	2652.1603	2583679.97	55571
朝阳区	484.2732	210.2170	155.9722	303268.67	3631
丰台区	237.0536	144.7769	70.3883	208582.99	2481
石景山区	228.0140	101.6257	40.0613	125368.27	0
海淀区	254.1120	133.2345	35.5859	360416.73	2588
门头沟区	40.3735	22.0962	2.9853	12345.81	286
房山区	1457.3381	1080.5391	714.4449	480697.40	12279
通州区	656.0607	530.9038	389.6429	353813.19	5901
顺义区	866.2339	490.2977	320.6711	235627.06	10228
昌平区	440.1004	271.3285	151.1772	124104.52	2570
大兴区	1242.1902	807.9981	585.7982	247001.75	10441
怀柔区	147.1781	112.4234	77.7010	32583.24	603
平谷区	399.6880	253.8615	107.7320	99870.34	4563
县	92.0728	48.3404	19.9561	17721.3380	341
密云县	40.5038	15.9358	1.3744	7392.19	134
延庆县	51.5690	32.4046	18.5817	10329.15	207
总　计	6544.6885	4207.6428	2672.1164	2601401.30	55912

资料来源:北京市国土资源局。

（二）土地出让金高，征地补偿低

在现行土地制度中，征收耕地的补偿费包括土地补偿费、安置补助费以及地上附着物和青苗补偿费。政府征收土地按照被征土地的原用途给予补偿。补偿标准不超过原用途平均年产值一定的倍数。凡农用地转为非农建设用地，一律实行政府征地。政府以低价从农民手中征地，再以高价出让，其差价相当巨大。2006年，北京市土地出让金收入为9.09亿元，2010年增至1242亿元（见表2），比2006年增长了136倍。土地出让金占财政收入的比重，由2006年的0.7%提高到2010年的32.6%（见图1），增长了31.9个百分点，增长了45.6倍，占全市财政收入总额的近1/3。[①]

---

① 参见本课题专题报告：童伟《北京市土地出让金问题研究》。

表2 2006～2010年北京市土地出让金收入占财政收入的比重

年份	土地出让金收益 （亿元）	财政收入 （亿元）	土地出让金收益占 财政收入比重(%)
2006	9.09	1235.80	0.7
2007	275.23	1882.04	14.6
2008	324.30	2282.04	14.2
2009	477.27	2678.77	17.8
2010	1242.0	3810.91	32.6

资料来源：北京市统计局，http：//www.bjstats.gov.cn。

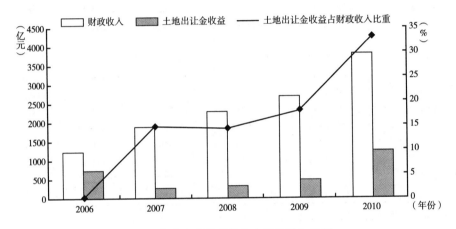

图1 北京市土地出让金占财政收入比重

虽然土地出让金数额巨大，但用于征地补偿的支出比例却相当低。2012年9月30日，北京市以招、拍、挂形式出让土地面积9.8万亩，出让金额4636.78亿元，亩均472.6万元。另据2012年对北京市昌平区38个被征过地村庄的调查，2008～2012年，38个村共征地2802亩，其中2009年最多，被征地1488.7亩，2012年最少，征地54.8亩（见表3）。农民及村集体共获得补偿约3.2亿元，平均补偿标准为11.4万元/亩。[①]

以2009年为例，北京市土地出让金支出310.07亿元（见表4），主要支出项目为：（1）征地和拆迁补偿支出5.12亿元，约占支出总额的1.7%；（2）土地开发以及耕地开发、土地整理、基本农田建设和保护支出87.52亿元，

[①] 参见本课题专题报告：张云华《北京市统筹城乡发展中保障农民土地权益的关键问题》。

表3　2008~2012年北京市昌平区38个村征地及补偿表

年份	征地总面积（亩）	征地补偿总额（万元）	平均补偿标准（万元/亩）
2008	910	11647.9	12.8
2009	1488.7	14974.5	10.1
2010	258.1	3408.8	13.2
2011	90.4	840.4	9.3
2012	54.8	1096	20
合计	2802	31967.6	11.4

约占支出总额的28.2%；（3）城市建设支出138.62亿元，约占支出总额的44.7%；（4）农村基础设施建设支出为39.43亿元，约占支出总额的12.7%；（5）补助被征地农民支出0.6亿元，约占支出总额的0.2%；（6）土地出让业务支出1.47亿元，约占支出总额的0.5%；（7）廉租住房支出25.94亿元，约占支出总额的8.4%；（8）农业土地开发支出0.99亿元，约占支出总额的0.3%；（9）用于地震灾后恢复重建、破产或改制国有企业土地收入用于职工安置等支出0.06亿元，约占支出总额的0.02%；（10）其他支出10.32亿元，其中用于改善首都环境质量支持污染企业搬迁支出2.51亿元，约占支出总额的0.8%。①

表4　2009年北京市土地出让金支出情况

项目	支出金额（亿元）	占比（%）
土地出让金支出	310.07	100
征地和拆迁补偿	5.12	1.7
城市建设支出	138.62	44.7
土地开发	87.52	28.2
其中:城市土地开发	61.02	19.7
耕地开发、土地整理、基本农田建设和保护	26.50	8.5
地震灾后重建、破产或改制国有企业职工安置	0.06	0.02
农村基础设施建设	39.43	12.7

---

① 参见本课题专题报告：童伟《北京市土地出让金问题研究》。

续表

项　目	支出金额(亿元)	占比(%)
补助被征地农民	0.60	0.2
廉租住房支出	25.94	8.4
农业土地开发	0.99	0.3
土地出让业务	1.47	0.5
其他	10.32	3.3
其中:改善首都环境质量支持污染企业搬迁	2.51	0.8

资料来源:《北京财政年鉴2010》。

(三)土地补偿费归村集体,农民所得补偿少

现行的《中华人民共和国土地管理法实施条例》规定,土地补偿费归农村集体经济组织所有;地上附着物及青苗费归地上附着物及青苗的所有者所有。土地补偿费是征地补偿中的大头。被征地农民只能获得被征土地上的地上附着物和青苗的补偿费,以及部分安置补助费。这种补偿制度是一种只看土地所有权而忽视土地使用权的偏执安排。

在此制度安排中,政府、村集体与被征地农民之间的征地收益存在严重分配失衡。据国务院发展研究中心调查,我国在征地产生的土地增值收益分配中,地方政府得60%~70%,农村集体经济组织得25%~30%,而农民只得5%~10%。另据北京农经统计信息平台数据显示,2009~2011年,北京市征收征用集体土地面积分别为20396亩、35856亩、9343亩(见表5),当年获得土地补偿金额分别为245782.6万元、246030万元、53993万元,其中留作集体公积金的分别占71.45%、95.57%、44.99%,分配给农户的分别占28.55%、4.43%、55.01%,分配给被征地农户的分别占15.26%、4.43%、3.71%。

表5　北京市征收征用集体土地面积及土地补偿分配

项　目	2006年	2007年	2008年	2009年	2010年	2011年
征收征用集体土地面积(亩)	—	—	—	20396	35856	9343
涉及农户承包耕地面积(亩)	10062	10012	—	8411	28485	5536
涉及农户数(户)	8939	9670	—	5344	5044	1518
涉及人口(人)	24465	40201	—	12595	13953	4461
当年获得土地补偿总额(万元)	—	—	—	245782.6	246030	53993

续表

项　　目	2006 年	2007 年	2008 年	2009 年	2010 年	2011 年
留作集体公积金(万元)	—	—	—	175611	235125	24292
占总额的比例(%)	—	—	—	71.45	95.57	44.99
分配给农户(万元)	—	—	—	70171.6	10905	29701
占总额的比例(%)	—	—	—	28.55	4.43	55.01
其中分配给被征地农户(万元)	—	—	—	37501.1	10900	2005
占总额的比例(%)	—	—	—	15.26	4.43	3.71

资料来源：北京市农村合作经济经营管理站《北京市农村经济收益分配统计资料（2006～2011年)》。

（四）宅基地政策滞后，农民宅基地权益保障乏力

2007 年实行的《物权法》明确将宅基地界定为用益物权，用益物权人依法享有占有、使用和收益的权利。现行的宅基地政策没有及时体现《物权法》的精神，大大滞后于城市化发展的需要。现行《土地管理法》没有规定征收农民宅基地的补偿标准，也没有建立宅基地市场。各地在城市化进程中征占农民宅基地时，政策随意性较大，农民的宅基地财产权缺乏有效的维护和保障。

2003 年 6 月，北京市政府发布《北京市集体土地房屋拆迁管理办法》（北京市人民政府令第 124 号），规定征占农村宅基地的补偿标准，按照宅基地面积并结合不同的区位价补偿。未经合法批准的宅基地，不予认定。经合法批准的宅基地超出控制标准的部分，不予补偿。宅基地区位补偿价由区县人民政府以乡镇为单位确定并公布。以通州区为例，2004 年 4 月，北京市通州区人民政府发布《关于确定通州区集体土地房屋拆迁宅基地面积控制标准、区位补偿价标准及有关补助费的通知》（通政发〔2004〕21 号），规定每宗宅基地面积控制标准为 0.3 亩（折合 200 平方米），每宗老宅基地面积控制标准为 0.4亩（折合 267 平方米），通州区宅基地区位补偿价标准如表 6 所示。

在城市化进程中，由于缺乏宅基地交易市场，农民缺乏转让交易宅基地的权利，政府征占农民宅基地的补偿标准则由政府根据有关政策确定。[①] 由于宅

---

① 2003 年 7 月 10 日，北京市国土房管局印发《宅基地房屋拆迁补偿规则》（京国土房管征〔2003〕606 号），规定宅基地区位补偿价按下列公式计算：宅基地区位补偿价 =（当地普通住宅指导价 - 房屋重置成新均价）×户均安置面积/户均宅基地面积。

表6 北京市通州区宅基地区位补偿价标准

区 位	宅基地区位补偿价的基准价（元/平方米）	普通住宅指导价（元/平方米）	房屋重置成新均价（元/平方米）	户均安置面积（平方米）
（一）永顺镇、梨园镇,潞城镇公路六环以西区域	700～1600	1720～3220	550	120
（二）北京经济技术开发区规划范围内的通州行政辖区部分、北京光机电一体化产业基地、北京通州工业开发区;马驹桥、漷县、宋庄试点小城镇规划范围内;潞城镇（原胡各庄除公路六环以西区域）	600～1250	1550～2630	550	120
（三）台湖镇、张家湾镇的镇政府所在地中心区	400～1000	1220～2220	550	120
（四）通州行政辖区内除上述地区以外的地区	210～630	900～1600	550	120

基地属于建设用地，政府获取宅基地后，通过招、拍、挂出让，获取高价。特别是近些年来，在城乡统筹发展中，一些地方以宅基地换房、撤村并居、农民上楼等方式，大量攫取农民宅基地，农民宅基地权益保障面临许多新挑战。

（五）农村集体建设用地不能进入市场，小产权房问题突出

根据《土地管理法》，我国土地分为农用地、建设用地和未利用地。[①] 农村集体建设用地包括乡村企业用地、乡村公共设施和公益事业用地、农民宅基地三大类。据统计，全国集体建设用地总量约为1800万公顷，是全部城市建设用地的2.5倍。[②]《土地管理法》第43条规定："任何单位和个人进行建设，

---

① 农用地是指直接用于农业生产的土地，包括耕地、林地、草地、农田水利用地、养殖水面等；建设用地是指建造建筑物、构筑物的土地，包括城乡住宅和公共设施用地、工矿用地、交通水利设施用地、旅游用地、军事设施用地等；未利用地是指农用地和建设用地以外的土地。

② 陈锡文、赵阳、陈剑波、罗丹：《中国农村制度变迁60年》，人民出版社，2009，第83页。

需要使用土地的，必须依法申请国有土地"。[①] 就是说，集体土地不能进入土地一级市场，集体土地要转为建设用地的，必须实行"农转非"，由集体土地变性为国有土地。《土地管理法》第63条规定："农民集体所有的土地的使用权不得出让、转让或者出租用于非农建设"。[②] 就是说，集体土地不能向非农建设领域流转。

北京市农村集体建设用地大约300平方公里。现行土地制度限制农村集体建设用地进入市场，城郊农村和农民不能合法地以土地参与城市化，这使农村集体和农民的土地财产权蒙受巨大损失。有学者认为，在过去30多年里，我国农民在城市化中被剥夺土地级差收入高达30多万亿元。[③] 北京市农民付出多少土地级差收益尚无统计，但肯定也是一个不小的数额。

现行土地制度限制农村集体建设用地入市，大城市的小产权房大量涌现。"小产权房"是指在农民集体土地上建设的房屋，因未走征地转性程序而无须缴纳土地出让金等费用，其产权证不是由国家房管部门颁发，而是由乡政府或村颁发，所以叫作"乡产权房"、"小产权房"。据有关方面调查，北京的小产权房占市场总量的20%；西安的小产权房占市场总量的25%～30%；截至2011年底，深圳小产权房违法建筑达37.94万栋，建筑面积高达4.05亿平方米，占深圳市总建筑面积的49.27%。2012年9月，北京市国土局公布初步清理出自2008年以来在建在售的79个违法占地小产权房项目。这些项目均分布在远郊区县，其中，昌平区最多，达28个；其次为房山区，有22个。被称为全国最大的小产权房小区——通州区张家湾镇张湾村的太玉园小区，有3万多居民。官方对小产权房屡禁不止，说明小产权背后有着复杂的多重因素。现行土地制度的不公平、不合理无疑是小产权房涌现的重要制度根源。在现行土地制度条件下，小产权房现象是农村集体建设用地非法进入市场的结果。在这种

---

① 虽然这一条规定有三个"例外"，即兴办乡镇企业和村民建设住宅经依法批准使用本集体经济组织农民集体所有的土地的，或者乡（镇）村公共设施和公益事业建设经依法批准使用农民集体所有的土地的除外。但这三个"例外"受到用途管制和审批两个"约束"。两个"约束"使三个"例外"的空间大为缩小。

② 这一条规定有一个"例外"："符合土地利用总体规划并依法取得建设用地的企业，因破产、兼并等情形致使土地使用权依法发生转移的除外。"这使我国法律在原则上严格禁止集体建设用地直接进入土地一级市场的同时，例外地允许集体建设用地在特定的情况下进入土地二级市场。参见高圣平、刘守英《集体建设用地进入市场：现实与法律困境》，载《管理世界》2007年第3期。

③ 彭真怀：《中国农业改革模式亟需顶层设计》，《中国经济时报》2011年3月18日第5版。

非法状态下，政府没有从小产权房建设中获得土地出让金，农民也未必得到好处，真正的获利者是基层政府与开发商。

三　北京市保护农民土地权益的新型城市化创新实践

传统的漠视农民土地权益的强制征地拆迁城市化模式，已经越来越难以为继。近些年来，北京市在推进维护和发展农民土地权益的新型城市化上，做出了许多新的探索，积累了新的经验。从总体上看，北京市推进维护和发展农民土地权益的新型城市化探索，主要有政府主导的新型城市化和农民主动的新型城市化。这两种城市化模式在维护和发展农民土地权益上，各有优势，但也各有不足。

（一）政府主导的新型城市化实践

近年来，北京市在推行政府主导的新型城市化实践上，主要有北坞村模式、大望京村模式以及城乡接合部 50 个重点村建设模式。这些模式的出现，是对传统强制征地城市化模式的改革与突破。

1. 北坞村的城市化模式

北坞村是北京市 2009 年列为城乡一体化和城市化改造建设的首个试点村，2009 年 2 月 20 日启动试点改造。北坞村是海淀区四季青镇玉泉村委会下属 8 个自然村之一，占地面积 33.61 公顷，户籍人口 2858 人，外来人口 20230 人。该村位于北京市第一道绿化隔离地区，共有 3765 亩土地被征用变为绿地。北坞村的就地城市化改造，在一定程度上使集体土地参与了城市化进程。

北坞村实行"自我腾退、自我建设、自我管理、自我资金平衡"，有别于传统的征地拆迁模式。该模式涉及村集体和农民土地权益的主要政策是：（1）按照规划，北坞村所在的玉泉行政村域内已无建设用地，北京市政府特批调整北坞村规划，将位于北坞村路对面的 22.5 公顷林地调整为建设用地，其中 10.5 公顷用于建设北坞村的回迁房。村民旧址则按原规划腾退为绿地。（2）为避免回迁房的"小产权房"问题，北京市政府为北坞回迁房用地开辟"绿色通道"，绕开"招、拍、挂"，免去土地出让金，直接转为国有建设用地。（3）回迁楼和其他项目由玉泉村成立专门的房地产公司承建，实行自主开发建设，将开发利益留给了村集体而不是开发商。（4）安排 21.5 公顷的产业用地，用于建设外来人口公寓、高档酒店等项目。（5）村民按原宅基地面积 1:1 的比例置换回迁安置楼房面积，同时获得每平方米 3000 元的补偿以及每平方米 200 元的装修补助费。① （6）以镇为单位推进集体经济产权制度改革，② 合理确定北坞自然村、玉泉行政村、四季青镇的资产分割比例，对新增外来人口公寓等资产面向北坞村户籍人口进行股份量化，保障农民发展集体经济的长期收益。

2. 大望京村的城市化模式

大望京村是 2009 年北京市确定的城乡一体化和城市化建设两个试点村之一。大望京村位于朝阳区崔各庄乡，村域面积 105.6 公顷，户籍人口 2998 人，1692 户，其中居民人口 2100 人，农民 898 人，流动人口 3 万多人。

大望京村模式是实施土地储备方式进行改造的典型，通过异地搬迁上楼，将农民全部转为居民，纳入城镇社会保障体系。大望京村城市化改造模式涉及村集体和农民土地权益的主要政策是：（1）实施土地储备，解决资金平衡问题。朝阳区土地储备中心将 105.6 公顷的村域面积全部征为国有，以土地做抵押从银行获得贷款，用于整理土地和建设回迁楼。将其中 41.6 公顷的建设用地进行一级开发和交易，另外 64 公顷用于建设绿化的主题公园。（2）提高补偿标准，将土地收益让利给农民，采取定向安置与货币补偿相结合的方式实施农民搬迁上楼。村民每人按 50 平方米标准。搬迁腾退、定向安置，宅基地及地上物补偿总计达每平方米 8100 元；不购买回迁房的村民，每平方米再补3000 元，在入住回迁房之前，给村民每人每月 800 元的住房补贴。对人均住房不足 50 平方米的困难户，不足部分按区位补偿价每平方米 3300 元的标准给予补偿。大望京村拆迁成本达 50 多亿元。（3）给予村集体 5 万平方米的商业建筑作为实物补偿，用于产业发展，保障村集体与村民的长期收入。大望京模式被认为是对传统征地建城模式的改良，其内涵是提高村民的拆迁补偿待遇，并使村集体和村民分享城市化的收益。

3. 城乡接合部 50 个重点村的城市化模式

北京市在 2009 年启动北坞村和大望京村城市化改造试点的基础上，于2010 年 2 月全面启动城乡接合部 50 个重点村城市化改造工程。50 个重点

---

① 若因回迁安置楼房户型原因超面积的，不得超过 10 平方米，每平方米按优惠价 4500 元购买。不足置换最小成套楼房的，给予每平方米 7000 元的经济补偿。住房困难户可申请增加最小面积成套楼房一套或增加一个自然间，所增加部分的安置楼房面积，按每平方米 4500元购买。置换回迁房后生活确实有困难的，可提出申请增加安置房面积，经过评议后，可在 4500 元的基础上优惠 20% 购买。

② 海淀区四季青镇长期实行镇级所有的集体经济管理体制，集体资产资源全部归镇级所有。

村城市化改造主要借鉴北坞村和大望京村模式,坚持"政府主导、农民主体、政策创新"的原则,实行"一村一策"。50个重点村涉及9个区、34个乡镇(街道)、52个行政村(社区)、108个自然村,总人口1110024人,其中户籍人口176590人,外来人口933434人。截至2012年3月,50个重点村城市化改造任务基本完成,共拆除面积2530万平方米,其中拆除住宅产权院37590个,面积达1290万平方米。通过拆迁整理出来的45平方公里土地,其中7.8平方公里用于建回迁安置房,3.3平方公里建集体产业,13平方公里建绿地,4平方公里建设公共基础设施,按照人均50平方米标准规划建设620万平方米产业用房,对50个重点村实行整建制农转居。

以唐家岭村为例。作为50个重点村之一,唐家岭村(包括唐家岭村和土井村)位于海淀区西北旺镇,占地面积7245亩,有户籍人口3364人,外来人口39000人,是著名的"蚁族"聚居地。唐家岭地区改造借鉴北坞村的经验,按照"宅基地腾退置换、农民就近上楼、适当预留产业用地、积极发展集体经济"的原则进行。唐家岭地区改造涉及村集体和农民土地权益的主要政策是:(1)参照宅基地腾退换房、旧村实现绿化的"北坞模式",实行宅基地1:1置换定向安置房。安置房建在航天城南侧,总面积为35万平方米。(2)被腾退搬迁人家中人口多而合法有效宅基地面积少的,按1:1比例定向安置房后,可按人均50平方米补足。超出宅基地部分按照4500元/平方米购买,经济困难户经批准公示后,购买价格可优惠20%。超生户中超生子女所购居室按照6000元/平方米购买。(3)建设18.8万平方米的多功能产业用地。在18.8万平方米的多功能产业用地中,8.8万平方米为商业用房,其他用于公租房建设。(4)利用集体土地建设公租房试点。这是唐家岭村城市化建设模式最大的政策创新。2012年初,唐家岭地区被列为北京市第一批集体土地建设租赁住房试点项目,利用唐家岭村和土井村5.8339公顷集体土地,建设总面积约10万平方米的租赁住房。①唐家岭租赁住房项目由村集体经济组织自主开发建设,自主租赁经营。这是农村集体建设用地进入市场的一个重大突破。

---

① 2011年9月27日,国土资源部以《关于北京市利用集体土地建设租赁住房试点意见的函》正式批准北京市开展利用集体土地建设租赁住房试点,北京成为全国第一个开展利用集体土地建设租赁住房试点的城市。上海是经国土资源部批准的全国第二个开展利用集体土地建设租赁住房试点的城市。

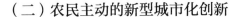

（二）农民主动的新型城市化创新

从20世纪90年代开始，北京的"城中村"就开始主动探索变乡村为城市的方式，走出了一条农民主动的新型城市化之路。农民主动城市化，就是不经过国家征地（即将集体所有制土地征收为国有土地）建设城市的模式，而是由农民在集体土地上自主进行改造和建设的城市化。昌平区郑各庄村，朝阳区崔各庄乡何各庄村、高碑店村，丰台区草桥村、南宫村等，是北京市农民主动城市化的典型个案。农民主动城市化的主要特征是农民带着土地参与城市化，分享了土地增值收益。

1. 郑各庄村的主动城市化模式

郑各庄是北京昌平区北七家镇的一个行政村，村域面积4332亩，现有568户，1500人。改革初期的郑各庄，全村318户，1158口人，耕地1860亩，农民宅基地1050亩，荒废地410多亩。1995年郑各庄村编制了《郑各庄村21世纪生态庄园》建设规划，1998年郑各庄村启动旧村改造工程。2004年底，郑各庄98%的村民搬迁上楼。1998~2011年的13年间，郑各庄村级经济总收入从3500万元提高到35亿元；上缴税金从33万元提高到2.4亿元；农民人均纯收入从3100元提高到45500元，2011年人均股东收益10500元。

郑各庄被认为是在"集体土地上长出的城市"。郑各庄主动城市化涉及村集体和农民土地权益的主要做法是：（1）进行旧村改造，实行农民上楼，盘活宅基地。从1998年3月到2007年末，郑各庄经过四批旧村改造，人均居住面积达到70平方米，相当于上楼前人均23平方米的3倍。节约宅基地面积800亩，用于商品房开发销售。（2）利用集体土地实现工业化和城市化。郑各庄村除了靠节约下来的800亩宅基地外，还通过整理置换、缴纳复垦费等办法，将1860亩耕地中的1600亩调整为建设用地。在当时发展工业区的政策支持下，郑各庄创办了宏福创业园，对2400亩土地进行开发经营，使集体建设用地进入市场，实现了村庄的工业化与城市化。（3）村里成立企业，进行自主开发建设。1996年，郑各庄成立北京宏福集团，创立了"以企带村""村企合一"的发展机制。郑各庄旧村改造中的拆迁补偿、住宅楼和基础设施建设、物业管理投资等都由村企自己负责，既不麻烦政府，也不依赖开发商。这种乡村房地产开发新模式，将土地增值收益留在了村里。（4）创新土地流转经营机制，增加农民的土地分红收益。农民把承包的土地以委托经营方式有偿流转给宏福集团，企业不论盈亏，都足额支付给农民土地租金，农民进入企业，成为离土不失地的产业工人。2011年郑各庄村民人均土地收益达8500元。

2. 何各庄村的城市化模式

何各庄村地处北京市朝阳区崔各庄乡北部，属于北京市第二道绿化隔离带建设区，村域面积2700亩，村庄宅基地面积为23公顷，村内住户301户，常住人口1035人，流动人口约5800人。自2007年起，何各庄村开始实施村民住宅组织化流转改造工程。2011年，何各庄村实现经济总收入9691万元，人均纯收入29251元，村民福利待遇明显提升。

何各庄村是在北京市城中村改造中实行农民住宅集中流转的典型个案。何各庄村住宅流转的主要做法是：（1）村民将住宅流转给村集体，村集体将集中的农民住宅交付给由乡政府、村集体、社会投资人三方成立的股份公司改造和租赁经营，房屋租赁期限为10年。10年期满，村委会将改造后的房屋无偿交还农户，由农户决定是否继续出租或自用。宅基地上建筑物全部归农户所有。（2）出租农户的租金收入以167平方米（北京市农村宅基地面积标准）为基础，每年起步租金为6万元，宅基地面积每增加1平方米，年租金增加100元。房屋租赁每3年租金上浮10%。乡政府、村集体和社会投资人按股分红，乡政府占51%，村集体占9%，社会投资方占40%。（3）村集体对退出住宅的农户实行集中安置。截至2012年11月，301户已集中安置144户。安置住房实行租住，村民租住村集体的集中安置房，每月向村集体交纳租金，每月租金为1000～2500元。在村庄改造以前，村民出租房屋每户年租金收入为5000～15000元，整院出租年租金约20000元。统一出租后，每户获得的出租收入在7万～8万元。

何各庄村农民住宅流转模式，探索了农民住宅资本化的一条路径，使村集体和村民分享了城市化带来的土地和住宅收益。

3. 高碑店村的城市化模式

高碑店村隶属于北京市朝阳区高碑店乡，是典型的城乡接合部地区，村域面积2.7平方公里，全村3270户，户籍人口6576人，流动人口1万余人。1983年以来，因重点工程建设征占土地，这个原有2300亩耕地的村庄只剩下80亩工业用地。高碑店村一度成了"叫农村无农业，称农民无耕地，农转居无工作"的"三无村"。2006年高碑店村被列入北京市80个社会主义新农村建设试点村，2007年高碑店村由原规划的绿化隔离带地区整体搬迁村调整为就地改造保留村。根据村庄土地利用规划，该村规划西居住区、陶家湾居住区两个居住区以及古典家具文化区、民俗文化聚集区、医药文化交易区三大产业发展区。西区旧村改造方案于 2008 年通过，2009 年正式启动改造。高碑店村西区改造建设，形成了民办公助的自主改造模式。所谓民办，就是村民住宅实行统一设计、统一施工，1.85 亿元建设资金由村民自己筹集；所谓公助，就是基础设施、公共服务设施等建设项目所需 2.6 亿元投资，由村经济合作社负担 50%，其余部分由政府补助。

　　高碑店村西区有 1528 户，常住人口 2576 人，流动人口 4000 余人，面积 15.5 万平方米，529 个院。村民住宅建筑面积 10.5 万平方米，单位企业占地 1.4 万平方米，绿化占地面积 1.7 万平方米，道路占地面积 1.9 万平方米。高碑店村西区改造建设的主要做法是：（1）每户以现有住宅土地使用证为准，新建住宅占地面积在原有面积上缩减 15%，缩减面积主要用于拓宽道路。人均建筑面积控制在 73.3 平方米以内，新宅可以建三层，但不超过三层。（2）改造户原住宅是楼房的，村集体对二层给予每平方米 1000 元拆迁补贴，二层以上不给予补贴。改造前住房中属于违章建筑的砖瓦结构房屋，由村集体给予每平方米 150 元拆迁补贴费。（3）新建住宅的建设成本为每平方米 1175 元，其中村民自付每平方米 1025 元，村集体补助每平方米 150 元。（4）对五保户，由村集体负责出资建设安置楼，房屋所有权归村集体；对自筹资金不足的户，由村委会提供银行贷款担保，但贷款额度不得超过总建房款的 60%，期限不超过 5 年；村集体投资建设住宅安置楼，解决少数没有经济能力自建楼房的户及需要分家的户，以原住宅建筑面积为准按照 1∶1 的比例无偿置换上楼，新房超过原宅面积的，按每平方米 2600~3000 元购买。对一些原住宅面积较大的户，允许其在村内转让宅基地面积，原规定转让价每平方米不超过 1 万元，后上升到每平方米 2.8 万元。（5）一期、二期改造的村民，在 2009 年 5 月 1 日之前搬迁的，以土地使用证为依据，每证奖励 2 万元。在 5 月 1 日之后搬迁的，以签订拆迁协议时间为准，每超过 1 天，扣除搬家奖励 1000 元。（6）对少数不愿意参加本次旧村改造的户，允许其保留现有住宅，将来新建时须提出申请，按规定缩减原有宅基地 15% 的面积。

　　高碑店村的自主改造，总体上使农民在原有的宅基地上建设新楼房，既永久保留了农民的宅基地，又实现了农民上楼。

　　此外，在城市化进程中，近年来社会资本参与小城镇建设和新农村建设，出现了诸如密云县华润希望小镇、司马台村类乌镇改造等模式，其成效与问题值得关注与研究。

四 维护和发展农民土地财产权的政策建议

2011年12月27日，时任总理温家宝在中央农村工作会议上指出："土地承包经营权、宅基地使用权、集体收益分配权等，是法律赋予农民的财产权利，无论他们是否还需要以此来作基本保障，也无论他们是留在农村还是进入城镇，任何人都无权剥夺。在任何情况下都要尊重和保护农民以土地为核心的财产权利，应当让他们带着这些权利进城，也可以按照依法自愿有偿的原则，由他们自主流转或处置这些权利"。"现行征地制度是历史的产物，在我国工业化城镇化发展过程中发挥了重要作用。但也带来人口城镇化明显滞后于土地城镇化的矛盾，以及对农民土地财产权利保护不够和建设用地粗放等问题，特别是一些地方以农村土地属集体所有为名，不与农民沟通、协商就强占和乱占农户的承包地，损害农民的合法权益。推进征地制度改革，关键在于保障农民的土地财产权，分配好土地非农化和城镇化产生的增值收益。应该看到，我国经济发展水平有了很大提高，不能再靠牺牲农民土地财产权利降低工业化城镇化成本，有必要、也有条件大幅度提高农民在土地增值收益中的分配比例。"2012年11月8日，胡锦涛在中共第十八次全国代表大会上的政治报告中提出："改革征地制度，提高农民在土地增值收益中的分配比例。"

这说明，走维护和发展农民土地权益的新型城市化之路，已经成为党和国家的重要政策取向。当前，《土地管理法》正在修订之中，《集体土地征收补偿条例》尚未出台，有关维护和发展农民土地权益的制度建设还比较滞后。北京市在推进维护和发展农民土地权益的新型城市化上虽已做出了不同于传统强制征地城市化的新探索，但受制于现有法律法规和政策的多重约束，其不足之处也是显而易见的。根据北京市在探索新型城市化上的基本经验以及今后的发展趋势，我们对进一步维护和发展农民土地财产权提出如下政策建议：

（一）允许和规范集体土地平等进入市场，依法保障农民带着土地参与城市化

对集体土地与国有土地的产权要实行平等保护，这是一条事关集体土地发展权和农民土地财产权的根本举措。允许村集体和农民在符合规划和用途管制

的前提下，以集体土地参与城市化。任何单位和个人进行建设需要土地的，不仅可以申请国有土地，也可以申请集体土地。就是说，集体土地与国有土地一样，都可以依法进行工业化和城市化建设。对于因公共利益需要征收集体土地，可以实行土地所有制变性，将集体土地转为国有土地。对于经营性用地，集体土地可以直接进入市场，与国有土地权利平等，同等对待。城市土地既可以是国有土地，也可以是集体土地。集体土地与国有土地一样，可以依法开发建设城市。这是我国土地制度改革适应城市化发展需要非常关键的一环。要在集体土地与国有土地权利平等的基础上，修改和制定一系列新的法律法规，尽快建立城乡统一的土地市场，确保农民利用集体土地建设城市有法可依，实现集体土地开发利用的法制化。北京市要做好相关法规政策的清理与修订工作。在国家出台《集体土地征收补偿条例》以及《土地管理法》修改后，北京市要及时修改和制定相关法规，使农民带着土地参与城市化有法可依、有章可循。

（二）加快宅基地的立法建设，确保农民对宅基地的财产权利

现行有关宅基地的立法建设相当滞后，已有的一些政策规定也不适应城市化、市场化发展的需要，不利于保护农民的宅基地财产权利。要遵守和完善《物权法》，保护农民对宅基地的占有、使用和收益的权利，一是要规范建立宅基地市场，实现宅基地的商品化。特别是城乡接合部地区，要率先实施宅基地商品化的试点与推广；二是要区分宅基地补偿与宅基地上的住房补偿。在城市化中涉及征收宅基地的，要明确对宅基地补偿以及对住房的补偿，不能以住房补偿代替对宅基地的补偿；三是要按照市场价格对宅基地与住房进行公平补偿；四是要慎重对待以宅基地换房。当前一些地方推行的以宅基地换房，本质上是权力或资本操纵下的非市场行为，其结果是农民以房换房，农民上楼后永久失去了宅基地。诱导或强制农民以永久占有的宅基地去换取几十年的房产，并不是一种公平的市场交易。

（三）加快改革征地制度，明确提高农民在土地增值收益中的分配比例

要按照中央的精神要求，加快改革征地制度。改革征地制度要突出以下几个方面：一是要明确公共利益范围，规定只能因国家公共利益的需要才能动用征地权。凡因公共利益需要征地的，也要按照市场价格给予公平补偿。非公共利益需要使用土地的，要按照市场逻辑运行。二是要明确农民在土地增值收益

中的分配比例。改变现行《土地管理法》规定的对被征耕地按原农业用途进行补偿的规定，而是要按市场价进行补偿的同时要考虑土地对于农民以及社会的多种功能。三是明确村集体与村民的分配比例。要改变那种以土地集体所有为名，剥夺农民土地分配权益的行为。现行土地管理法规将征地的土地补偿费全部划归为农村集体经济组织所有的做法，只看到土地所有权而漠视农民对承包土地的长久使用权，极大损害了农民土地权益。在涉及征收农民土地时，除了按市场价进行补偿外，应明确农民与村集体享有土地补偿费的具体比例。例如，征收农民承包地的，农民与村集体的土地补偿费分配比例可以定为85∶15；征收农民宅基地的，农民与村集体的土地补偿费分配比例可以定为90∶10。农民享有的比例甚至可以更高些。四是对于征收除农民承包地、宅基地以外的集体土地所产生的收益，可以先补给村集体，再通过农村集体产权改革，使村集体和农民按照股权比例进行分配。五是要考虑村庄居住区域内的村民住宅共用土地价值。一些地方在旧村改造或撤村并居中，只补偿每户农民居住的宅基地面积，而忽视对村庄中集体共享土地面积的补偿，这是损害农民宅基地权益的重大问题，对此要引起高度重视并予以制止和纠正。六是要优化土地出让金的支出结构，大幅度提高土地出让收入用于被征地农民的补偿和生活保障的比例。

（四）扩大城乡接合部地区农民利用集体土地建设租赁住房的试点

像北京这样的特大城市，吸引了数百万、上千万的外来人口，城乡接合部地区是外来人口集中居住的地区，房屋租赁市场现实需要巨大。允许和规范城乡接合部地区利用集体土地建设租赁住房，既有利于满足大量外来人口的居住需要，又有利于增加村集体和农民的出租收入，扩大就业机会，还有利于缓解政府保障性住房严重不足的矛盾，这是一举多得的重大举措。应当根据市场需求，进一步扩大城乡接合部地区利用集体土地建设租赁住房试点范围。2011 年，国家批准北京和上海两个城市开展利用集体建设用地建设租赁住房试点后，上海迅速在 8 个区 22 个村推进，远比北京的试点范围广、动作力度大。北京要在唐家岭试点的基础上，将更多的村庄纳入试点范围。同时，要及时总结试点经验，健全制度，使农村利用集体建设用地建设租赁住房的政策常规化、制度化，从而惠及更多的乡村和农民。同时，要加强集体土地建设公租房的统筹规划与管理，综合考虑市场需求以及资源环境的承受能力。

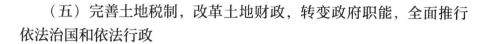

（五）完善土地税制，改革土地财政，转变政府职能，全面推行依法治国和依法行政

维护和发展农民土地权益，从根本上说，要切实转变政府职能，实行依法治国，加快建设现代法治政府和服务型政府。一是要切实转变政府职能。现在，政府集土地管理者与经营者于一身，政府以土地管理者身份去经营土地，必然是以低价征收农民集体土地，再高价出让土地，以获取高额土地差价。政府一身二职，既不利于土地管理，也不利于农民土地财产权保护。应当将政府的土地管理权与土地经营权分开，政府将土地经营职能分离出去，只行使土地管理权，强化社会管理和公共服务职能。二是改革土地财政，完善土地税费制度。以政府经营土地所产生的土地出让收入已成为地方政府财政收入的重要来源。由于土地财政的巨大激励，地方政府和基层政府具有强烈的积极性去圈地造城、撤村并居、逼农民上楼。在此背景下，要维护和发展农民的土地财产权并非易事。土地财政既扭曲了政府职能，也扭曲了土地市场，已难以为继。应当在国家层面建立完善的土地税费制度，使政府从土地税费中获取收入，而不再从直接经营土地中获取收入，以此增强政府的合法性。政府从土地税费中所得到的收入，还应当通过转移支出渠道，让郊区或其他山区的农民合理分享城市化中的土地增值收入，以平衡地区发展差距，促进社会公平。三是推行依法治国和依法行政。财产权利的保障和实现，离不开法治的保障。正如党的十八大政治报告所提出的那样，要"更加注重发挥法治在国家治理和社会管理中的重要作用，维护国家法制统一、尊严、权威，保证人民依法享有广泛权利和自由"。特别是要"提高领导干部运用法治思维和法治方式深化改革、推动发展、化解矛盾、维护稳定能力"。新型城市化也是法治的城市化。在新的发展阶段，要把城市化发展、农民土地财产权的保障全面纳入法治轨道，以法治的方式推动城市化，以法治的方式保护农民土地财产权。

参考文献

当代中国城市发展丛书北京卷编辑部：《北京》（上、下），当代中国出版社，2011。

高圣平、刘守英：《集体建设用地进入市场：现实与法律困境》，《管理世界》2007年第 3 期。

陈锡文、赵阳、陈剑波、罗丹：《中国农村制度变迁60年》，人民出版社，2009，第83页。

彭真怀：《中国农业改革模式亟需顶层设计》，《中国经济时报》2011年3月18日第5版。

中共北京市委农村工作委员会、北京市农村工作委员会：《京郊调研》（合订本），2010。

谭维克：《做好北坞村试点，探索城乡一体化新路》，《前线》2009年第8期。

宫靖、张艳玲、兰方：《北京改良征地拆迁模式：集体参与农民分享》，转引自凤凰网财经，http://finance.ifeng.com/news/special/cxcmzk/20100426/2104468.shtml，2010-4-26。

冯晓英：《北京"城中村"改造的调查与思考》，载中国（海南）改革发展研究院编《"十二五"：城乡一体化的趋势与挑战》，中国长安出版社，2010，第358~371页。

北京市城乡接合部建设领导小组办公室：《北京市城乡接合部50个重点村建设工作总结汇编》，2012年3月。

北京市国土资源局耕保处：《北京市利用集体土地建设租赁房试点政策的研究报告》，《京郊调研》2012年第14期。

北京村庄制度变迁研究组：《集体土地上长出的城市——郑各庄现象研究》，2008年9月。

卞华舵：《主动城市化：以郑各庄为例》，中国经济出版社，2011。

段树军：《郑各庄：主动城市化实现城乡融合》，《中国经济时报》2012年9月27日第1版。

文静：《朝阳区崔各庄乡何各庄村：有个一号地堪称第二个798》，《京华时报》2012年11月8日第G07版。

周奇：《何各庄村农民住宅流转调查》，《北京日报》2009年4月13日第3版。

余航、郑风田：《城中村改造模式研究——北京市何各庄案例分析》，《农业经济问题》2011年第4期。

北京市农委村镇处、北京市经管站：《高碑店探索旧村改造"民办公助"新模式》，载北京市社会主义新农村建设领导小组综合办公室《新农村简报》2009年第29期（总第118期）。

联合调研组：《朝阳区高碑店村城市化进程的探索与实践》，《京郊调研》2012年第9期。

张英洪：《有效维护农民权益的城乡结合村庄自主型改造——北京市朝阳区高碑店村西区改造调查》，《北京城乡经济信息》2010年第17期。

温家宝：《中国农业和农村的发展道路》，《农民日报》2012年1月17日第1版。

刘守英、周飞舟、邵挺：《土地制度改革与转变发展方式》，中国发展出版社，2012。

陆子修：《现行征地制度的演变、利弊与改革建议》，《中国经济时报》2012年6月29日第8版。

王小鲁：《关于土地收益分配制度改革的思考》，《中国经济时报》2012 年 8 月 30 日第 8 版。

韩俊等：《中国农村改革（2002～2012）》，上海远东出版社，2012。

　　课题负责人：郭光磊

　　课题组长：张英洪

　　课题组成员：樊汝明　张英洪　张云华　伍振军　罗　丹

　　　　　　　　　　童　伟　张继安　胡睿宪　郭培宜

　　执笔：张英洪

2012 年 11 月 21 日

第四篇

城乡一体化背景中北京户籍制度改革研究

Part 4 ←

　　1950 年代我国建立的户籍制度构成了城乡二元体制的基础和核心。在市场化、工业化和城市化进程中，农村人口向城市迁移和集中是经济社会发展的普遍现象。但在城乡二元户籍制度不变的情况下，迁入城市的农业户籍人口不能随着城市化进程而实现市民化，由此造成了一系列经济社会问题。改革开放以来，户籍制度改革在不断推进，尤其是中小城市和小城镇的落户政策逐步放宽。近年来，上海、广州、深圳、重庆、成都等特大城市也纷纷推出户籍制度改革政策。目前，全国已有 20 多个省市开始实行城乡统一登记的居民户口制度。

　　长期以来，北京是户籍控制最严的城市。在近些年来全国各地的户籍改革进程中，北京对户籍制度的改革显得相当谨慎，虽然北京也有一些户籍制度改革的举措，但总体上看还没有户籍制度改革的总体规划和政策设计。2008 年，北京市提出率先形成城乡经济社会一体化新格局的目标任务，然而如果没有户籍制度的改革，城乡一体化是不可能真正实现的。

　　北京市的户籍制度改革主要涉及两个基本方面：一是拥有北京市户籍的城乡户籍制度改革，二是没有北京市户籍的外地来京人员的户籍制度改革。这两个方面的全面改革，才是真正符合城乡一体化发展要求的户籍制度改革。我们就是以城乡一体化发展为背景，着眼于全面的户籍制度改革这个目标，来探讨北京市户籍制度改革问题。

一　北京市户籍制度改革历程与现状

　　北京是我国的首都，具有得天独厚的优势与吸引力。人口向北京的流动与集中具有必然性与合理性。新中国成立初期，北京市的外来流动人口大约在 10 万人以内。随着经济社会的发展以及政治局势的稳定，北京市流动人口在不断增长，到 1956 年达到 19 万人，1958 年和 1959 年分别达到 27 万人和 28 万人。1958 年《中华人民共和国户口登记条例》的颁布，标志着我国城乡二元户籍管理体制正式形成。从此，北京开始实行严格的户籍管理制度。一方面，在北京行政区域内，划分了农业户口与非农业户口，严格限制农业户口转为非农业户口；另一方面，严格限制外省市人口进京落户。在 1960 年代，北京市在精简城市职工的同时，采取了强化城市户籍管理、限制农村人口进京等政策，使得 1960 年代初期流动人口数量降至低谷，大约在 8 万人。到"文化大革命"结束，北京市流动人口仅 17 万人。改革开放之后，北京市流动人口开始急剧增多，尤其是 1995 年之后迅速增长。

随着市场化、城市化的不断发展，北京户籍人口的流动性也迅速增大，但北京农业户口转为非农业户口的条件限制以及人户分离现象越来越突出。2010年，北京市常住人口为1961.2368万人，在全市常住人口中，外省市来京常住人口为704.5万人，占常住人口总数的35.9%。2010年，北京市年末户籍人口为1257.8万人，其中农业人口268.3万人，非农业人口989.5万人（见表1）。

表1 北京市人口情况（1978～2010年）

单位：万人

年份	常住人口				户籍人口		
	总数	常住外来人口	城镇人口	乡村人口	总数	非农业人口	农业人口
1978	871.5	21.8	497.0	392.5	849.7	467.0	382.6
1979	897.1	26.5	510.3	386.8	870.6	495.2	375.4
1980	904.3	18.6	521.1	383.2	885.7	510.4	375.3
1981	919.2	18.4	533.3	385.9	900.8	522.6	378.2
1982	935.0	17.2	544.0	391.0	917.8	534.0	383.8
1983	950.0	16.8	557.0	393.0	933.2	547.1	386.0
1984	965.0	19.8	570.0	395.0	945.2	558.1	387.0
1985	981.0	23.1	586.0	395.0	957.9	572.5	385.4
1986	1028.0	56.8	621.0	407.0	971.2	586.8	384.4
1987	1047.0	59.0	637.0	410.0	988.0	601.0	387.0
1988	1061.0	59.8	650.0	411.0	1001.2	614.3	387.0
1989	1075.0	53.9	644.0	411.0	1021.1	630.6	390.5
1990	1086.0	53.8	798.0	288.0	1032.2	640.2	392.1
1991	1094.0	54.5	808.0	286.0	1039.5	648.4	391.2
1992	1102.0	57.1	819.0	283.0	1044.9	656.3	388.6
1993	1112.0	60.8	831.0	281.0	1051.2	668.7	382.5
1994	1125.0	63.2	846.0	279.0	1061.8	683.8	377.9
1995	1251.1	180.8	946.2	304.9	1070.3	696.9	373.5
1996	1259.4	181.7	957.9	301.5	1077.7	709.7	368.0
1997	1240.0	154.5	948.3	291.7	1085.5	722.7	362.9
1998	1245.6	154.1	957.7	287.9	1091.5	733.6	357.8
1999	1257.2	157.4	971.7	285.5	1099.8	747.2	352.6
2000	1363.6	256.1	1057.4	306.2	1107.5	760.7	346.8
2001	1385.1	262.8	1081.2	303.9	1122.3	780.2	342.2
2002	1423.2	286.9	1118.0	305.2	1136.3	806.9	329.4
2003	1456.4	307.6	1151.3	305.1	1148.8	830.8	318.0
2004	1492.7	329.8	1187.2	305.5	1162.9	854.7	308.2
2005	1538.0	357.3	1286.1	251.9	1180.7	880.2	300.5
2006	1581.1	383.4	1333.3	247.7	1197.6	905.4	292.2
2007	1633.0	419.7	1379.9	253.1	1213.3	929.0	284.3
2008	1695.0	465.1	1439.1	255.9	1229.9	950.7	279.2
2009	1755.0	509.2	1491.8	263.2	1245.8	971.9	273.9
2010	1961.2	704.5	1686.4	275.5	1257.8	989.5	268.3

资料来源：《北京统计年鉴2011》。

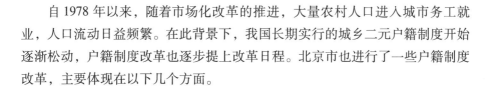

自 1978 年以来，随着市场化改革的推进，大量农村人口进入城市务工就业，人口流动日益频繁。在此背景下，我国长期实行的城乡二元户籍制度开始逐渐松动，户籍制度改革也逐步提上改革日程。北京市也进行了一些户籍制度改革，主要体现在以下几个方面。

（一）推行小城镇户籍制度改革

1992 年底，按照党的十四届三中全会关于逐步改革小城镇户籍管理制度的精神，公安部在调查研究的基础上，提出了小城镇户籍管理制度改革的试点方案。1997 年 6 月，国务院正式批转公安部《关于推进小城镇户籍管理制度改革意见的通知》（国发〔2001〕6 号），在全国部署开展为期两年的小城镇户籍管理制度改革试点工作。试点期间，全国共有 54 万人办理了小城镇户口。在总结改革试点经验的基础上，公安部报请国务院于 2001 年下发了《关于推进小城镇户籍管理制度改革的意见》（国发〔2001〕6 号），明确规定从 2001 年 10 月 1 日开始，凡在县级市市区、县人民政府驻地镇及其他建制镇有合法固定住所、稳定职业或生活来源的人员及与其共同居住生活的直系亲属，均可根据本人意愿办理城镇常住户口。已在小城镇办理的蓝印户口、地方城镇居民户口、自理口粮户口等，符合上述条件的，统一登记为城镇常住户口。对办理小城镇常住户口的人员，不再实行计划指标管理。

在全国小城镇户籍管理制度的改革进程中，北京市也出台了一系列政策。1997 年 7 月 19 日，北京市政府办公厅批转实施《北京市郊区小城镇建设试点城镇户口管理试行办法》（京政办发〔1997〕41 号），开始实行小城镇户籍制度改革试点。对试点城镇的迁入人口实行总量控制，并纳入本市人口增长计划和规划。具体规模由市公安局每年会同市政府农林办公室和市计划、规划等部门提出，报经市人民政府批准后，由区、县人民政府组织实施，并将具体指标计划落实到各试点城镇。1997 年 12 月 31 日，北京市政府办公厅又颁布了《北京市郊区小城镇建设试点城镇户籍管理试行办法实施细则》（京政办发〔1997〕74 号），具体规定了小城镇建设试点城镇户籍管理的细则。对迁入试点城镇人口实行指标、政策双重控制原则，纳入本市人口增长计划和规划管理。

2000 年 12 月，北京市委、市政府印发《中共北京市人民政府关于进一步加快郊区小城镇建设推进农村城市化进程的意见》（京政发〔2000〕30 号），规定从 2001 年起，凡在本市卫星城、中心镇镇区内有合法固定住所、稳定职业或生活来源的本市农民，均可根据本人意愿转为城镇户口。已登记为小城镇常住户口的人员，享有同本市城镇居民同等的权利，并履行同等义务。2001年2月15日，北京市政府办公厅发布《关于确定本市郊区中心镇的通知》（京政办发〔2001〕8号），正式确定33个中心镇。

2002年9月28日，北京市政府批转市公安局《关于推进小城镇户籍管理制度改革的意见》（京政发〔2002〕25号），规定在本市14个卫星城和33个中心镇的规划区范围内，有合法固定住所、稳定职业或生活来源的人员及其他共同居住生活的直系亲属，凡持有本市农业户口的，均可根据本人意愿办理城镇常住户口。对经批准在小城镇落户的人员，可保留其承包土地的经营权，也允许依法转让。

2009年6月30日，北京市人民政府办公厅印发《关于本市重点小城镇建设有关工作的通知》（京政办发〔2009〕37号），将北京市重点小城镇由2001年确定的33个调整为42个（见表2）。

表2　北京市33个中心镇和42个重点小城镇分布情况

区　县	2001年确定的33个中心镇	2009年确定的42个重点小城镇
通州区	宋庄镇、马驹桥镇、永乐店镇、潞县镇	潞县镇、台湖镇、西集镇、永乐店镇
大兴区	榆垡镇、西红门镇、庞各庄镇、采育镇	采育镇、庞各庄镇、安定镇、榆垡镇、魏善庄镇
房山区	窦店镇、长沟镇、琉璃河镇、韩村河镇	韩村河镇、窦店镇、琉璃河镇、长沟镇、河北镇、
门头沟区	斋堂镇、潭柘寺镇	斋堂镇、潭柘寺镇、军庄镇
昌平区	小汤山镇、北七家镇、阳坊镇	小汤山镇、阳坊镇、南口镇、北七家镇、十三陵镇
延庆县	永宁镇、康庄镇、旧县镇	康庄镇、永宁镇、八达岭镇、旧县镇
怀柔区	杨宋镇、汤河口镇	桥梓镇、怀北镇、汤河口镇
密云县	太师屯镇、溪翁庄镇、十里堡镇	溪翁庄镇、太师屯镇、西田各庄镇、古北口镇、巨各庄镇、穆家峪镇
平谷区	峪口镇、马坊镇	金海湖镇、峪口镇、马坊镇
顺义区	杨镇、后沙峪镇、北小营镇、高丽营镇	高丽营镇、杨镇、赵全营镇、李遂镇
丰台区	王佐乡	—
海淀区	温泉镇	—

（二）实行引进人才落户政策

北京作为首都，需要在严格的户籍制度结构中打开一条引进高层次人才的制度通道，这条通道就是引进人才落户政策。1999年6月24日，北京市人事局出台《北京市引进人才和办理〈北京市工作寄住证〉的暂行办法》（京人发

〔1999〕38 号），对引进的人才办理工作寄住证。持工作寄住证者，不再办理
户口暂住证，在购房、子女入托、入中小学等方面享受北京市市民待遇（见
表3）。持工作寄住证满3年者经批准可办理进京户口手续。

表3　1999 年北京市引进人才申请工作寄住证条件

类　别	条　件
45 周岁以下且身体健康者，可办理人才引进手续	（一）具有本科及以上学历且取得高级专业技术职称的专业技术人员和管理人员； （二）在国内外获得硕士及以上学位的专业技术人员和管理人员
35 周岁以下且身体健康者，可申请办理工作寄住证	（一）具有学士学位且成绩突出者； （二）具有中级专业技术职称的业务骨干； （三）在国外获得学士学位并取得一定研究成果的留学人员

此后，北京先后出台了一系列有关引进人才和投资兴业人员落户政策。
2000 年5月，北京市政府出台《北京市鼓励留学人员来京创业工作的若干规
定》（京政发〔2000〕19 号）。北京市为了招揽留学人员来京创业，在户籍制
度上做了很多优惠规定。如留学人员来京创业、工作，不受其出国前户籍所在
地限制，凭用人单位证明或者工商执照可向市人事局申请领取《北京市（留
学人员）工作寄住证》。

另外还规定，持中国护照的留学人员来京创业、工作并要求取得北京市常
住户口的，凭《北京市（留学人员）工作寄住证》，由市公安局按有关规定办理
入户手续。在京入户的留学人员，其配偶及18 岁以下子女可以随迁，不缴纳超
生子女费；身边无子女的，可随迁一个已工作的子女。来京创业、工作的留学人
员的子女入托及义务教育阶段入学，由其居住地所在区、县教育行政管理部门安
排并为其办理入学、转学手续，不收取政府规定以外的任何费用；已在国外高校
就读的子女，可申请到北京地区高校插班学习；参加研究生全国统一考试的，同
等条件下本市高等院校可优先录取。2001 年11 月27 日，北京市人事局颁布《关
于印发〈北京市鼓励留学人员来京创业工作的若干规定〉实施办法的通知》（京
人发〔2001〕123 号），具体规定了对留学人员来京创业工作的各种实施办法。

2001 年9月，北京市政府办公厅发布《关于印发外地来京投资开办私营
企业人员办理北京市常住户口试行办法》（京政办发〔2001〕73 号），该文件
规定可以申请办理本市常住户口的外地来京人员，主要包括个人独资企业的负
责人、合伙企业的一名合伙事务执行人、公司制的私营企业以及其他组织形式

私营企业的法定代表人。上述人员的配偶和一名未成年子女可以申请办理本市常住户口。持《工作寄住证》满 3 年的,可申请办理人才引进手续。户籍上的优惠政策为私营企业人员来京投资解决了后顾之忧。

2003 年 6 月,北京市政府办公厅批转市人事局《关于实施北京市工作居住证制度的若干意见》(京政办发〔2003〕29 号),主要目的是吸引并鼓励各类优秀人才来京创业和工作,加快首都人才战略的实施(见表 4)。

表4　优秀人才来京创业、工作的条件和待遇

条件	(一)具有 2 年以上工作经历并取得学士(含)以上学位的人才; (二)具有中级(含)以上专业技术职称或相当资格、资质的人才; (三)对首都经济和社会发展做出突出贡献及特殊领域、特殊行业的紧缺急需人才
待遇	(一)其子女在京入托、入中小学就读,免收借读管理费; (二)可在本市行政区域内购买商品房、批准上市的已购公房和存量房;按有关规定购买经济适用住房; (三)按照公安部的有关规定,对符合条件的,可在本市办理因私出国商务手续; (四)可申请办理驾驶证或临时驾驶证以及机动车注册登记手续; (五)可在本市创办企业,可以企业法定代表人身份申请认定高新技术成果转化项目和科技项目资助; (六)可列入本市人才培养计划,并可参加本市有关人才、专家奖励项目的评选; (七)可参加本市专业技术职务的任职资格评定(考试)、执业(职业)资格考试、执业(职业)资格注册登记; (八)可参加本市基本养老保险、城镇职工基本医疗保险,并可按有关规定在本市缴存和使用住房公积金

2002 年,北京市按照人才政策办理进京户口 10145 人(见表 5),占全市户籍人口增长的 8.15%。从统计数据看,人才引进表现为"一高三低",即非北京生源的毕业生所占比重高,来京投资创办企业人员比重低、留学回国在京创业人员比重低、高级专业人才比重低。

表5　2002 年北京人才引进情况

引进人才类型	数量(人)	比例(%)
非北京生源毕业生	7400	72.94
外地来京开办私营企业人员	35	0.34
持中国护照的留学人员来京创业者	434	4.28
高新技术企业等研发机构引进人才	2276	22.44
合　　　计	10145	100

资料来源:冯晓英《深化户籍制度改革与北京人口管理》,《前线》2004 年第 5 期。

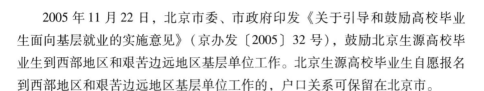

　　2005 年 11 月 22 日，北京市委、市政府印发《关于引导和鼓励高校毕业生面向基层就业的实施意见》（京办发〔2005〕32 号），鼓励北京生源高校毕业生到西部地区和艰苦边远地区基层单位工作。北京生源高校毕业生自愿报名到西部地区和艰苦边远地区基层单位工作的，户口关系可保留在北京市。

　　2007 年 5 月，北京市规划委向社会公布《北京市"十一五"时期重点新城发展实施规划》，规划提出将制定有利于吸引高素质人才及具有较高文化基础的年轻劳动力人口的各项优惠政策。例如，在新城产业重点发展区实行宽松的人才吸引政策，对于北京地区高校、科研机构获得学士及学士以上学位的应届毕业生，只要受聘于新城的高新技术企业或现代制造业企业，可直接办理北京常住户口，不受进京指标限制等。

　　2010 年 7 月，北京市人力社保局发布《2010 年北京市引进国内人才专项工作计划》，该计划共提出 835 个国内高层次人才需求岗位。在户籍政策上也做了详细规定，对于最终录取的人选户籍地不属本市的，可按照各用人单位意愿直接申请引进，配偶及子女可随调随迁；也可在试用期满再申请引进，试用期间可直接办理《北京市工作寄住证》，申请引进时可不受持证时间限制。此外，部分单位也自主制定了一些吸引高层次人才的鼓励政策，例如给予住房补贴、周转用房、科研经费支持等。

　　2010 年 8 月，北京市政府公布《首都中长期人才发展规划纲要（2010 ~ 2020 年）》，首次明确提出为适应京津冀一体化发展要求，北京市将逐步推行京津地区互认的高层次人才户籍自由流动制度，无论是涉及高端人才的子女入学还是医疗社保，都将享受当地市民同等待遇。北京市将逐步制定具有国际竞争力的海外人才吸引政策，完善人才薪酬、税收、社会保障、医疗、住房和子女入学等配套政策，这会有效刺激人才户籍自由流动，推动人口合理分布。

　　2011 年 6 月，政协北京市第十一届委员会常务委员会第二十四会议审议通过了《关于加快首都经济发展方式转变若干问题的建议》，提出以科技贡献、专业技能、在京时间等指标为考核项，计算非京籍人才的积分，积分达标即可落户北京；"积分落户制度"可以根据不同机构特点，完善现有人才评价体系。根据重点扶持的战略性新兴产业实际，制定引进高层次人才和急需技能人才的分类评价标准。人才积分落户制度，可在进京指标日趋缩减的人口调控大背景下，形成客观、量化、透明、公开的人才落户制度。

　　自 1999 年在高新技术产业实施人才引进政策以来，北京市围绕战略性新兴产业发展，相继引进国内外各类高层次人才 3.5 万人，有力地促进了首都科技创新、技术改造、产业升级，弥补了部分学科、产业高端人才的短缺状况，进一步增强了首都人才队伍的升级和活力，已经成为推动首都经济社会平稳健康发展的重要力量。但近几年来，北京市人才落户的标准越来越高，从最开始本科生可以落户留京，到规定研究生才可以落户留京，以及限定一些所谓急需专业人才留京，这些户籍限制政策在一定程度上影响了北京市人才队伍的发展壮大。

2011年1月21日，北京市第十三届人民代表大会第四次会议讨论通过《北京市国民经济和社会发展第十二个五年规划纲要》，提出要完善户籍管理制度，坚持控制总量、优化结构，在严格执行准入政策同时，实行户籍指标调控，合理配置进京户籍指标，优先解决好符合首都发展需要的专业管理和技术人才的落户需求。

（三）逐步放宽"投靠落户"和"农转非"政策

在城乡二元户籍管理制度中，被改变农民身份的人口在统计时被称为"农转非"，就是"农业人口转为非农人口"的简称。北京市"农转非"渠道主要有：土地部门通过办理建设征地"农转非"；公安部门通过小城镇户籍改革试点和居民投靠"农转非"；劳动部门从农村招工和技校招生"农转非"；教育部门从农村招收大中专学生"农转非"；人事部门对机关事业单位职工和干部家属"农转非"等。①

1. 投靠落户"农转非"

投靠落户"农转非"政策主要是针对北京市农业户籍人口落户北京的政策。2001年2月26日，北京市政府办公厅批转市公安局《关于解决当前户口管理工作中几个突出问题的意见》（京政办发〔2001〕14号），就婴儿随父落户、夫妻投靠落户、老人投靠子女落户等情况放宽了"进京落户"有关年龄和时间等标准（见表6）。

2003年2月28日，北京市公安局印发《关于为本市部分农业人口转为非农业人口的实施方案》，放宽了两类人员的"农转非"政策。一是小孩父母均为本市农业户口或小孩母亲为农业户口、父亲为非农业户口的，2003年1月1日以后出生的小孩，办理出生登记时，可在其母亲或父亲户口所在地自愿登记非农业户口。二是有本市农业户口的高等职业教育学校、中等专业学校、技工学校及经市教育部门批准的职业高中在校生，可自愿转为非农业户口。

---

① 杨玉林、杨志红：《关注特殊群体——"农转非"》，《北京观察》2005年第1期。

表6　2001年北京市投靠落户政策

投靠落户人群	适用条件
婴儿随父落户	（一）外省市妇女和本市居民结婚,1998年7月22日以后生育的婴儿,要求随父落户的,按学龄前儿童优先解决的原则,凡满5周岁的儿童,可以随父落户 （二）外省市妇女和本市居民结婚,1998年7月22日以前出生的婴儿,要求随父落户的,分期分批逐步解决。凡满5周岁不满6周岁的学龄前儿童可以随父落户;已满6周岁的可以申请随母投父落户 （三）外省市妇女和本市居民结婚,违反本市计划生育政策生育的婴儿不予解决在京落户问题
夫妻投靠落户	夫妻分居的,外地一方年满45周岁,且结婚已满10年,可以投靠在京一方落户
老人投靠子女落户	男性超过65周岁,女性超过60周岁,身边无子女,并且其他城市也无子女的,可以投靠在京子女落户

2007年4月6日，北京市公安局发布《户政管理工作便民利民服务措施》（京公人管字〔2007〕311号），一是取消小城镇户口登记期满后市内迁移的审批制度；二是放宽未成年人随父亲在京入户条件；三是放宽本市人员农转非条件，本市农业户口人员要求夫妻投靠农转非的，不再受申请人必须年满30周岁的年龄限制；本市农业户口人员要求父母投靠子女农转非的，不再受申请人男性年满55周岁、女性年满50周岁的年龄限制；本市农业户口人员在城镇地区购房取得合法固定住所，经本人申请即可农转非并迁移户口。新规定实行后，北京农业户口人员夫妻投靠农转非、父母投靠子女农转非，年龄限制全部取消。农民只要在城镇购房，取得了合法固定住所并居住，即可到住房所在地派出所提出落户申请。

2008年11月，北京市公安局人口管理处发布消息，推出第一批6项户籍管理便民新措施，其中四类人群办理北京户口可简化手续。这四类人包括：婴幼儿随父申报户口；境外出生子女申报户口；未成年人投靠父母户口进京；夫妻互相投靠户口进京。

2. 招工和入学"农转非"

1999年6月24日，《北京市劳动和社会保障局关于做好市属工业企业部分原技校毕业生招工农转非工作的通知》发布，对招工"农转非"的企业范围和条件做出了规定（见表7）。

2000年2月15日，《北京市劳动和社会保障局关于做好1999年度部分行业招工农转非工作的通知》（京劳社发〔2000〕32号）公布，对1999年度继续在煤矿、建筑、纺织、农牧等行业的一线艰苦岗位、脏累差工种、技术工种的农民合同制工人择优办理招工"农转非"。

表 7 1999 年北京市招工农转非范围和条件

招工农转非企业范围	（一）市属局、总公司所属的国有工业企业； （二）停产、半停产企业,严重亏损企业,以及经市、区县政府批准停产整顿企业,不得列入招工农转非工作范围
招工农转非条件	（一）按照招生简章,由市劳动局技工学校招生办公室的批准录取的农不转非学生,1996 年 7 月以前毕业,具有本市农业户口的技校毕业生； （二）分配到企业后,未曾提出过调离； （三）按有关规定办理了招用农民合同制工人手续,且与企业签订 3 年以上劳动合同的； （四）在企业生产一线岗位工作或从事技术工作的骨干； （五）转非后自愿与企业签订 5 年以上的劳动合同的； （六）身体健康

在入学"农转非"方面,北京市出台了一系列政策文件。2001 年 6 月,北京市公安局印发《关于高等学校及普通中等专业学校录取本市新生不办理户口迁移的规定》（京公人管字〔2000〕570 号）。根据规定,北京地区高等学校录取具有本市户口的新生,入学后不再办理户口迁移手续,农业户口学生携带招生办下发的农转非证明及户口簿在户口所在地办理"农转非"手续。

2003 年 5 月 7 日,《北京市关于高等学校及中等职业学校农业户口学生转为非农业户口学生的实施办法》（京公人管字〔2002〕511 号）中规定,持本市农业户口的新生,可自愿申请办理"农转非"手续。2003 年 6 月 22 日,《北京市劳动和社会保障局关于做好技工学校学生农转非工作的通知》,通知对技工学校在校学生"农转非"做了安排,各技工学校应于 6 月 16 日前,将"农转非"的有关规定通知到所有符合条件的学生。自愿"农转非"的学生要由本人及家长（或监护人）填写《北京市中等职业学校在校学生农转非申请书》连同户口簿一并交到所在学校。所在学校经核对后,填写统一样式的《北京市 XXXX 年技工学校录取（农转非）新生名单》（备注栏填写"办理农转非证明"上的编码）、《北京市中等职业学校在校学生办理农转非证明》,并加盖学校公章。

（四）实施征地"农转居"政策

因城市化征占农村土地的,按规定可以将农村居民转为城市居民,简称"农转居"。自 20 世纪 70 年代开始,北京近郊就有征地"农转居",只是规模不大,涉及面小。自 20 世纪 80 年代以来,随着北京城市建设速度加快,"农转居"规模不断扩大。① 1983 年 8 月 29 日，北京市政府颁布《北京市建设征地农转工劳动工资暂行处理办法》（京政发〔1983〕132 号），明确"谁征地、谁安置"的原则。被征地单位农转工的人员，须具备下列条件：男年满 16 周岁至 59 周岁，女年满 16 周岁至 49 周岁（均不含在校学生）从事农副业生产劳动，身体健康。

1993 年 10 月 6 日，北京市政府发布《北京市建设征地农转工人员安置办法》（1993 年北京市人民政府第 16 号令），规定因国家重点工程建设和国家机关、军事单位、城市企事业单位进行建设征用农村集体所有土地，被征地单位的土地被全部征用或者部分被征用后，剩余的耕地按农业人口平均不足 5 分地，造成的农村多余劳动力，经市人民政府批准，由农业户口转为非农业户口。"农转工"人员必须符合下列条件：（1）男年满 16 周岁不满 59 周岁，女年满 16 周岁不满 49 周岁（以市人民政府批准征地之日为准）；（2）身体健康，转工后能够在工作岗位上坚持正常工作的。

2004 年 5 月 21 日，北京市政府印发《北京市建设征地补偿安置办法》（北京市人民政府令第 148 号），规定征用农民集体所有土地的，相应的农村村民应当同时转为非农业户口，应当转为非农业户口的农村村民数量，按照被征用的土地数量除以征地前被征地农村集体经济组织或者该村人均土地数量计算。应当转为非农业户口的农村村民人口年龄结构应当与该农村集体经济组织的人口年龄结构一致。

城市绿化隔离带建设也涉及"农转居"政策。例如，1994 年 1 月，北京市政府批转首都规划委办公室《关于实施市区规划绿化隔离地区绿化的请示》（京政发〔1994〕7 号），提出对绿隔建设地区农民实行"转居不转工"，即农村劳动力就地在乡镇企业中安排就业而不转到国有企业，其在生活及子女就业、升学方面享受的政策与城市居民相同。2000 年 3 月，北京市政府印发《关于加快本市绿化隔离地区建设的意见》（京政发〔2000〕12 号），规定在新村建设和绿化任务全部完成、以绿色产业为主的经济发展格局已经形成的地区的农民，其农业户口可转为城镇居民户口。

2002 年 12 月 1 日，北京石景山区 15535 名农业户口村民一次性整建制转为城镇居民。石景山区整建制转居后，原农村集体经济组织仍可继续拥有集体土地的所有权、使用权；"农转居"人员可按政策直接纳入社会保险，由集体

---

① 《北京"农转非"政策研究》，http：//www.bjpopss.gov.cn/bjpssweb/n10524c48.aspx。

经济组织及个人按政策缴纳保险费，今后国家征地时，征地款应首先用于抵顶已垫付缴纳的保险费，符合城市低保标准的人员享受城市低保待遇；保留农村集体经济组织，成为农民转居后就业的主要载体。

2010年7月15日，北京市社会主义新农村建设领导小组综合办公室等8家单位联合发布了《关于加快推进本市农转非工作的通知》，提出到该年8月30日前，各区县报送市政府148号令实施后本区县农转非指标落实情况进度表和书面总结材料，从9月份起，每月5日前各区县向市新农村建设领导小组综合办公室报送北京市农转非月报表。

2010年，北京市实施50个城乡接合部重点村城市化改造，坚持2004年市政府148号令确定的"逢征必转"原则。2011年9月19日，北京市人民政府印发《关于城乡接合部地区50个重点村整建制农转居有关工作的意见》（京政发〔2011〕55号），对城乡接合部50个重点村农业户籍人员和未加入城镇职工社会保险的人员全部转为城镇居民。2004年实施市政府148号令至2012年6月期间北京农转居情况如表8所示。

表8 2004年北京实施148号令至2012年6月期间农转居情况

区　　县	批复征地面积（公顷）	批准农转居指标（人）	2011年底前已完成指标（人）	2012年6月底实际完成历史遗留指标情况（人）	期末应转未转指标（人）
朝 阳 区	3494.65	30643	9422	8	21213
丰 台 区	1724.07	14082	3552	1106	9424
海 淀 区	2719.01	18200	15952	584	1664
门头沟区	318.12	1949	2230	196	
房 山 区	3091.50	25218	16536	3032	5650
通 州 区	5413.83	37539	10440	3779	23320
顺 义 区	5595.82	42685	38663	1585	2437
昌 平 区	2613.98	13313	10119	1258	1936
大 兴 区	6659.21	58301	33897	10309	14095
平 谷 区	1166.98	5545	2016	235	3294
怀 柔 区	857.55	4449	2229	500	1720
密 云 县	1085.41	3161	1260	0	1901
延 庆 县	717.78	1437	21	0	1416
合　　计	35457.91	256522	146337	22592	88070

资料来源：北京市社会主义新农村建设领导小组综合办公室编《新农村简报》特刊第20期，2012年7月18日。

（五）外地农民工户籍政策

1986 年 1 月 1 日，北京市人民政府出台了《北京市人民政府关于暂住人口户口管理的规定》，对北京市行政区域以外的来京暂住人员实行暂住证管理。北京市正式开始实施流动人口暂住证制度。1994 年，北京市暂住人口首次突破 100 万人，达到 102.6 万人（见图 1）。

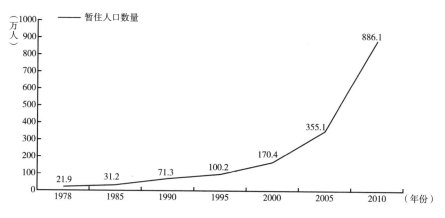

图 1　北京市暂住人口数量情况表

资料来源：《北京统计年鉴 2011》。

从 1995 年 7 月 15 日起，北京市户籍管理开始执行《外地来京人员户籍管理规定》（北京市人民政府令第 11 号），办理暂住证的暂住人口拟居住时间由 3 个月缩短至 1 个月，申请期限由来京后 15 日内减至 3 日内。需要办理暂住证的对象是"年满 16 周岁，在本市暂住时间拟超过 1 个月的或者拟在本市从事务工、经商等活动的外地来京人员"。暂住证是外地来京人员在本市临时居住的合法证明，对未取得暂住证的外地来京人员，任何单位和个人不得向其出租房屋或者提供经营场所。

1995 年 4 月 14 日，北京市人大常委会通过了《北京市外地来京务工经商人员管理条例》。条例规定，如外来务工经商人员未取得暂住证，工商行政管理机关不予办理营业执照等。2005 年 3 月 25 日，北京市第十二届人大常委会第十九次会议决定废止《北京市外地来京务工经商人员管理条例》，主要原因是"作为市地方性法规的《条例》，其主要内容已与国家的有关政策和《行政许可法》的规定不符"。

自 2001 年 10 月 1 日起，北京开始实施《关于外地来京投资开办私营企业人员办理北京市常住户口试行办法》（京政办发〔2001〕73 号），允许符合一定条件的外地来京人员申请办理北京市常住户口。

2009 年 12 月 11 日，53 名农民工被授予"北京市首批优秀农民工"称号，其中 30 人为外地来京农民工。外地农民工如获得全国劳模称号，或取得高级工、高级技师职称的，根据本人意愿，可以在北京落户。

2011 年 10 月 11 日，北京市委书记刘淇在优秀来京务工人员代表座谈会上表示，要把来京务工人员当作北京的新市民，解决他们普遍关心的问题，保障他们享受到基本公共服务，在政治上尊重、生活上关心、工作上支持。北京市市长郭金龙在全市优秀来京务工人员代表座谈会上明确表示，首都将积极探索建立优秀农民工在京落户制度，并为符合条件的外地户籍优秀农民工办理在京落户手续。在当前首都积极推动保障农民工就业、社保、住房、子女就学等一系列权益的同时，探索建立外来务工人员落户制度，有助于推动首都公共资源的均衡、平等配置。截至 2011 年 8 月底，北京市共登记流动人口 746.7 万人，其中来京务工人员 651.3 万人，比例高达 87.2%。

2011 年 11 月 4 日，北京市发改委发布《"十二五"时期体制改革规划》，正式提出将实施"居住证制度"，探索建立流动人口动态信息与管理服务的联动机制。以前的工作寄住证只针对高层次人才，当前工作居住证的发放对象将扩大到"有稳定就业居住的流动人口"，只要有固定住所（包括租房），就可以申办居住证。居住证的门槛比工作寄住证低，与办理暂住证类似。但暂住证主要是面向务工人员，而居住证则是面向流动人口。与暂住证不同的是，流动人口凭居住证还可以享受相关的公共服务，相关部门则可以凭居住证来掌握北京的资源和人口等信息。

二 北京市户籍制度存在的主要问题

自从 20 世纪 50 年代我国建立城乡二元户籍制度以来，北京一直是全国户籍控制最严格的城市。北京虽然从 20 世纪 90 年代开始陆续推行了针对本市农业人口的"农转非"和"农转居"政策以及针对外来人口的人才引进、投靠落户等政策，但这并没有从根本上动摇城乡户籍制度。近年来，北京市虽然从加大城乡统筹力度、适当放松外地人员落户北京限制和加强对外来流动人口服务三个方面对户籍制度进行了调整，但由于北京具有独特的政治地位和优质的社会文化资源，吸引了外来人口大量流入，导致北京的人口、资源、环境间的矛盾日益突出，人口总量控制的压力越来越大，户籍制度改革难度很大，北京市户籍制度改革步伐相对国内其他大城市来说已明显落后。

北京市户籍制度主要存在两类结构性的矛盾：一是本市居民中农业户口居民与非农业户口居民之间权益的不平等，形成了静态的二元社会结构。二是本市户籍居民与流动人口之间权益的不平等，形成了动态的二元社会结构。对第一类矛盾，要通过加大统筹城乡发展力度，在适当的时候，取消农业户口和非农业户口的二元户口性质划分，统一城乡户口登记制度来解决。对第二类矛盾，可以适当放宽进京落户标准，对在北京有稳定工作、居住满一定年限且有自有住房的人士，允许其落户。

2008 年北京提出率先形成城乡一体化新格局的战略任务，2009 年又提出建设世界城市的战略目标。而城乡二元户籍制度已经远不能适应城市化和城乡一体化发展的要求。北京市户籍制度存在的问题主要是捆绑在户籍背后的各种福利和权利，对城市化和城乡一体化的影响主要反映在北京城乡居民之间、北京市户籍人口与外来人口之间在基本公共服务上的众多差距，如住房、教育、就业、社会保障等。

（一）北京市长期实行最严格的户籍控制，但并没有达到控制人口规模的预期目标

北京市设置户籍制度的初衷是限制人口规模的扩大，将人口规模控制在一定的范围内。但事实上，最严格的户籍制度并没有达到控制人口增长的目标。

北京市历来重视人口规模控制问题，从新中国成立初期开始，有关方面就对北京市的人口规模、人口迁入等问题提出了明确的控制目标和措施。[1] 第一个五年计划时期，北京市明确提出"必须采取有效措施，控制北京市人口的盲目增加，减少城市人口"的目标。1953 年制定了《北京市第一期城市建设计划要点》，提出"在 20 年左右，人口达到 500 万左右"的指标要求，但就在指标提出当年，人口规模就突破了计划。[2]

改革开放以来，北京市三次修编城市总体规划，三次方案的人口预期

---

① 黄荣清、段成荣等：《北京人口规模控制》，《人口与经济》2011 年第 3 期。

② 国家人口计生委课题组：《北京人口"苦恼"与人口规划的基础作用》，《学习时报》2012 年 2 月 6 日第 4 版。

控制时间大体是实际控制时间的 3 倍（见表 9）。第一次，1982 年修编的
《北京市总体规划方案》要求"20 年内全市常住人口控制在 1000 万人左
右"，但在 4 年后的 1986 年就突破了 1000 万人的指标要求。第二次，1991
年修编的《北京城市总体规划方案》要求"到 2010 年，北京市常住人口
控制在 1250 万人左右"，这一指标在 5 年后的 1996 年被突破。第三次，
2003 年修编的《北京城市总体规划（2004～2020）》要求"2020 年北京
实际居住人口控制在 1800 万人左右"，这一指标只管了 6 年，至 2009 年
底，北京市实际常住人口总数为 1972 万人，其中户籍人口 1245.8 万人，
在京居住半年以上的流动人口达 726.4 万人。因此，2009 年北京市的常住
人口数量就突破了国务院 2004 年批复的《北京城市总体规划（2004～
2020）》所确定的到 2020 年北京市常住人口总量控制在 1800 万人的目标。
根据《北京城市总体规划（2004～2020）》，到 2020 年，北京市总人口规
模控制在 1800 万人左右，年均增长率控制在 1.4%，其中户籍人口 1350
万人左右，居住半年以上外来人口将达 450 万人左右，城镇人口规模控制
在 1600 万人左右。也就是说，北京市在人口控制目标上比预期进度提前了
10 年。

表 9　北京市人口指标控制情况

年份	人口控制指标	预期控制时间	实际控制时间	指标突破时人口数、年份
1982	1000 万	20 年	4 年	1028 万（1986）
1991	1250 万	20 年	5 年	1259.4 万（1996）
2003	1800 万	17 年	6 年	1972 万（2009）

资料来源：北京市历次《北京城市总体规划》。市政协委员历经数月调研，对北京市的人口问
题进行了摸底和分析。2009 年北京人口数据系北京市政协《关于促进首都人口与资源环境协调发展
的建议案》中的调研报告数据。

　　北京市虽然历来实行最严格的户籍控制制度，但却一直没有达到控制人口
增长的目标。一方面，北京市常住总人口不断增加，到 2010 年北京市常住人
口为 1961.9 万人，比 2000 年北京市人口增加 598.3 万人，增长 43.88%，平
均每年增加 59.8 万人。另一方面，流动人口不断增加，成为北京市人口规模
扩大的主体。20 世纪 80 年代末之前，北京市人口规模控制的重点是户籍人口
的迁移，主要采取实行严格的迁入审批制度、征收城市人口增容费等措施限制

外地户籍人口的迁入。从 20 世纪 80 年代中期开始，外来流动人口成为北京市人口规模控制的重点。1986 年北京市开展第一次流动人口抽样调查时，流动人口只有几十万。到 2000 年北京市流动人口已经达到 256.8 万人，2010 年达到 704.5 万人（见表 10）。流动人口的比重由 2000 年的 18.8% 上升到 2010 年的 35.9%，流动人口平均每年增加 44.8 万人。

表 10　北京市人口增长情况

单位：万人

	总人口（常住人口）	户籍人口	常住外来人口
2000 年	1363.6	1107.5	256.1
2010 年	1961.9	1257.8	704.7
2010 年比 2000 年增加人数	598.3	150.3	447.7
年均增长数量	59.8	15.0	44.8
2010 年比 2000 年增长（%）	43.88	13.57	174

资料来源：《北京统计年鉴 2011》《北京市 2010 年第六次人口普查主要数据公报》。

近年来，北京因人口压力增大，开始强化"以业控人"、"以房管人"、"以水控人"，严格户籍准入政策和指标调控。但即便在这种严格的户籍政策下，北京市人口增长的速度仍然没有降下来（见图 2）。

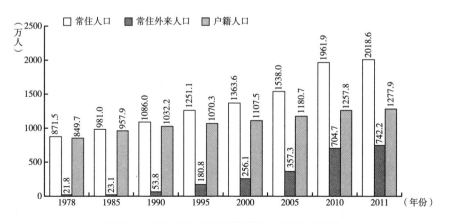

图 2　北京市历年人口变化情况（1978~2011）

资料来源：《北京统计年鉴 2011》《北京市 2010 年第六次人口普查主要数据公报》。

（二）户籍制度延缓了城乡一体化进程

近年来，随着北京市城市化进程和城乡一体化进程的加快，"农转居"和"农转非"过程也不断加快，人数不断增多。北京市"农转居""农转非"的渠道主要有征地"农转非"、小城镇户口"农转非"、招生入学"农转非"等。截至 2011 年底，北京市共完成"农转非"6.7 万人，其中"征地转非"45228 人。目前北京市尚有征地转非应转却未转的指标约 11 万个，2012 年将落实这 11 万人的"农转非"问题。但是，北京本市户籍的"农转居"速度远远滞后于上海和广州。2000 年，北京、上海、广州的农业人口分别为 346.83 万人、335.47 万人、257.85 万人，到 2010 年，北京、上海、广州的农业人口分别减少到 268.3 万人、157.37 万人、82.09 万人，分别减少了 78.53 万人、178.1 万人、175.76 万人（见表 11）。相比之下，北京市农业人口的减少人数只是上海、广州农业人口减少人数的一半多，10 年来北京市"农转居"和"农转非"的速度比上海、广州都要慢。

表 11　各大城市农业人口变化情况

单位：万人

城市	2000 年	2010 年	减少人数
北京	346.83	268.3	78.53
上海	335.47	157.37	178.1
广州	257.85	82.09	175.76

资料来源：《北京统计年鉴 2011》《上海统计年鉴 2011》《广州统计年鉴 2011》。

从北京市各区县"农转非"情况来看，虽然各区县都采取了相关措施推进"农转非"进程，但实际过程中的转非比例仍不足一半。据统计，朝阳区和顺义区"农转非"的比例达不到 40%，丰台区、通州区、平谷区和延庆县"农转非"的比例达不到 30%（见图 3）。

2009 年以来，北京市户籍人口以年均 10.7 万人的速度增长，其中很重要的渠道是征地"农转居"。但"农转居"的速度远低于北京市城镇化的速度。北京市 2009 年城市建成区面积为 1350 平方公里，比 2000 年的 488 平方公里增长了 176.64%（见表 12）。2010 年与 2000 年相比，全国城市建成区面积增长快于城镇人口增长 32.62 个百分点，北京市城市建成区面积增长快于城镇人口增长 89.49 个百分点。

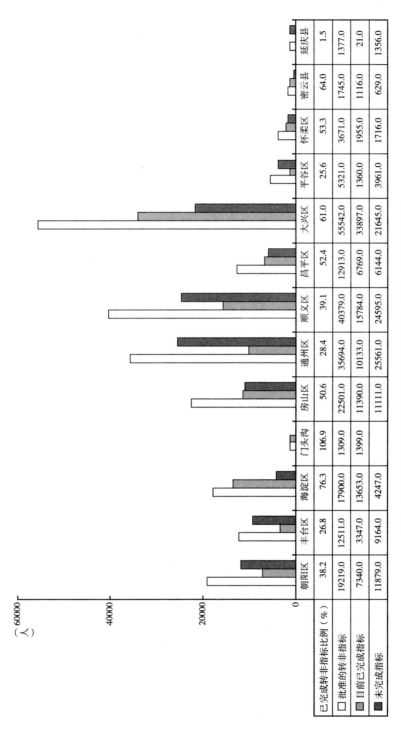

图 3　北京市郊区征地农转非情况（2004 年 7 月~2011 年 5 月）

注：门头沟区完成历史转非指标中，2004 年以前的为应转非人数。

资料来源：《2011 年一季度全市农转非转非工作情况通报》，《新农村简报》2011 年第 11 期（特刊）。

表12　全国及各城市建成区面积比较

城市	2000年建成区面积（平方公里）	2010年建成区面积（平方公里）	2010年建成区面积比2000年增长（%）
北京	488	1350（2009年）	176.64
天津	386	686.7	77.9
上海	550	998.8	81.6
重庆	262	870.2	232.14
成都	231	439（2009年）	90.04
广州	431	927（2009年）	115.08
全国	22439.28	40058	78.52

资料来源：《中国统计年鉴2010》《中国统计年鉴2011》。

北京市农民市民化进程严重滞后于农民进入城市的进程。2010年北京市城镇人口占总人口的比重是85.96%，而非农人口占户籍总人口的比重是78.76%，相差了7.2个百分点（见表13）。

表13　北京市人口情况

单位：万人，%

指标\年份	总人口（常住人口）	户籍人口	城镇人口	城镇人口占总人口比例	非农业人口占户籍人口比例
2000年	1363.6	1107.5	1052.2	77.16	68.69
2010年	1961.9	1257.8	1685.9	85.96	78.76
2010年比2000年增长	43.88	13.57	60.23	—	—

资料来源：《北京统计年鉴2011》《北京市2010年第六次人口普查主要数据公报》。

（三）北京户籍制度不利于体现公平原则

随着近年来外来人口的增多，户籍人口和外来人口在教育、就业、医疗、住房和社会保障上的待遇差距越来越明显。北京市外来人口包括外省市农民工、高校毕业生留京人员和外省市非农业户籍人群，对农民工的影响主要表现在住房、就业、社会保障、子女教育等不公平待遇上，对高校毕业生以及外地非京籍户口人群的影响也能体现在购房购车、社会保障等区别对待上。实行最严格的户籍制度，形成了所谓"农民工"、"北漂族"、"蚁族"等群体和社会问题。

北京市常住外来人口主要是从 2005 年之后开始迅速增长的，在 5 年时间内增加了 347.4 万人，占总人口的比例也由 23.2% 增长到 35.9%（见图 4）。2011 年，北京市外来人口继续增加到 742.2 万人，比 2010 年末增长了 37.5 万人（见图 5），外来人口占北京市常住人口的比例已经达到 36.8%，这也决定了外来人口在北京市经济社会发展中的重要地位。据研究，从地区生产总值贡献来看，外来就业人口的地区生产总值贡献率为 27%～28%；从劳动投入贡献率来看，北京市的劳动投入对经济增长的贡献率是 25.41%，其中 9.62% 是外来人口劳动投入对经济增长的贡献率，占全部劳动投入的 38%。

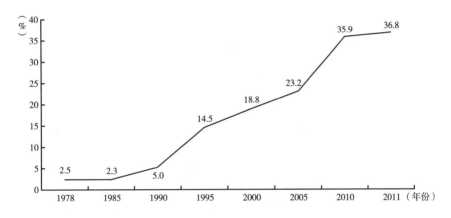

图 4　北京市常住外来人口比例情况

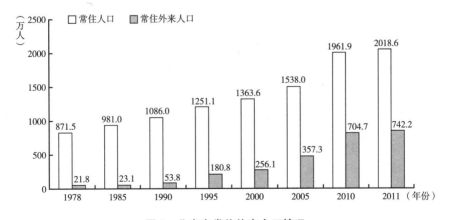

图 5　北京市常住外来人口情况

资料来源：《北京统计年鉴 2011》《北京市 2010 年第六次人口普查主要数据公报》。

在当前城乡社会流动加快过程中，外来人口进入大中城市成为社会发展的趋势，2010 年外来流动人口占全国总人口的比例已达到近 20%（见表 14），这使得城乡动态二元结构不断引发一些经济社会问题。户籍制度上的限制并不能阻碍外来人口进入到城市中去，也不能减缓对城市资源的压力，如高峰时间乘坐地铁、公交车的人员大部分是流动就业群体。此外，水资源、医疗资源、交通资源等并没有因户籍制度的限制而减少压力。户籍限制的结果只是增加了流动人口的生活成本，使得北京市外来农业户籍、非农业户籍人群在生存权和发展权上遭遇众多人为设置的制度歧视。其中最突出的现象是外来人口长期工作生活在北京，但却没有北京户籍，缺乏归属感和安全感，也缺乏公平感，由此造成的一系列社会问题不容忽视。

表 14　2010 年全国主要城市外来流动人口情况

单位：万人，%

城市＼指标	总人口	流动人口/外来人口	流动人口/外来人口占总人口的比重
北京	1961.2368	704.5	35.9
上海	2301.9148	897.7	39.00
天津	1293.8224	299.17	23.12
深圳	1035.7938	784.76	75.76
广州	1270.0800	476	37.48
全国	13397.24852	26138.6075	19.51

资料来源：《中国统计年鉴 2011》及各城市 2011 年统计年鉴。

1. 户籍限制对外来人口子女教育的影响

我们在一项针对农民工的调查中发现，有 65% 的农民工坚持留在北京的动机是"为了孩子教育"，他们认为，北京优质的教育资源有利于孩子的成长，特别是希望子女在北京接受教育能够通过高考转变身份。事实上，有许多农民工通过这样的途径已经把自己的子女送入了大学，但是他们要付出比京籍人口更高的成本。如一对来自河北围场县的夫妇，把 2 岁的儿子放在幼儿园，10 个月花费了 4 万元，不堪重负，暂时把小孩送回老家，等上小学时再接到北京。一对在北京打工 20 多年的农民工夫妇为了小孩上小学四处打点，通过熟人花了 3 万元的赞助费才得以入学。子女教育成为在京农民工的主要负担。2010 年，北京市常住外来人口有 704.5 万人，其中 0～14 岁的有 48.4 万人，

14～64 岁的有 643.5 万人，65 岁及以上的有 12.6 万人（见图 6）。0～14 岁的人口即为外来人口随迁子女，这一部分群体面临的主要问题是幼儿入学和义务教育问题。14～64 岁的人群即为外来人口的主体，主要面临的是继续教育、就业和住房等问题。

2010 年北京市第六次人口普查数据显示，流动儿童所占比例明显提高，外来学龄儿童占全市学龄儿童的比例达到 28%，比 2000 年增长了 19.1 个百分点（见表 15）。1997 年北京市外来人口普查时，流动儿童在全部流动人口中所占比例仅为 6.7%，到 2000 年，流动儿童的比例上升到 9.2%，到 2006 年这一比例则大幅上升到 14.2%。与成年流动人口不同，流动儿童在卫生保健和教育等领域有更多的需求。

表 15　北京市外来流动儿童（6～14 岁）数量变化情况

单位：万人，%

年　份　　　指　标	外来学龄儿童	全市学龄儿童	外来学龄儿童所占比例
2000 年	11.46	129.8	8.9
2010 年	24.86	88.8	28

资料来源：《北京市 2010 年第六次人口普查主要数据公报》。

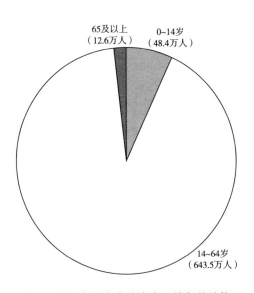

图 6　2010 年北京市外来人口的年龄结构

随着外来人口子女数量的增多，北京市政府在政策制定和财政投入上加大对外来人口子女接受义务教育的保障。2010 年 5 月 6 日，《北京市人民政府关于废止〈北京市中、小学学生学籍管理办法〉等五项规章的决定》出台，提出在免费和就近入学方面，非本市户口学生将与本市户口学生享受一样的待遇。另外还提出，9 类无本市正式户口的考生可参加本市中考，并有升学资格。同时，各区县教委公布 2010 年小升初政策，非京籍学生享受同城待遇，可享受派位、推优、特长生选拔等权利。2010 年 10 月，《北京市中长期教育改革和发展规划纲要》提出以公办学校接收为主，完善来京务工人员随迁子女接受义务教育的保障体制。北京市教委正在实施来京务工人员子女接受义务教育的三年规划方案。

2011 年，北京采取了一系列措施：一是对在京务工人员随迁子女免借读费；二是按照实际在校在京务工人员随迁子女人数给予公用经费定额补助；三是按照每年每生 1000 元的标准，依据公办义务教育学校非本市户籍实际在校学生人数，对接收在京务工人员随迁子女较多的学校给予补助，主要支持教师培训、学校专用教室建设、学校必要教育教学设施设备的购置和改善等。目前，北京市已基本实现以公办学校为主接收的目标，公办中小学对在京务工人员随迁子女在接受教育、参加团队组织、评优选先、参与文体活动及实行奖励处分等方面，与本市学生同等对待。

以上政策制度的出台使得北京市户籍人口与外来人口在子女教育上的不平衡问题得到一定改善，但是外来人口因为没有北京市户口，其在子女教育上仍有很多限制。外来户籍人口子女不能享有与户籍人口子女同等的教育权利，甚至基本的义务教育权益也得不到保障，产生了很多教育不公平问题。虽然在政策制度上非京籍户口在免费和就近入学方面享受同城待遇，监护人可携带暂住证、户口本以及户籍所在地开具的证明，办理借读证，但借读费往往比较高，还需要监护人的劳动合同、"三险"等多种证明。这实际上增加了外来人口子女在北京入学的成本和门槛，外来人口子女在现实中仍然难以真正享受到与户籍人口同等的待遇和权益。

首先，在幼儿教育方面，外地户籍幼儿在学前教育机会和质量上均远远落后于北京户籍幼儿。2010 年，在北京的外省市借读生有 488520 人，其中在幼儿园借读的有 67667 人（见图 7），是北京市幼儿教育的重要主体。但在实际运行中，外地户籍幼儿在学前教育费用支出和学校师资力量上均与北京户籍幼儿存在很大差距。这一方面是受外来人口的经济条件限制，更重要的是受户籍身份的限制。外来人口因为只有暂住证而不能完全享受到北京市民的福利待遇，因此外地户籍人口子女享受教育的福利就远远落后于北京户籍人口子女。

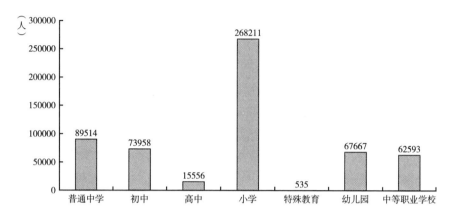

图7　2010 年北京外来人口子女借读情况

资料来源：《北京统计年鉴 2011》。

表16　北京市不同户籍幼儿的学前教育资源差异

指标	外地户籍幼儿	北京户籍幼儿	总计
进入公办园比重(%)	0.25	0.72	0.49
所在班教师数(人)	2.68	3.62	3.01
玩具图书情况(平均得分)	3.15	3.68	3.45
学前教育年均支出(元)	9056	15852	12899
其中:保育费(元)	7292	11456	9757
赞助费(元)	491	2454	1601
兴趣班费(元)	349	1116	783
伙食费(元)	1032	1660	1383
样本量(个)	375	488	863

资料来源：田志磊、张雪、袁连生《北京市不同户籍幼儿学前教育资源差异研究》，《中国人民大学教育学刊》2011 年第 3 期。

由表16 得知，外地户籍幼儿进入公办幼儿园的比例是 0.25%，仅仅是北京户籍幼儿进入公办幼儿园的近 1/3，因此很多外地户籍幼儿就只能到民办幼儿园就读。然而，民办幼儿园收费标准远远高于公办幼儿园，而且还没有政府的各种补贴。当前，北京民办幼儿园平均收费标准为每月 1500～3500 元，有的幼儿园则收费更高。

另外，外地户籍和北京户籍幼儿在家长单位发放托儿补助费上也有差别（见表17）。而且，北京户籍孩子家庭附近2公里之内有正规幼儿园的比例是84.28%，外地户籍只是67.81%。外地户籍人口比重越大的地区，家附近没有正规幼儿园的可能性越大。[①] 因此，基于户籍身份的差异，外地户籍人口子女与北京户籍人口子女在幼儿教育上就明显形成了巨大的鸿沟，外地户籍人口子女很难享受到北京户籍人口子女同等的教育权利和待遇。

表17 北京户籍和外地户籍家长单位发放托儿补助费情况

指标	北京户籍	外地户籍
发放托儿补助费比重(%)	19.28	1.07
平均托儿补助费(元)	47	6

资料来源：田志磊、张雪、袁连生《北京市不同户籍幼儿学前教育资源差异研究》，《中国人民大学教育学刊》2011年第3期。

其次，在义务教育方面，外地户籍人口子女很难享受到与本地户籍人口子女同等的教育机会和教育权利。2010年，我国进城务工人员随迁子女在流入地小学和初中就学的人数已达997.1万。北京义务教育阶段的随迁子女在2011年约为47.7万人，达到历史新高，而且非京籍义务教育阶段适龄儿童数量已经超过了本市户籍学生。在这种情况下，《北京市人民政府关于废止〈北京市中、小学学生学籍管理办法〉等五项规章的决定》的出台有其必然性，但由于受北京市教育资源总量的限制，北京市很难在短时间内接纳如此众多的外来户籍人口子女，从而造成了外地户籍人口子女无学可读或者提前辍学的现象发生。

在外来人口子女入学年龄结构上，北京市流动人口子女人数在各个年级形成梯形分布，即年级越低，人数越多；年级越高，人数越少（见表18）。因此，外来人口子女在接受教育方面面对的最大问题就是最基本的义务教育。2011年，北京市普通小学招生13.3万人，而外来人口子女在北京市小学借读的人数有268211人，这说明有很多外来人口子女并不能列入北京市普通小学招生指标中去，而只能到民办学校和打工子弟学校就读。

[①] 田志磊：《北京市不同户籍幼儿学前教育资源差异研究》，《中国人民大学教育学刊》2011年第3期。

表18　北京外来人口子女年龄分布情况

年龄 指　　标	6 岁	7~10 岁	11~14 岁
每一岁人数（万人）	3.7	3.1	1.9~2.5
每一岁占的比例（%）	14.9	12.5	

资料来源：《北京市 2010 年第六次人口普查主要数据公报》。

　　在外来人口子女就读学校结构方面，2005 年，在公办中小学接受义务教育的外来人口子女有 21.7 万人（其中小学 17.5 万人，初中 4.2 万人），占流动人口子女总数的 63%（见表19）。2011 年，已有 33.9 万人进入公办学校就读，占总数的 70%。虽然在公办学校就读的外来人口子女数不断增多，但仍然有 30% 的外来人口子女不能进入公办学校。2005 年，在民办学校就读的外来人口子女有 2.9 万人，在打工子弟学校就读的外来人口子女有 9.87 万人。2010 年在民办学校就读的外来人口子女人数增加到 3.5 万人，在打工子弟学校就读的人数增加到 10.3 万人，仍然有 13.8 万人不能进入公办学校就读。

表19　2005、2010 年北京外来人口子女就读学校结构

单位：万人，%

指　标 类　别	2005 年	2005 年所占比例	2010 年	2010 年所占比例
公办学校	21.7	63	29.6	68
民办学校	2.9	8.4	3.5	8
打工子弟学校	9.87	28.6	10.3	24
合　计	34.47	100	43.4	100

资料来源：根据《北京统计年鉴 2011》整理。

　　民办中小学和打工子弟学校都是外来人口子女就读的重要选择。据统计，截至 2010 年，北京市有打工子弟学校 300 家（见表20），但获得办学许可证的仅 58 家，因为资金不宽裕，打工子弟学校往往分散在流动人口聚居的城市近郊区，硬件设施和师资力量都比较差。绝大部分打工子弟学校开办条件简陋，没有规范的财务制度，场地拥挤，灯光昏暗，安全及教学质量不能保证。对于外来人口子女来说，在公办学校和民办学校就读会面临入校手续繁杂，借读费等费用多、政府投入经费不足等难题；在打工子弟学校就读则会面临办学条件差、师资力量差、政府支持少等难题。

表20　北京市打工子弟学校数量及就读人数情况

指　标　　年　份	2000年	2001年	2002年	2003年	2004年	2005年	2010年
总校数(个)	152	259	367	358(非典前)	250	259	300
就读人数(万人)	2.1	3.1	8.8	5.6	8.4	9.87	10.3

资料来源：根据《北京统计年鉴》等相关资料整理。

再次，户籍制度对教育的影响还体现在小学入初中、中考、高考等户籍限制上。在接受教育方面，现行的户籍制度规定了个人只能在自己的常住户口所在地接受教育，如果跨越户口所在地就读，则必须缴纳相应的借读费，而且还必须经过批准或找关系才可能进入借读学校就读。还有，非北京户口的学生在学校的选择上受到限制，升学推优方面受到歧视，高考资格上不被认同。例如，有资格在北京参加高考和按照北京录取线被录取的只是户籍在北京的非农业和农业户籍人口。外地人即使在北京工作生活多年，其子女也无法在北京参加高考。

正是这种户籍限制导致的外来人口子女与当地户籍人口所享有的教育机会、教育经费、补贴等教育权利的不均衡，进一步加剧了流动人口落户北京的强烈动机，进而加大北京人口控制的压力。

2. 户籍制度对外来人口居住成本的影响

在住房方面，外来人口受北京市户籍制度影响的主要有在京农民工群体和留京的高校毕业生群体。这两部分群体因为没有北京市户籍，从而不能纳入北京市城镇住房保障体系。北京市城镇住房制度包括市场化的商品房制度以及保障性的经济适用房、廉租房、公租房制度等。高收入和中高收入人群可以通过市场解决住房问题，中低收入、低收入人群和贫困人群借助住房保障体系解决住房问题。城镇住房保障体系目前主要覆盖拥有北京市非农业户籍的城镇居民。北京市农业户籍的农民工和非本市户籍的外来人员，基本上没有被纳入政府保障性住房体系之中，因此90%的家庭要在城市里租房。

2009年，在京居住半年以上的流动人口有726.4万人，占流动人口总数的95.1%；居住时间超过5年的有123.2万人，占16.1%；举家迁移的比例逐年提高，达到41.2%。因此，外来人口大部分都是在北京长期居住，应该享受到跟当地人同等的福利待遇。但在现实当中，外来人口的住房保障长期没有纳入政府的公共政策之中。2012年，北京市有关部门开始允许农民工申请公共租赁房，这是一个重大的政策转变。

从流动人口的人均居住面积来看，流动人口居住面积较小，人均居住面积为 5.6 平方米，这远远低于北京户籍人口 19.5 平方米的人均住宅使用面积（见表 21）。而且，外来流动人口大多是租住在农民原建房屋和专门搭建的待租房中，还有 17.1% 的人居住在地下空间、工作场所、工棚和自己搭建的窝棚中（见表 22），不仅居住面积狭窄，而且居住环境较差。很多农民工的住所内没有卫生间、厨房等生活设施，还面临着污水、噪声污染等问题。

表 21　北京市不同人群平均居住面积

	农民工	非农业流动人口	北京户籍人口
人均居住面积（m²）	9	15	19.5

资料来源：2005 年北京市 1% 人口抽样调查数据。

表 22　北京市流动人口居住房屋的类型构成（2006 年）

单位：%

居住类型	所占比例	居住类型	所占比例
一般楼房	10.8	地下空间	5.6
农民原建房	49.6	工作场所	2.3
农民专门搭建的待租房	14.5	工棚	7.1
居/村委会统一建造的出租房	6.8	自己搭建的窝棚	2.1
废旧厂房、市场改造	1.2	合　　计	100

资料来源：翟振武、段成荣、毕秋玲《北京市流动人口的最新状况与分析》，《人口研究》2007 年第 2 期。

就外来人口的居住地而言，北京市 60% 以上的外来流动人口聚居在城乡接合部地区。据调查，截至 2009 年 9 月底，北京市规划中心城范围内城乡接合部共有户籍人口 611880 人，流动人口 2033619 人，流动人口是当地户籍人口的 3.3 倍以上。外来流动人口的居住问题基本没有被纳入城镇住房保障范围内，实际上属于城镇住房保障体系的体制外人群。

由图 8 可以看出，流动人口已经成为北京市规划中心城范围内的多数人口。其中朝阳区外来流动人口最多，达到 85 万之多；海淀区和丰台区的流动人口也都有近 40 万人。

北京市户籍制度同样对留京的高校毕业生产生了很大影响。在房屋居住方面，北京市近年来出现了很多"蚁族""蜗居"群体，这些群体里不仅有外来务工人员，而且有刚刚毕业踏入社会的大学毕业生。他们之所以成为

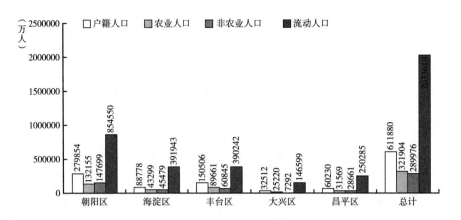

图8　北京市各规划中心城范围内城乡接合部的人口情况

资料来源：北京市委研究室城市处、北京社会心理研究所《北京市规划中心城范围内城乡接合部现状调查》，2009年11月。

"蚁族""蜗居"群体，一方面是没有经济条件购买价格昂贵的商品房；另一方面是由于没有北京市城镇户籍而受到制度上的限制。如《北京市经济适用住房购买资格申请、审核及配售管理办法》规定："申请人须取得本市城镇户籍时间满3年，年满18周岁，且具有完全民事行为能力"。文件中的"本市城镇户籍"六个字中，"本市"体现了户籍的地区差别，"城镇"体现了城乡差别。以北京刚毕业的外地籍大学生为例，高昂的生活支出和缺乏收入来源形成巨大矛盾，尤其以住房问题最为突出，居高不下的房价直接关系到毕业生的婚育生活，成为当下突出的社会矛盾。"国十条""京十五条"的出台更是加大了外来人口购房的难度。"京十五条"细则中规定，北京户籍居民限购一套住房，非北京户籍居民购房必须提供暂住证和连续5年缴纳社会保险或个人所得税的证明，这显然为"北漂"一族定居北京设下了一道"户籍"障碍。

与此相关的还有外地户籍人口在北京购车上的限制。2010年12月23日，北京市为治理交通拥堵采取了"摇号购车"政策，其中规定大陆非京籍人员只有持有"北京市工作居住证"及"持本市暂住证明且连续五年以上在本市缴纳社会保险和个人所得税的人员"才有资格参加摇号，用摇号的方式获取车牌，每年总额24万辆，每个月2万辆。这虽然是为了缓解北京市交通拥堵的压力，但也明显限制了非京籍人口购买汽车的权利。

因此，北京市外来人口的居住问题主要体现在：一是外来流动人口基本没有身份资格申请城镇各类保障性住房；二是外来流动人口基本没有经济能力购买商品房；三是外来流动人口一半租住城乡接合部农民的住房，其居住环境和安全面临诸多隐患；四是城乡接合部改造没有充分考虑外来流动人口的居住权益。

3. 户籍制度对外来人口就业造成的影响

北京作为全国的政治、经济、文化中心，以其发达的经济发展水平和众多就业机会，不断吸引外来人口进入北京。但外来人口在进入北京后并不能享受到与北京户籍人口同等的就业机会和政策照顾。在劳动就业方面，公务员招考、事业单位招聘、国有企业招工等，本地户口都可以优先。而且，在北京、上海等特大城市，目前都制定有一套保护城市居民就业、限制流动人口就业的部门规定。这些问题的根本仍然在于城乡二元的户籍制度使然。

根据北京市人力资源和社会保障局 2011 年来京人员就业状况抽样调查数据，外地来京人员仍然以来京工作为目的。以来京工作为目的的人员占所有来京人员的 75.21%。来京人员的工作大多集中在制造业、批发零售业、建筑业、住宿餐饮业和居民服务以及其他服务业等行业，大约占所有来京人员的 75%。

户籍制度的存在增加了外来人口在工作选择上的门槛，外来人口大都从事城市中最脏、最累和最重的工作，而且工资水平比较低，基本没有福利待遇。

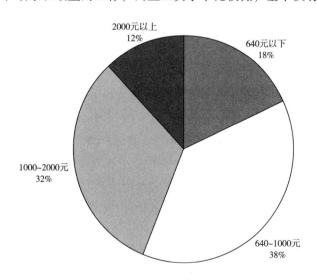

图9　北京市流动人口工资情况

资料来源：姜向群《北京市流动人口社会保障状况及其影响因素分析》，《北京社会科学》2008 年第 3 期。

户籍制度对高校毕业生和外地非农业户籍人口的就业同样造成了影响。相对于外来农民工群体的就业选择，这部分人群更倾向于选择能够提供北京户口的工作，因为只有具备了北京户口，以后才能在孩子教育、住房、社保等方面享受与北京户籍人口同等的待遇。但近几年来，北京市为了控制人口规模而不断压缩户籍指标，从而对高校毕业生和外地非农业户籍人口落户北京形成了障碍。获取北京市户口的方式大致可以分为三种：一是考取国家公务员或北京公务员资格，具有资格之后可到北京市公务员所属系列的单位去求职，这个指标是单列的，所谓指标单列就是指不要北京指标，就可以留在北京；二是到远郊区县去就业，这个也是单列指标；三是参军或在北京市从事教育工作、到高科技园区工作。因此，进京指标大多分配给国企和行政事业单位，其次是高科技单位。最需要人才的非公经济企业，如民企和私企却几乎没有进京指标，所以存在着指标分配不均衡的状况，进而也影响到高校毕业生和外地非农业户籍人口的就业选择。但是这样的指标限制并没有缓解北京高校毕业生和外地高校毕业生涌入北京，其中主要原因是"北京就业机会多"，大量的毕业生聚集在民企或在北京创业，形成了大量的中介机构和服务机构，这些机构并不创造价值，但却消耗资源和资金，增加了诸多不必要的中间环节。如大量的咨询公司、规划公司，与国家项目申报结合在一起，只有通过这些公司进行规划、论证、申报才能得到某些项目，中介组织从中得到好处，这样在北京形成了一个消耗资源，但难以创造价值的就业群体。

（四）户籍制度对外来人口社会保障的影响

2004 年，北京市劳动和社会保障局出台了《北京市外地农民工参加工伤保险暂行办法》和《北京市外地农民工参加基本医疗保险暂行办法》（京劳社办发〔2004〕101 号），对农民工参加基本医疗保险和工伤保险做出了具体规定，如外地农民工参加北京市基本医疗保险，由用人单位缴纳基本医疗保险费，外地农民工个人不缴费。其中，用人单位以上一年度本市职工月平均工资的 60% 为基数、按2%的比例按月缴纳基本医疗保险费，其中 1.8% 划入基本医疗保险统筹基金，0.2% 划入大额医疗互助资金。按本办法缴费，外地农民工不建立个人账户，不计缴费年限，缴费当期享受相关待遇。本办法详细规定了单位的缴费比例、基本医疗保险统筹基金和大额医疗互助资金的支付范围、用人单位未按规定给外地农民工办理基本医疗保险所要承担的责任等。

1999 年 5 月 17 日，北京市颁布了《农民合同制职工参加北京市养老、失业保险暂行办法》（京劳险发〔1999〕99 号）。至此，北京市有了农民工参加养老、失业保险的政策。起初，农民工养老保险的缴费率和城镇职工一样，为社会平均工资的 6%，2003 年调到 8%，缴费的基数比较低。2001 年，北京市劳动与社会保障局又发布《北京市农民工养老保险暂行办法》（京劳社养发〔2001〕125 号）。在养老保险待遇方面，对农民工的一次性养老金保险待遇，农民工可以全部拿走，即统筹部分的资金也给了农民工。

　　虽然北京市在外来人口的社会保障方面已经做出了很多努力，包括外来人口的养老保险、医疗保险、工伤保险和失业保险等，但在实际运行过程中，很多没有劳动关系的农民工被排除在社会保险范围之外，而且社会保险政策的保障层次单一，没有考虑到不同农民工的承受层次，15 年的缴费期往往约束了外来流动人口参保的积极性，这些都导致外来流动人口参加各类社会保险的人数比例不高。据调查，84.5% 的流动劳动力没有参加过任何形式的社会保险，参加失业保险、基本养老保险和基本医疗保险的流动劳动力分别只占 2.2%、5.7% 和 8.5%。①

　　2011 年 7 月 1 日，我国《社会保险法》开始实施，北京市人力资源和社会保障局随即出台了《关于落实社会保险法有关问题的通知》（京人社法发〔2011〕196 号），在生育保险、养老保险和医疗保险方面放宽了外来人口参保的政策。规定生育保险的参保范围是用人单位的职工，不与户籍挂钩，因此北京市的生育保险将覆盖到非京籍人员。在医疗保险方面，农民工医保标准将和城镇职工统一。此前按照社会平均工资 60% 的 1% 缴纳医保费的农民工，其缴费比例统一调整为 12%，与城镇职工缴费标准一致。即由用人单位和个人共同缴纳，其中用人单位按 10% 的比例缴纳，个人按照 2% 的比例和每人每月 3元缴纳。参加职工医保的农民工也按照职工医保建立个人账户，享受医疗待遇，计算缴费年限。只要是在北京市行政区域内与用人单位建立劳动关系的北京本地以及外地农民工，都将按照城镇职工标准参保缴费，享受北京市职工基本医疗保险待遇。在养老保险方面，农民工的缴费标准和享受待遇与北京市城镇职工一样，缴费年限满 15 年可以按月领取养老金，领取金额取决于养老保险缴纳费用的多少和缴纳年限的长短。另外，北京市人力资源和社会保障局还进一步明确了对养老保险和医疗保险的参保范围，无雇工的个体工商户、未在用人单位参加养老保险的非全日制从业人员、其他灵活就业人员均可参加养老

---

① 翟振武、段成荣、毕秋玲：《北京市流动人口的基本特征》，《红旗文稿》2007 年第 12 期。

保险和医疗保险。

2012 年 3 月 20 日，北京市人力资源和社会保障局发布《关于本市职工基本医疗保险有关问题的通知》（京人社医发〔2012〕48 号），规定凡与用人单位建立劳动关系的农民工，将从 4 月 1 日起，和职工一样享有职工医疗保险。纳入职工医保后缴费标准和城镇职工相同，将和城镇职工享受相同的医疗待遇。农民工纳入城镇职工医保后，相关待遇标准将和城镇职工实现"四统一"。一是统一缴费办法。按市职工医疗保险缴费标准，用人单位按全部职工缴费工资基数之和的 10% 缴纳，个人按本人上一年度月平均工资的 2% 和每人每月 3 元缴纳。二是统一建立个人账户。按照职工医疗保险规定，划入个人账户并计算缴费年限。三是统一医保待遇。定点医疗机构的选择和医保待遇标准与城镇职工相同，农民工将与城镇职工一样，可选择 4 家定点医疗机构就医。四是统一持卡就医。农民工参保后可领到社保卡，实现持卡就医，实时结算。北京市农民工医保政策调整后，直接和城镇职工医保统一，意味着农民工不仅可以享有大病医保，而且可享受门诊报销。同时职工医保会为其办理个人账户，用于缴费积累，并计算缴费年限，在异地就业时，可按相关政策将医保关系转移接续。这也意味着农民工退休后的医保待遇也纳入了保障范围。

《社会保险法》的实施在一定程度上超越了北京市户籍制度对外来人口在社会保障层面的限制，向建立城乡统一的社会保障制度迈出了更大一步。但是外来人口能够与北京户籍人口同等参加社会保险的前提是外来人口有固定的工作单位，并与用人单位签订劳动合同、确立劳动关系，而在现实中，农民工雇员未签订任何劳动合同的比例高达 67.2%[①]。所以说，虽然政策上已经为外来流动人口参加社会保障提供了制度平台，但要将外来人口统一纳入城镇社会保障系统中仍然有许多具体问题需要解决。

（五）户籍限制导致男女性别比例失调

据 2010 年全国人口普查统计，北京 28 岁以上的未婚女性总数高达 50 万人。有媒体称北京"剩女"超过 100 万人。为何在北京、上海等大城市出现"剩女"问题？其中户籍限制是一个重要原因。在户籍限制下，涌入大城市的男女青年试图通过婚姻关系留在城市，其中通过婚姻关系获得户籍（或子女户籍）就成为青年男女的重要选择。在这样的选择中，女性流动人口比男性

---

① 翟振武、段成荣、毕秋玲：《北京市流动人口的基本特征》，《红旗文稿》2007 年第 12 期。

更占优势。一些优秀女性可以降低要求，嫁给具有北京户籍的、学历相对较低的男性，从而获得在北京的居住、就业、子女就学等福利。受传统观念和现实政策的影响，一般北京户籍的女性不愿选择没有北京户籍的男性结婚，结果导致北京本地女性成为所谓"剩女"，在女性的婚姻竞争中，北京户籍的女性失去了竞争优势，而且越是家庭条件好，受教育程度越高的女性，越不愿意降低择偶条件，成为"剩女"的概率也就越大。"剩女"现象从一个侧面反映了户籍限制所导致的性别比例的失调。相关研究表明，所有大城市均出现了性别结构选择性失调问题，北京则更为突出。

北京市户籍因为集合了地域空间、身份地位和社会资源获取等多种因素，其具有的价值远远高于其他中小城市，并且在很大程度上影响着人们的婚姻决策，特别是北京户籍女性的婚姻选择。据调查，北京女性与外地男性婚配的比例为12.7%，远低于北京男性与外地女性婚配32.8%的比例。[①]　正是出于对北京市户籍的考虑，很多北京户籍女性在择偶方面就更倾向于选择具有北京户籍的男性，但由于婚姻梯度的影响，北京户籍女性在婚配中就容易受到更大的挤压。

三　推进北京市户籍制度改革的思考和政策建议

自20世纪90年代以来，北京市开始推行一些户籍制度改革政策，特别是逐步放开了人才进京的户口限制，但相对于广州、上海、重庆、成都等其他大城市来说，北京户籍制度改革力度不大，至今仍然没有实行居住证制度，没有取消户口分类，户口准入限制依旧存在且严格。对农民工等外来流动人口的户籍制度改革基本上没有突破。北京市从1986年开始实施流动人口暂住证制度，至今未能像广东、浙江、上海等地一样改为居住证制度。近年来，北京市因人口压力不断增大，开始强化"以业控人"、"以房管人"、"以水控人"，进一步严格户籍准入政策和指标调控。这些户籍限制政策与北京市统筹城乡发展、实现城乡一体化的长远目标是不相适应的。一方面，难以阻止城市人口的膨胀，高校毕业生千方百计想留在北京，流动人口涌入北京的动力也十分强劲；另一方面，户籍限制使流动人口无法取得合法的"市民"身份，难以获得与城市居民平等的发展机会及社会地位，缺少城市认同感，难以与城市居民在文化、观念、思想意识上融为一体。

---

① 　高颖、张秀兰：《北京市近年婚配状况的特征及分析》，《中国人口科学》2011年第6期。

（一）北京市户籍制度改革面临的主要障碍

改革以来，北京市户籍制度改革并没有实质性突破，也没有达到控制人口规模的预期效果，主要原因在于北京市户籍管理制度存在着一些深层次的矛盾和障碍。

1. 户籍制度改革的观念障碍

在我国，户籍制度因城市规模不同而存在不同的改革制度。即中小城市的户籍改革环境相对宽松，没有太多的制度限制。如小城镇户口政策，国务院办公厅 2012 年 2 月公布的《关于积极稳妥推进户籍管理制度改革的通知》（国办发〔2011〕9 号），允许来自农村的务工人员获得中小城市的户口。而大城市和特大城市的户籍改革相对困难，主要是认为大城市和特大城市已经过于拥挤，城市承载力有限，因而户籍改革难以推进。在这种观念影响下，像北京这种特大城市的户籍制度改革就显得更加困难。事实上，人口流动的规律是由资源配置的优劣来决定的，在中国，资源配置过于向城市、大城市集中，城市越大，各类资源配置越优越，对流动人口的吸引力也就越大。不改变资源配置而一味地靠户籍限制人口是难以达到预期效果的。如在北京的外来人口中，有的已经买了房子，有的买了车子，有的已经结婚生子，他们享受着北京提供的部分公共服务，只是没有户籍而已。这种户籍限制已经没有多大的实际意义。

2. 户籍制度改革的视野障碍

北京市在人口管理和人口规模控制上长期局限在北京市行政空间区域内，缺乏在更大的范围内缓解城市压力的视野。一方面，北京没有在本市行政区域内统筹人口布局，未能有效构建城市多中心发展格局。另一方面，北京没有有效利用和发展首都圈的特殊作用，以北京为核心的环首都圈发展滞后。北京市在城市规划发展中也曾试图通过在本市行政区域内发展卫星城、中心镇来改变人口布局，也曾就京津冀城市群发展做出过种种协调和努力，但始终没有改变围绕北京中心城区形成的"单中心"格局，首都圈的发展效果没有充分体现出来。北京"单中心"的城市发展格局，使过多的公共资源集中在中心城区，基本公共服务资源配置不合理，人口不能有效向城市郊区以及首都圈范围内分流和疏解，导致北京城市核心区、城市功能拓展区、城市发展新区和生态涵养区人口分布严重不均衡，首都圈发展滞后，城市核心区的人口过度集中，城市交通严重拥堵，"大城市病"爆发，人口、资源、环境压力巨大，反过来又促使人们加强人口控制和户籍管理。

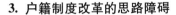

3. 户籍制度改革的思路障碍

在全国各地适应经济和社会发展需要开展户籍改革的潮流中，北京市的户籍改革始终没有突破性的进展。现有的户籍改革思路仍然受到传统的严格控制人口流动思维的制约。在对外来人口问题上，北京市主要通过行政手段控制外来人口增长，对外来流动人口还主要侧重于治安管理，而不是侧重于提供公共服务、促进农民工等外来人口市民化。这种人口管理方法实质上是以"堵"为主，试图通过抬高户籍门槛阻止人口规模的膨胀。在对本市农业人口问题上，北京市主要采取传统的"农转非"政策，特别是在征地过程中，加大了失地农民的"农转非"工作力度，促使部分农业人口转为非农业人口。

（二）北京市户籍制度改革的必要性

长期以来，北京实行最严格的户籍管理制度。这种状况到了必须改革的时候。改革户籍制度，既是时代发展的需要，也是北京自身发展的需要。

1. 户籍制度改革是城乡一体化的需要

城乡二元结构是我国经济社会发展最基本的体制矛盾，破除城乡二元结构，加快形成城乡经济社会发展一体化新格局，是我国当前和今后一段时期改革发展的战略任务。北京与全国各大城市一样，都存在着双重二元结构，即传统的以农业人口与非农业人口划分为基础建立的静态二元结构和改革以来以城市本地户籍和外来流动人口划分为基础建立的动态二元结构。双重二元结构交织在一起，共同构成了城市化和城乡一体化的体制障碍。[①] 2012 年 9 月 25 日，李克强在全国资源型城市与独立工矿区可持续发展及棚户区改造工作座谈会上强调，要"破解城市内部二元结构难题，走新型城镇化道路"。2008 年，北京市明确提出率先形成城乡经济社会发展一体化新格局。城乡一体化的基本要求是破除城乡二元体制，户籍制度是城乡二元体制的基础性制度，必须进行改革。北京如果不改革城乡二元户籍制度，就不可能真正形成城乡一体化新格局。

2. 户籍制度改革是建设世界城市的需要

2009 年，北京市提出建设世界城市的战略目标。2012 年 6 月，北京市第十一次党代会明确将建设中国特色世界城市作为奋斗目标。建设中国特色世界

---

① 张英洪：《城乡一体化的根本：破除双重二元结构》，《调研世界》2010 年第 12 期。

城市，是北京城市总体规划的战略部署，是新世纪中央对北京工作的要求，也是首都人民的新期盼。北京建设世界城市，归根到底是为人民谋福祉，一切为了人民，一切依靠人民，一切发展成果由人民共享。北京要敞开胸怀面向世界、包容世界，首先就要敞开胸怀面向全国、包容全国，做不到这一点，就不可能建成真正的世界城市。现行的户籍制度将一个城市里所有居民划分为农业、非农业户籍以及本市户籍和非本市户籍，并以此为依据配置公共服务，这与建设中国特色世界城市的目标不相适应。建设城乡一体化的户籍登记制度，使全体市民拥有平等的户籍身份，是北京建设世界城市的内在需要，也是"爱国、创新、包容、厚德"的北京精神的体现。

3. 户籍制度改革是社会公平正义的需要

公平正义是社会主义的本质特征，是社会和谐的基本要求。城乡二元户籍制度的本质是将公民按户籍划分为不同的身份，不同的户籍身份享受不同的权利，从制度上造成了人与人之间的不平等。传统的户籍制度是在计划经济体制下建立的，虽然在加强人口管理和控制等方面发挥了重要的作用，但从根本上说城乡二元户籍制度违背了社会公平与正义原则。正如罗尔斯（John Rawls，1921～2002）指出的那样："正义是社会制度的首要价值，正像真理是思想体系的首要价值一样。一种理论，无论它多么精致和简洁，只要它不真实，就必须加以拒绝或修正；同样，某些法律和制度，不管它们如何有效率和有条理，只要它们不正义，就必须加以改造或废除。每个人都拥有一种基于正义的不可侵犯性，这种不可侵犯性即使以社会整体利益之名也不能逾越。因此，正义否认为了一些人分享更大利益而剥夺另一些人的自由是正当的，不承认许多人享受的较大利益能绰绰有余地补偿强加于少数人的牺牲。"① 改革户籍制度，确保公民的身份平等与权利平等，是实现社会公平正义的必然要求，是坚持依法治国基本方略，建设社会主义法治国家的必然要求，也是新时期贯彻科学发展观的必然要求。首都北京作为全国的首善之区，更加需要在促进社会公平正义上走在全国前列，更加需要在建设社会主义法治国家的实践中做出示范，因而更加需要在户籍制度改革上迈出新步伐。

4. 户籍制度改革是北京自身发展的需要

在计划经济体制环境中，一般的观念倾向于在严格控制户籍的前提下促进

---

① 〔美〕约翰·罗尔斯：《正义论》，何怀宏、何包钢、廖申白译，中国社会科学出版社，1988，第3～4页。

北京的发展。事实上，控制户籍对北京的发展弊大于利。纵观北京几十年的发展，恰恰是人口的迅速增长与北京的经济发展成正比。从横向上看，几乎所有人口规模较大的城市的经济发展实力也较强，比如上海、广州、深圳等特大城市。况且，新的发展不仅是经济的发展，也是政治、社会、文化、生态和人的全面发展。北京要建设世界城市，做大做强经济实力，没有足够人口支撑和人力资源保障是不可能实现的。北京的人口老龄化严重，正是大量外来人口的流入，缓解了北京城市人口老龄化带来的严重挑战。源源不断的外来人口的流入，为北京的创业和创新精神注入了新的活力。北京要坚持按照首善之区的高标准要求，也必须在政治建设、社会建设等方面有新的突破和建树，在建设物质文明的基础上，建设政治文明、精神文明、社会文明和生态文明，以保障每个人的自由、尊严和幸福。

（三）推进北京市户籍制度改革的政策建议

在我国市场化、工业化、城镇化、国际化和城乡一体化深入发展的新阶段，北京的户籍制度不是要不要改革的问题，而是如何进行改革的问题。我们对如何推进北京的户籍制度改革，提出如下政策建议。

1. 将户籍制度改革提上公共政策议程，统筹制定户籍制度改革方案

北京市的户籍制度改革尚未引起足够重视。近些年来，全国各地的户籍制度改革快速推进，而北京的户籍制度改革明显滞后，至今没有统筹改革户籍制度的周密规划。当前，北京在户籍制度改革上，对本市户籍农业人口，主要推行"农转非"政策，对征地后的失地农民实行"逢征必转"政策等；在对外来人口户籍改革上，北京提出实行居住证制度。这些户籍政策都没有跳出城乡二元结构的框架。2011年通过的《北京市国民经济和社会发展第十二个五年规划纲要》没有将户籍制度改革作为一项重要任务进行规划，而是强调"把控制人口无序过快增长作为经济发展的重要原则"。《纲要》提出："坚持控制总量、优化结构，在严格执行准入政策同时，实行户籍指标调控。""合理配置进京户籍指标，优先解决好符合首都发展需要的专业管理和技术人才的落户需求。""实施居住证制度"，"实行人口总量调控的属地责任，落实区县政府人口服务管理目标责任制"。这说明北京还没有将户籍制度改革纳入改革议程。但是，没有户籍制度改革，北京又怎能率先形成城乡一体化新格局？北京要真正形成城乡一体化新格局，必须将户籍制度改革提上改革议程，进行认真研究、周密部署、统筹安排，根据城乡一体化发展的要求，统一制定北京市户籍制度改革方案，有序推进。

2. 针对具有北京本市户籍的城乡居民，户籍改革可以一步到位推进，废除城乡二元户籍制度，建立城乡一体的户口登记制度

北京的常住人口构成分为有北京户籍的人口和没有北京户籍的外来流动人口，而拥有北京户籍的人口，又分为农业户籍的人口和非农业户籍的人口。针对上述人口身份的不同现状，在过渡时期进行分类改革。针对拥有北京市户籍的人口，户籍改革相对比较容易。户籍改革的要点是：

一是取消农业户口与非农业户口的划分，统一登记为北京市居民户口。现行的"农转非"政策、征地"农转居"政策予以废止，彻底改革城乡二元户籍制度，建立城乡一体化的户口登记制度。

二是原农业户口人员所享有的农村土地承包经营权、宅基地使用权、林权、集体资产及其收益权、有关农业补贴政策等保持不变，不因户籍改革而变动。但要深化农村产权制度改革，规范和允许农民通过市场机制依法、自愿实行农村产权的交易。

三是征占农民土地应按照公正合理的原则给予财产补偿，不再与户口身份挂钩。新生婴儿统一登记为居民户口，保障其对农村集体产权的继承权等财产权利。

四是加快实现城乡基本公共服务均等化，确保农民与其他所有的职业阶层一样，公平享有基本公共服务。户籍改革后，农民只是一种职业，不再保留户籍身份。

3. 针对没有北京市户籍的外来人口，户籍改革可以分步有序推进，逐步实现农民工等外来流动人口的市民化

外来人口已经占北京市全部常住人口的1/3以上，是北京人口的重要组成部分。由于长期受城乡二元户籍制度的影响，近千万的外来人口工作、生活在北京，是北京的新市民，但因为没有北京市户口而不能名正言顺地成为北京市民。户籍制度改革的目标就是要赋予外来人口市民身份，推动农民工等外来人口的市民化，最终实现自由迁徙。在促进和实现外来流动人口市民化进程中，可以分步推进户籍制度改革。

第一，按照北京市"十二五"规划纲要的规定，将长期实行的外来人口暂住证制度改为居住证制度。实行居住证制度后，赋予取得居住证的人员有关社会保障等基本公共服务待遇。居住证制度应当覆盖投资移民、知识移民和劳力移民等人群。凡签订正式劳动合同一年以上的农民工，应当取得居住证。作

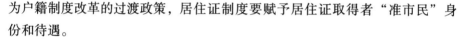

为户籍制度改革的过渡政策，居住证制度要赋予居住证取得者"准市民"身份和待遇。

第二，凡取得居住证一年或三年以上者，可以办理常住户口手续，从"准市民"身份转为正式市民身份，享受包括社会保障和住房保障在内的市民完全待遇。

第三，居住证持有者在转为常住户口半年或一年后，可以申请办理家属落户手续，以此保护家庭，促进社会和谐。

4. 跨省、自治区和直辖市的流动人口户籍改革，需要国家从顶层设计上统筹全国社会保障的统一转移接续

在市场化、城市化进程中，跨省、自治区和直辖市的人口流动问题，不是一个省、自治区和直辖市能够有效解决的，北京也不能单独解决进入北京的全部流动人口问题，因而必须要有国家层面的顶层设计和统筹安排。

首先，国家要制定和出台全国统一的户籍法律，保障公民在全国范围内的迁徙自由权。就是说，公民不能因为流动到另一行政区就丧失了公民权。加强公民权建设，确保任何一个公民在全国范围内平等享有公民权利，是现代国家的重大职责，这项工作不能只寄希望于地方政府。

其次，加快推进全国基本公共服务均等化建设，要像党团组织关系在全国顺利转移接续一样，建立全体公民的社会保障在全国范围内的统一转移接续制度，使社会保障跟着公民走，就像党团组织关系跟着当事人走一样顺畅便利。

最后，进一步完善公共财政制度，中央财政对在全国跨省级行政区流动人员的社会保障待遇给予相应的补贴，以此减轻迁入地的财政压力。

5. 北京要从本市全部行政区域、首都圈、京津冀城市群等空间层次上进行人口布局与调控，同时要进行产业布局和公共资源配置的相应调整

人是经济社会发展的第一资源，是最宝贵的资源。但随着北京"大城市病"的日益突出，尽管人口大量集中创造了巨大财富，产生了巨大效益，但人们却对人口的大量聚集表示厌烦。这确实是城市发展中面临的一个重大问题。但是，市场化、城市化进程使人口聚集又是普遍规律，而且，越是大城市，就越具有人口吸引力，这是不以人的意志为转移的人口迁移规律。这就是长期以来北京实行最严格的人口控制政策，结果并没有有效控制人口集中的重要原因。虽然现在北京的"城市病"已经使人烦恼，但北京的人口聚集不会终结，在以后十年左右的时间里，北京人口增长到3000万人左右是可能的。

面对北京人口聚集增长的现实，依靠行政手段限制人口进入，对流入北京的外来人口拒绝给予市民身份和待遇，虽是长期实行的政策，却并不是合适的选择。在市场化和城市化进程中，人口的流向集中，主要取决于产业布局和公共资源的分布。如果产业布局不做调整，公共资源配置不做调整，要想单纯以行政手段控制人口，既难以达到目的，也不合乎社会正义。北京作为首都，在新的发展时期，在人口调控上，要改变传统的思维惯性，变限制为疏导，变集中为分散，建设一个去特权化的公平包容的特大城市。

一方面，北京要切实从整个行政区范围内对产业布局和公共资源投入进行新的调整，从而引导人口向郊区新城、小城镇集中。从北京行政区域来说，北京本身也是一个城市群，即由中心城区、新城、郊区小城镇和新型农村社区组成的城市群。只要中心城区的产业和公共资源有效地向郊区新城、小城镇转移，人口就会相应地从中心城区向郊区疏解。北京要加快建设数个城市副中心，分担中心城区的功能与压力。

另一方面，北京要从首都圈、京津冀城市群和环渤海城市带这个更大的空间范围内统筹产业布局和公共资源配置，从而引导人口的合理布局与聚集。学界认为，首都圈由北京市与河北省的廊坊、保定、承德、张家口4市组成。京津冀城市群（也称京津冀都市圈）包括北京市、天津市以及河北省的石家庄、廊坊、保定、唐山、秦皇岛、沧州、张家口、承德8市。北京的人口布局和户籍改革，应当有效结合首都圈、京津冀城市群以及环渤海城市带进行产业布局与公共资源配置的统筹规划。

课题负责人：郭光磊　张秋锦

课题组组长：张英洪

课题组成员：樊汝明　朱启臻　袁明宝　赵扬昕
　　　　　　　龚文祥　赵　博

总报告执笔：张英洪　朱启臻　袁明宝　赵扬昕

2012 年 10 月 6 日

第五篇

北京市增加农民财产性
收入研究

Part 5 ←

2007 年 10 月，党的十七大报告首次提出要"创造条件让更多群众拥有财产性收入"。财产性收入是农民收入的重要组成部分。[①] 根据统计部门的指标解释，财产性收入是指金融资产或有形非生产性资产的所有者向其他机构单位提供资金或将有形非生产性资产供其支配，作为回报而从中获得的收入，也就是家庭拥有的动产（如银行存款、有价证券）和不动产（如土地、房屋、车辆、收藏品等）所获得的收入。中国农民财产性收入来源主要是土地、房屋和资金三方面，其中，来自土地的财产性收入主要是通过土地征收征用和土地承包经营权流转获得的收入；来自住房的财产性收入主要是通过房屋出租、出售和拆迁补偿等方式获得的收入；来自资金的财产性收入主要是通过储蓄、民间借贷和投资股票、债券、基金等渠道获得的收入。农民除了家庭财产性收入，有的还有集体财产经营收益通过分配形成的集体财产性收入，如集体分配股息和红利等。[②]

增加农民的财产性收入，是农民增收致富最重要的途径之一。近年来，北京市农村居民人均纯收入水平不断提高，财产性收入总量也不断增加，但是，农村居民财产性收入在人均纯收入中的比重还比较低，增加农民财产性收入的潜力很大。本课题组以统计部门发布的官方数据为基础，重点分析了 2006 ~ 2011 年北京市农村居民财产性收入的变化情况，考察了相关因素的影响，最后提出了增加农村居民财产性收入的政策建议。

一　北京市农村居民财产性收入的基本情况

（一）　北京市农村居民收入与财产性收入的变化

2006 ~ 2011 年，北京市农村居民人均纯收入实现快速增长，由 8620 元增

---

①　农民收入由工资性收入、家庭经营收入、财产性收入、转移性收入组成。工资性收入是指农村常住人口受雇于单位或个人，靠出卖劳动而获得的收入。家庭经营收入是指农村住户以家庭为生产经营单位进行生产筹划和管理而获得的收入。农村住户家庭经营活动按行业划分为农业、林业、牧业、渔业、工业、建筑业、交通运输业邮电业、批发和零售贸易餐饮业、社会服务业、文教卫生业和其他家庭经营活动。转移性收入指农村住户和常住人口无须付出任何对应物而获得的货物、服务、资金或资产所有权等，不包括无偿提供的用于固定资本形成的资金。一般情况下，指农村住户在二次分配中的所有收入，包括亲友赠送、养老金等。

②　黄祖辉、王敏：《我国居民收入不平等问题：基于转移性收入角度的分析》，《管理世界》2003 年第 3 期；高志仁：《农民财产性收入与城乡差距》，《经济科学》2008 年第 4 期。

至 14736 元，年均增长 1019.3 元；农村居民财产性收入也实现了稳步增加，由 773 元增至 1537 元，年均增长 127.3 元。其中，2008 年农村居民财产性收入增加最为显著，较上一年增加了 272 元（见表 1）。2011 年，财产性收入首次超过家庭经营性收入，在四大收入构成中居第三位。

表 1　2006～2011 年北京市农村居民收入结构情况

单位：元

年份	人均纯收入	工资性收入	家庭经营性收入	财产性收入	转移性收入
2006	8620	5224	1992	773	631
2007	9559	5676	2186	927	770
2008	10747	6354	2076	1199	1118
2009	11986	7274	1720	1402	1590
2010	13262	8007	1857	1590	1808
2011	14736	9579	1363	1537	2257

说明：从 2011 年起，征地补偿收入不再计入财产性收入，故该年财产性收入 1537 元，绝对值比 2010 年少 53 元。

资料来源：国家统计局北京调查总队、北京市统计局编制《2011 北京城乡居民生活统计资料》，以下如无特殊说明，本文图表数据均出于此。

（二）北京市农村居民财产性收入构成的变化

2006～2011 年，北京市农村居民财产性收入各部分的总量均实现增加。其中，租金是农村居民财产性收入的第一大来源，由 405 元增至 991 元，年均增加 97.7 元（见表 2）；土地征用补偿收入是农村居民财产性收入的第二大来源，① 由 58 元增至 2010 年的 349 元，年均增加 58.2 元；集体分配股息和红利是农村居民财产性收入的第三大来源，由 95 元增至 306 元，年均增加 35.2 元；转让承包土地经营权收入是农村居民财产性收入的第四大来源，由 74 元增至 155 元，年均增加 13.5 元；利息在农村居民财产性收入中水平最低，2006 年利息收入为 15 元，2011 年利息收入仅为 9 元。

---

① 《2011 北京城乡居民生活统计资料》未提供有关"土地征用补偿收入"数据。

表2　北京市农村居民财产性收入构成（2003～2011）

单位：元

项目＼年份	2003	2004	2005	2006	2007	2008	2009	2010	2011
财产性收入	610	601	617	773	927	1199	1402	1590	1537
利息	18	13	13	15	14	20	36	21	9
集体分配股息和红利	25	33	71	95	109	155	164	258	306
租金	200	251	361	405	487	587	656	674	991
土地征用补偿	301	213	34	58	87	163	239	349	—
转让承包土地经营权收入	3	19	61	74	93	119	172	182	155

2007～2011年，北京市农村居民财产性收入各部分的增幅不稳定。其中：（1）土地征用补偿收入增幅最大[①]，年平均值达到57.5%，2008年增幅达到87.36%，而后增速明显放缓。（2）集体分配股息和红利增幅总体呈现递增趋势，年平均增幅为27.73%，同时存在较大幅度的波动。（3）租金年平均增幅为20.46%，2007～2008年保持在20%左右，2009～2010年出现下降，2011年又增至47.03%。（4）转让承包土地经营权收入增幅年平均值为17.83%，总体呈现递减趋势。（5）利息收入增速年平均值为3.48%，总体呈现下降趋势，其中存在大幅度波动（见表3）。

表3　北京市农村居民财产收入构成增速变化

单位：%

项目＼年份	2007	2008	2009	2010	2011	平均值
利息	-6.67	42.86	80.00	-41.67	-57.14	3.48
集体分配股息和红利	14.74	42.20	5.81	57.32	18.60	27.73
租金	20.25	20.53	11.75	2.74	47.03	20.46
土地征用补偿收入	50.00	87.36	46.63	46.03	—	57.50*
转让承包土地经营权收入	25.68	27.96	44.54	5.81	-14.84	17.83

注："＊"代表2007～2010年平均值。

----

① 受数据限制，仅考虑2006～2010年增幅变化。

2006～2011 年，北京市农村居民财产性收入各部分的占比变化趋势存在差异。其中：（1）2006～2010 年租金占比呈现下降趋势，由 52.39% 降至 42.39%；2011 年，租金占比又突增至 64.48%。（2）集体分配股息和红利占比、转让承包土地经营权收入占比呈现逐步上升趋势，分别由 12.29% 上升至 19.91%、由 9.57% 上升至 10.08%。（3）土地征用补偿收入占比增幅明显，2006～2010 年由 7.5% 增至 21.95%，增加了 14.45 个百分点。（4）利息占比下降，由 1.94% 降至 0.59%（见图 1）。

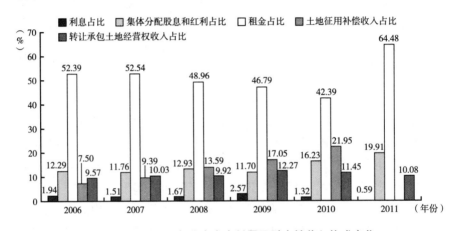

图 1　2006～2011 年北京市农村居民财产性收入构成变化

（三）北京市农村居民不同收入组别财产性收入情况

2006～2011 年，北京市农村居民不同收入组别的财产性收入均实现增加。其中：（1）不同收入组别财产性收入增加额排序与收入水平排序一致，由高到低依次为高收入户（增加 2092 元）、中高收入户（增加 1321 元）、中等收入户（增加 652 元）、中低收入户（增加 413 元）、低收入户（增加 243 元）。（2）不同收入组别财产性收入增幅不稳定，表现出较大的波动，如 2007～2009 年中低收入组的财产性收入增幅保持在 20% 以上，在 2010 年突然出现负增长（-3.69%），2011 年又恢复到 19.86%（见表 4）。（3）中高收入组、中等收入组的财产性收入增幅表现出相似的趋势，两组财产性收入增幅总体呈现增大趋势，但是其中存在小幅波动。（4）高收入组的财产性收入增幅呈现明显下降趋势，2008 年财产性收入增幅达到 35.41%，2011 年财产性收入出现负增长（-14.25%）。

表4　2007～2011年北京市农村居民不同组别财产性收入增速变化

单位：%

类别 \ 年份	2007	2008	2009	2010	2011	平均值
低收入户	11.11	12.08	31.97	5.35	14.97	15.10
中低收入户	27.60	24.17	22.13	-3.69	19.86	18.01
中等收入户	3.96	28.15	16.93	29.72	-12.61	13.23
中高收入户	7.62	25.16	18.75	22.97	22.21	19.34
高收入户	29.45	35.41	13.78	9.38	-14.25	14.75

（四）北京市平原及山区农村居民财产性收入变化情况

2006～2011年，北京市平原以及山区的农村居民财产性收入总量均实现了增长。其中：（1）平原农村居民财产性收入由953元增至1842元，增加了889元；山区农村居民财产性收入由262元增至724元，增加了462元（见表5）。（2）平原农村居民财产性收入增加主要来自租金和土地征用补偿收入，分别增加了720元和332元。[1]（3）山区农村居民财产性收入增加主要来自租金和土地征用补偿收入，分别增加了249元和169元。[2]（4）平原农村居民和山区农村居民在集体分配股息和红利及租金两项收入增量差距明显，6年间平原地区农村居民集体分配股息和红利及租金分别增加了238元和720元，而山区农村居民的相应收入分别仅增加了143元和249元。（5）在转让承包土地经营权收入增量上，平原农村居民的水平略低于山区农村居民的水平，6年间平原地区农村居民转让承包土地经营权收入增加了81元，而山区农村居民增加了83元。

2006～2011年，北京市平原及山区农村居民财产性收入各部分占比变化相似。其中：（1）土地征用补偿收入占比均出现大幅度增长。平原农村居民的相应收入占比由6.72%增至20.65%，提高了13.93个百分点；山区农村居民的相应收入占比由16.41%增至34.64%，提高了18.23个百分点（见表6）。（2）租金收入占比在持续下降后突然增加。2006～2010年，平原农村居民租金占比由55.61%下降至45.31%；山区农村居民租金占比由19.47%下降至15.03%，平原农村居民的租金收入占比降低幅度明显高于山区农村居民的水

---

① 为2006～2010年平原地区农村居民土地征用补偿收入增加额。
② 为2006～2010年山区农村居民土地征用补偿收入增加额。

表5 北京市平原及山区农村居民财产性收入总量变化

单位：元

年份	财产性收入		利息		集体分配股息和红利		租金		土地征用补偿收入		转让承包土地经营权收入	
	平原	山区	平原	山区	平原	山区	平原	山区	平原	山区	平原	山区
2006	953	262	15	12	106	62	530	51	64	43	93	22
2007	1147	293	16	8	134	36	639	48	91	75	109	49
2008	1490	347	22	14	185	66	766	64	188	90	133	77
2009	1699	524	42	15	187	95	844	99	268	154	206	70
2010	1918	612	23	14	309	107	869	92	396	212	197	137
2011	1842	724	7	14	344	205	1250	300	—	—	174	105

注："—"代表《2011北京城乡居民生活统计资料》未提供有关数据。

平；但是在2011年平原农村居民租金收入占比增至67.86%，山区农村居民租金收入占比增至41.44%。（3）转让承包土地经营权收入占比在持续增加后有所回落。2006~2010年，平原农村居民的相应收入占比由9.76%提高至10.27%，2011年相应收入占比略降至9.45%；山区农村居民的相应收入占比由8.4%提高至22.39%，2011年相应收入占比降至14.5%。（4）集体分配股息和红利占比总体呈现增长态势。平原地区农村居民相应收入的占比由11.12%增至18.68%；农村居民相应收入的占比在2006~2010年持续下降，由23.66%降至17.48%，2011年占比又增至28.31%。（5）利息收入在两个地区农村居民收入中的比重均较低，并出现下降趋势。平原农村居民的相应收入占比由1.57%降至0.38%，山区农村居民的相应收入占比由4.58%降至1.93%（见表6）。

表6 北京市平原及山区农村居民财产性收入各部分占比变化

单位：%

年份	利息		集体分配股息和红利		租金		土地征用补偿收入		转让承包土地经营权收入	
	平原	山区	平原	山区	平原	山区	平原	山区	平原	山区
2006	1.57	4.58	11.12	23.66	55.61	19.47	6.72	16.41	9.76	8.40
2007	1.39	2.73	11.68	12.29	55.71	16.38	7.93	25.60	9.50	16.72
2008	1.48	4.03	12.42	19.02	51.41	18.44	12.62	25.94	8.93	22.19
2009	2.47	2.86	11.01	18.13	49.68	18.89	15.77	29.39	12.12	13.36
2010	1.20	2.29	16.11	17.48	45.31	15.03	20.65	34.64	10.27	22.39
2011	0.38	1.93	18.68	28.31	67.86	41.44	—	—	9.45	14.50
均值	4.05	8.43	28.42	37.91	19.49	60.23	59.77	50.80	15.61	48.63

注："—"代表《2011北京城乡居民生活统计资料》未提供有关数据。

2007～2011年，北京市平原及山区农村居民财产性收入各部分增速变化不同。其中：（1）平原农村居民土地征用补偿收入增速最为明显，4年平均增速为59.77%，远远高出财产性收入的年平均增速（14.64%）（见表7），集体分配股息和红利、租金、转让承包土地经营权收入的增速也分别高于财产性收入年均增速13.78个百分点、4.85个百分点和0.97个百分点。（2）山区农村居民租金收入的增速最大，5年平均增速达60.23%；土地征用补偿收入4年平均增速达到50.8%。两项收入增速分别比山区农村居民财产性收入年均增速高出36.96个百分点和27.53个百分点。集体分配股息和红利、转让承包土地经营权收入的年均增速也明显高于财产性收入年均水平。

表7　2007～2011年北京市平原及山区农村居民财产性收入增幅变化

单位：%

年份	财产性收入		利息		集体分配股息和红利		租金		土地征用补偿收入		转让承包土地经营权收入	
	平原	山区	平原	山区	平原	山区	平原	山区	平原	山区	平原	山区
2007	20.36	11.83	6.67	-33.33	26.42	-41.94	20.57	-5.88	42.19	74.42	17.20	122.73
2008	29.90	18.43	37.50	75.00	38.06	83.33	19.87	33.33	106.59	20.00	22.02	57.14
2009	14.03	51.01	90.91	7.14	1.08	43.94	10.18	54.69	42.55	71.11	54.89	-9.09
2010	12.89	16.79	-45.24	-6.67	65.24	12.63	2.96	-7.07	47.76	37.66	-4.37	95.71
2011	-3.96	18.30	-69.57	0	11.33	91.59	43.84	226.09	—	—	-11.68	-23.36
均值	14.64	23.27	4.05	8.43	28.42	37.91	19.49	60.23	59.77	50.80	15.61	48.63

注："—"代表《2011北京城乡居民生活统计资料》未提供有关数据。

（五）京、津、沪、渝、穗农村居民财产性收入水平比较

2006～2011年，北京市农村居民财产收入性收入水平在5个城市中居前列。其中：（1）2006年和2008年，北京市农村居民财产性收入水平位居首位。2006年北京市农村居民财产性收入分别比上海市及广州市高出215元和334元（见图2）。2008年，北京市农村居民财产性收入分别比上海市和广州市高出349元和124元。（2）2009～2011年，北京市农村居民财产性收入水平落后于广州市农村居民，两地之间的差距加大。2009年，北京市和广州市农村居民财产性收入差距为410元，2011年差距扩大到1093元（见表8）。

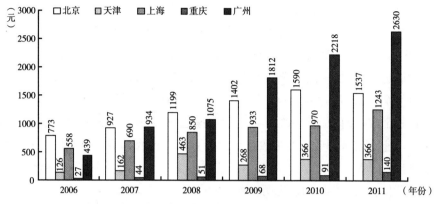

图2 京、津、沪、渝、穗农村居民财产性收入水平

注：（1）上海、天津、重庆、广州4个城市数据来自《北京城乡居民生活统计资料2011》。

（2）因天津市缺乏2010～2011年农村居民财产性收入数据，本报告按2009年财产性收入占农村居民人均可支配收入比例3.08%进行估算所得。

表8　2011年京、津　沪、渝、穗五城市农村居民人均纯收入及增速

项　目	北京		天津		上海		重庆		广州	
	绝对量（元）	增速（%）	绝对量（元）	增速（%）	绝对量（元）	增速（%）	绝对量（元）	增速（%）	绝对量（元）	增速（%）
人均纯收入	14736	13.6	11891	15.5	15644	13.8	6480	22.8	14818	16.9
工资性收入	9579	19.6	6829	20.4	10493	9.2	2895	24.0	9274	19.3
家庭经营收入	1363	-26.6	3908	8.0	877	22.0	2748	18.3	2166	5.7
财产性收入	1537	11.3	1154	32.8	1243	28.1	140	54.3	2630	18.6
转移性收入	2257	30.8			3031	17.4	698	32.3	748	18.4

注：2011年起北京征地补偿收入不再计入财产性收入，故该年财产性收入绝对量比2010年少53元，增速11.3%是扣除征地补偿收入后的同口径比较。

二　北京市农村居民财产性收入影响因素分析

（一）宏观经济的影响

宏观经济发展可以为农村居民财产性收入增长提供必要物质基础和投资环境。伴随经济发展，农村居民就业机会增多，劳动报酬相应增加，财富基础也会随之增加。

2006～2010年，北京市经济实现持续增长，人均GDP水平不断提高，农村居民人均财产性收入也随之增长。由此表明，北京市经济发展是农村居民财产性收入实现增长的重要基础。期间，人均 GDP 与农村居民财产性收入增速虽总体上均呈现下降趋势，但是，两者之间变化并不完全同步。2007～2008年，人均 GDP 增速下降，而农村居民财产性收入持续增长；2009～2010年，人均 GDP 增速上升，而农村居民财产性收入增速却出现下降（见表9）。

表9　北京市经济发展与农村居民财产性收入变化

单位：元，%

年份	人均 GDP		农村居民财产性收入	
	总量	增速	总量	增速
2006	52054	—	773	—
2007	61274	17.71	927	19.92
2008	66797	9.01	1199	29.34
2009	70452	5.47	1402	16.93
2010	75943	7.79	1590	13.41

（二）实物资产的影响

农村居民财产性收入水平与房屋、土地等实物资产具有密切联系。表10中的数据表明，2006～2010年北京市农村居民人均住房面积基本保持稳定，人均实际经营土地面积略有下降。而同一时期，农村居民财产性收入水平却不断提高，其中来自租金和土地征用补偿收入是财产性收入的重要来源。由此表明，北京市郊区城市化进程加快导致的房屋及土地单位价格增加是农村居民财产性收入提高的直接原因。这也意味着，未来一段时期随着国家宏观调控政策进一步落实，农村居民财产性收入可能会受到影响，财产性收入水平也有可能出现下降。

表10　北京市农村居民财产性收入与实物资产

年份＼项目	财产性收入（元）	人均住房面积（平方米）	人均实际经营土地面积（亩）
2006	773	39.1	0.83
2007	927	39.54	0.87
2008	1199	39.4	0.81
2009	1402	39.42	0.77
2010	1590	40.62	0.75

（三）金融资产的影响

目前，我国城乡居民投资渠道有限，主要集中在储蓄、股市和楼市。但是，由于我国农村金融长期发展落后，农村居民常常受个人能力以及市场风险波动过大等因素影响，投资理财意识较为淡薄。相对城镇居民而言，农村居民不愿意过多参与股市和楼市的投资，而是更愿意选择银行存款方式。

表11中的数据表明，北京市农村居民财产性收入特别是利息收入与银行存款利息水平高低缺乏直接联系。2006～2010年，一年期定期存款利率总体呈现不断提高的趋势，但是其中经历较大幅度的波动，2007年一年期定期存款利率达到4.14%，而后又调低到2.75%；同一时期，在人均纯收入水平提高、银行高水平利率的双重刺激下，农村居民利息收入并没有出现同步变化，相反在2007年，农村居民财产性收入为历年最低。

表11　北京市农村居民财产性收入与定期存款利率

年份 ＼ 项目	一年期定期存款利率（%）	利息收入（元）	财产性收入（元）	人均纯收入（元）
2006	2.52	15	773	7860
2007	4.14	14	927	8620
2008	2.25	20	1199	9559
2009	2.25	36	1402	10747
2010	2.75	21	1590	11986

注：一年期定期存款利率数据来自和讯网。

（四）消费支出的影响

财产性收入主要为资产投资所得，而投资与消费存在替代关系，表现为在收入不变的前提下，消费支出越大，居民所拥有的投资资金就越少，所带来的财产性收入也会越低。

表12中的数据表明，2006～2010年北京市农村居民人均家庭生活消费支出总额不断提高，由6061元增加至10109元，与财产性收入总体变化趋势相似，财产性收入与消费支出之间并没有表现出明显的替代关系；从增量变化看，仅在2009年农村居民人均家庭生活消费支出与财产性收入之间存在相反

方向的变化。北京市农村居民财产性收入与居民消费之间的关系有待进一步研究。

表 12　北京市农村居民财产性收入与人均家庭总支出

单位：元

年份＼项目	财产性收入	人均家庭生活消费支出	财产性收入增量	人均家庭生活消费支出增量
2006	773	6061	—	—
2007	927	6828	154	767
2008	1199	7656	272	828
2009	1402	9141	203	1485
2010	1590	10109	188	968

三　北京市农村居民财产性收入存在的主要问题

（一）财产性收入在农村居民收入构成中的比重过低

2006～2010 年，北京市农村居民财产性收入虽然在总量上实现增长，但是在农村居民人均纯收入中所占比重偏低，仅由 8.97% 提高到 11.99%，明显低于工资性收入、家庭经营性收入和转移性收入的水平，是农民四大块收入中比重最低的一块；2006～2010 年，财产性收入对农村居民人均纯收入的贡献率分别为 20.53%、16.40%、22.90%、16.38%、14.73%[①]，其中 2008 年财产性收入贡献率最高，2010 年则降至 14.73%（见表13）。

（二）农村居民内部财产性收入差距扩大

2006～2010 年，北京市平原及山区农村居民财产性收入水平差距不断扩大，由 691 元增加至 1306 元；平原及山区农村居民财产性收入比略有下降，由 3.64 倍降至 3.13 倍（见表14）。其中：（1）利息、集体分配股息和红利、

① 财产性收入对农村居民人均纯收入的贡献率＝农村居民财产性收入增加值/人均纯收入增加值×100%。

201

表13　2006～2010年北京市农村居民收入结构占比及贡献率

单位：%

项目 年份	财产性 收入占比	工资性 收入占比	家庭经营性 收入占比	转移性 收入占比	财产性 收入贡献率
2006	8.97	60.60	23.11	7.32	20.53
2007	9.70	59.38	22.87	8.06	16.40
2008	11.16	59.12	19.32	10.40	22.90
2009	11.70	60.69	14.35	13.27	16.38
2010	11.99	60.38	14.00	13.63	14.73

土地征用补偿收入等项的量差与倍比同步增加，这表明平原地区农村居民相应的收入总量及速度要明显高于山区的水平。（2）租金的量差快速扩大，由479元增至777元，成为影响平原及山区农村居民财产性收入差距的主要因素；但是，租金的倍比出现下降，由10.39倍降至9.45倍。这表明山区农村居民的租金收入增速略高于平原的水平。（3）转让承包土地经营权收入的量差和倍比同步下降。这表明山区农村居民的收入要高于平原地区的水平。

表14　2006～2010年北京市平原及山区农村居民财产性收入差距

单位：元

项目 年份	财产性收入		利息		集体分配 股息和红利		租金		土地征用 补偿收入		转让承包土地 经营权收入	
	量差	倍比	量差	倍比	量差	倍比	量差	倍比	量差	倍比	量差	倍比
2006	691	3.64	3	1.25	44	1.71	479	10.39	21	1.49	71	4.23
2007	854	3.91	8	2.00	98	3.72	591	13.31	16	1.21	60	2.22
2008	1143	4.29	8	1.57	119	2.80	702	11.97	98	2.09	56	1.73
2009	1175	3.24	27	2.80	92	1.97	745	8.53	114	1.74	136	2.94
2010	1306	3.13	9	1.64	202	2.89	777	9.45	184	1.87	60	1.44

注：财产性收入量差＝平原农村居民财产性收入水平－山区农村居民财产性收入水平；
　　财产性收入倍比＝平原农村居民财产性收入水平/山区农村居民财产性收入水平。

2006～2010年，北京市农村居民不同收入组之间的差距明显扩大。以低收入组为比较基准，表15中的数据表明：（1）高收入与中低收入组之间的差距增大趋势明显，两个组别财产性收入总量差距由1859元增加至4152元，2010年高收入组财产性收入水平是低收入组的12倍以上。（2）中低收入组、中等收入组以及中高收入组与低收入组之间的差距总量虽然不断扩大，但是相互间差距的倍比关系基本稳定，没有出现过大的波动。以上结果反映出农村居民财产性收入水平与其实际收入水平关系密切，实际水平的高低对财产性收入具有较大的影响。

表15 2006~2010年北京市农村居民低收入组与其他收入组别差距

单位：元

项目\年份	中低收入组		中等收入组		中高收入组		高收入组	
	量差	倍比	量差	倍比	量差	倍比	量差	倍比
2006	92	1.43	365	2.69	663	4.07	1859	9.61
2007	153	1.64	364	2.52	706	3.94	2446	11.19
2008	219	1.81	505	2.88	915	4.40	3368	13.52
2009	241	1.68	550	2.55	1051	3.96	3783	11.66
2010	200	1.53	800	3.14	1355	4.62	4152	12.10

注：表中数据为其他收入组与低收入组之间的差距数值。

以中低收入组为例，中低收入组量差 = 中低收入组财产性收入 – 低收入组财产性收入；中低收入组倍比 = 中低收入组财产性收入/低收入组财产性收入。

（三）农村居民财产性收入主要来源于租金和征地补偿

租金和征地补偿是北京市平原和山区农村居民财产性收入的主要来源。在平原地区，租金是农村居民财产性收入的主要来源，尽管近年来租金收入占比不断下降，但是在2010年相应的比重仍然高达45.31%，远远高出其他收入来源的水平。在山区，农村居民50%以上的财产性收入来自土地使用权变动而产生的收入，2010年土地征收补偿收入占比达到34.64%，转让承包土地经营权收入占比达到22.39%，两者合计达57.03%。近年来，集体分配股息和红利收入、转让承包土地经营权收入占农民收入的比重呈上升趋势，利息收入最少。

四 制约农民财产性收入的主要因素

财产性收入占居民可支配收入的比重是衡量一个国家和地区经济发展与居民富裕程度的重要指标。在市场经济发达国家和地区，财产性收入占居民收入的比重一般都较高。例如，美国居民的财产性收入占可支配收入比重约为40%，90%以上的公民拥有股票、基金等有价证券。① 北京、上海、广州、苏

---

① 梁达：《我国居民财产性收入比重虽小潜力巨大》，新浪财经网，http://finance.sina.com.cn/stock/t/20071122/01501807274.shtml，2007年11月22日。

州等经济发达地区的财产性收入占居民收入的比重相对较高，但与世界发达国家和地区相比，还有很大差距。财产性收入偏低及所占比重较小，关键是长期以来一系列因素严重制约了农民财产的积累以及财产性收入的合理增长。主要制约因素有以下几个方面：

（一）现行土地制度严重滞后

北京市土地面积 16411 平方公里。[①] 截至 2008 年底，全市农用地 1643.97 万亩、建设用地 506.57 万亩（农村集体建设用地 45 万亩）、未利用地 311.04 万亩，分别占全市土地总面积的 66.8%、20.6%、12.6%。农用地中，耕地 347.53 万亩、园地 179.89 万亩、林地 1030.62 万亩、牧草地 3.07 万亩、其他农用地 82.86 万亩，分别占农用地总量的 21.1%、10.9%、62.7%、0.2%、5.1%。建设用地中，居民点及独立工矿用地 418.23 万亩，占建设用地总量的 82.6%。据北京市国土部门资料，农村居民点用地面积 1981 年土地概查为 116.72 万亩，1992 年土地详查为 127.74 万亩，2001 年二次土地详查为 133.43 万亩。

由上可知，农民拥有巨大的集体土地资源和资产，但现行的土地制度以及其他相关制度并没有使农民拥有完整的土地产权，也就是说，农民缺乏借助法律将集体资产转变为资本的产权机制，从而严重限制了农民土地财产权的实现。正如秘鲁著名经济学家赫尔南多·德·索托在《资本的秘密》一书中揭示的那样，缺少财产权表述机制，是许多发展中国家贫穷的重要原因。[②]

现行的土地制度已不适应城市化和城乡一体化发展的需要，在一些方面限制甚至剥夺农民的财产权和财产性收入，主要体现在以下几个方面：一是城乡二元土地制度使农村集体土地与国有土地权利不平等。二是农民集体建设用地不能直接进入市场，只能被政府低价征收后再高价出让，农民丧失了土地开发的重大权利。三是农村集体土地的所有权主体界定不清晰，虚化了集体所有权主体，实质上虚化了农民的土地财产权。四是严格限制农用地变更用途，但却没有相应建立公平合理的耕地保护机制，致使农民单方面承担了国家耕地保护和粮食安全的公共责任，却没有得到足够合理的补偿。五是农民缺乏对土地的

① 1 平方公里 = 100 公顷，1 公顷 = 15 亩。
② 〔秘鲁〕赫尔南多·德·索托：《资本的秘密》，于海生译，华夏出版社，2007，第 5 ~ 11 页。

支配权，不能自主处置土地财产，农村土地市场严重缺失。六是农民的承包地、宅基地、林地等不能抵押。

（二）农村住宅制度不够合理

据 2008 年 4 月发布的《北京市第二次全国农业普查主要数据公报》，截至2006 年末，北京农村居民平均每户拥有住宅面积 128.14 平方米，96.85% 的住户拥有自己的住宅。农村居民人均居住面积远高于城镇居民（见表 16）。

表 16　北京市城乡居民人均住房面积（1978～2011）

单位：平方米

年份	城镇居民人均住宅使用面积	农村居民人均住宅使用面积	年份	城镇居民人均住宅使用面积	农村居民人均住宅使用面积
1978	6.70	9.20	1997	14.36	27.39
1979	6.73	9.67	1998	14.96	27.64
1980	7.06	10.09	1999	15.88	28.65
1985	9.09	16.48	2000	16.75	28.91
1986	9.20	17.41	2001	17.62	31.01
1987	9.75	18.38	2002	18.20	32.58
1988	10.30	19.23	2003	18.67	33.95
1989	10.74	20.09	2004	18.88	34.21
1990	11.17	20.62	2005	20.13	36.94
1991	11.64	21.92	2006	20.96	39.10
1992	12.09	22.67	2007	21.50	39.54
1993	12.45	23.70	2008	21.56	39.40
1994	12.85	24.42	2009	21.61	39.42
1995	13.34	24.74	2010	—	40.6
1996	13.82	25.74	2011	—	48.6

资料来源：北京市统计局。

住宅是农民最重要的财产之一，但现行的住宅制度却不利于农民住宅财产权的实现，严重影响了农民利用住宅获取财产性收入。一是宅基地实行集体所有，房屋属于私人所有，这种"一宅两制"使农民的住宅权利受到严重损害。二是农民住宅只能向本村集体经济组织成员转让，禁止农民住宅向城镇居民出售（只能出租），农村住宅市场的欠缺，大大降低了农民住宅的价值，也造成了大量农村住宅的空置浪费。城镇商品房则可以向城乡任何人包括外国人出售。三是农民住宅没有产权证，不能抵押融资。而城镇商品房有产权证，可以抵押融资。四是农民"一户一宅"，宅基地面积受到限制。城镇居民可以一户多宅，住宅面积不受限制。五是农民没有在自己集体土地上建设商品房的权利，农民在集体土地上建的商品房属于违法的"小产权房"。六是政府的住房保障制度只覆盖城镇居民，农民被整体排除在政府的住房保障体系之外。此外，京郊农村已经多年不再给农民审批宅基地。

（三）征地补偿及其分配存在不公

宪法规定，国家因公共利益的需要可以征收或征用农民的土地，但由于相关制度的缺失，在城市化进程中，不管是公共利益还是非公共利益，政府一律启动强制征地，大量征收农村集体土地。同时，征地按原农业用途进行补偿，这就造成了普遍的低价征地、高价出让的城乡土地价格"剪刀差"，使农民蒙受巨大的土地财产损失。据研究，在过去30多年里，农民在城市化中被剥夺土地级差收入高达30多万亿元。[①]

2009年，北京市征地总面积达6544.6885公顷，征地补偿费2601401.30万元，平均每亩补偿约26.5万元（见表17）。而政府拍卖土地每亩均在几百万元甚至上千万元。2009年北京市土地出让收入达928.05亿元。

表17　2009年北京市土地征收情况

项目 区县	征地总面积（公顷）			征地补偿费 （万元）	安置农业人口 （人）
	总计	农用地			
			耕地		
市辖区	6452.6157	4159.3024	2652.1603	2583679.97	55571
朝阳区	484.2732	210.2170	155.9722	303268.67	3631
丰台区	237.0536	144.7769	70.3883	208582.99	2481
石景山区	228.0140	101.6257	40.0613	125368.27	0
海淀区	254.1120	133.2345	35.5859	360416.73	2588
门头沟区	40.3735	22.0962	2.9853	12345.81	286
房山区	1457.3381	1080.5391	714.4449	480697.40	12279
通州区	656.0607	530.9038	389.6429	353813.19	5901
顺义区	866.2339	490.2977	320.6711	235627.06	10228
昌平区	440.1004	271.3285	151.1772	124104.52	2570
大兴区	1242.1902	807.9981	585.7982	247001.75	10441
怀柔区	147.1781	112.4234	77.7010	32583.24	603
平谷区	399.6880	253.8615	107.7320	99870.34	4563
县	92.0728	48.3404	19.9561	17721.3380	341
密云县	40.5038	15.9358	1.3744	7392.19	134
延庆县	51.5690	32.4046	18.5817	10329.15	207
总　计	6544.6885	4207.6428	2672.1164	2601401.30	55912

资料来源：北京市国土资源局。

---

① 彭真怀：《中国农业改革模式亟需顶层设计》，《中国经济时报》2011年3月18日第5版。

在政府与被征地农民之间的征地收益存在严重分配失衡的同时，征地补偿费在村集体和被征地农户之间的分配也存在严重的失衡。据国务院发展研究中心调查，在征地产生的土地增值收益分配中，地方政府得 60% ~ 70%，农村集体经济组织得 25% ~ 30%，而农民只得 5% ~ 10%。另据北京农经统计信息平台数据，2009 ~ 2011 年，北京市征收征用集体土地面积分别为 20396 亩、35856 亩、9343 亩（见表 18），土地补偿金额分别为 245782.6 万元、246030 万元、53993 万元，其中留作集体公积金的分别占 71.45%、95.57%、44.99%，分配给农户的分别占 28.55%、4.43%、55.01%，分配给被征地农户的分别占 15.26%、4.43%、3.71%（见表 18）。由此可知，被征地农户获得的征地补偿款所占份额较少。

表 18 北京市征收征用集体土地面积及土地补偿分配（2006 ~ 2011）

项　目＼年份	2006	2007	2008	2009	2010	2011
征收征用集体土地面积（亩）	—	—	—	20396	35856	9343
涉及农户承包耕地面积（亩）	10062	10012	—	8411	28485	5536
涉及农户数（户）	8939	9670	—	5344	5044	1518
涉及人口（人）	24465	40201	—	12595	13953	4461
当年获得土地补偿总额（万元）	—	—	—	245782.6	246030	53993
留作集体公积金（万元）	—	—	—	175611	235125	24292
占比（%）				71.45	95.57	44.99
分配给农户（万元）	—	—	—	70171.6	10905	29701
占比（%）				28.55	4.43	55.01
其中分配给被征地农户（万元）	—	—	—	37501.1	10900	2005
占比（%）				15.26	4.43	3.71

资料来源：北京市经管站《北京市农村经济收益分配统计资料》（2006 ~ 2011 年）。

（四）土地承包经营权流转收益有待提高

承包地流转收入是农民财产性收入的重要组成部分。作为经济发达地区，北京市农村土地流转比例在全国居于前列。以 2011 年为例，北京市农村耕地流转面积占耕地承包面积比重为 46.2%（见表 19），远高于全国同期 17.8%

的水平，但比上海低 12 个百分点，居全国第二位。① 另据北京农村"三资"监管平台统计数据，北京市农村土地已确权面积 463.1 万亩，农地流转总面积 219.9 万亩，占全市确权总面积的 47.5%。

表 19　2006～2011 年北京市农村土地承包流转情况

项目指标＼年份	2006	2007	2008	2009	2010	2011
家庭承包经营的耕地面积（亩）	2991641	2976110	2930863	4660967	4642644	4641232
家庭承包经营的农户数（户）	683495	718134	686835	1062250	1059419	1041219
家庭承包耕地流转总面积（亩）	140980	141827	168013	2151028	2149346	2143029
1. 转包（亩）	87234	74114	53672	40470	39859	62214
2. 转让（亩）	5810	13696	20723	28236	27176	39522
3. 互换（亩）	1051	657	8878	7087	7454	4764
4. 出租（亩）	30293	42646	60919	101653	138280	137855
5. 股份合作（亩）	3047	2911	16475	2568	2526	2526
6. 其他形式（亩）	13545	7803	7346	1971014	1934051	1896148
流转入农户的面积（亩）	—	—	—	807259	762807	613369
流转入专业合作社的面积（亩）	—	—	—	166776	141195	141195
流转入企业的面积（亩）	—	—	—	302495	360622	377304
流转入其他主体的面积（亩）	—	—	—	874498	884722	1011161

资料来源：北京市经管站《北京市农村经济收益分配统计资料》（2006～2011 年）。

　　2010 年，北京市农民人均承包地流转收入 182 元，占农民财产性收入的 11.45%，低于租金、征地补偿、股息分红，在财产性收入构成中居第四位。自 2011 年起，北京市首次对土地流转价格进行监测，共选取 33 个乡镇作为土地流转监测点。33 个监测点 2011 年土地流转总面积达 13546.4 亩，平均流转价格为每年每亩 1283 元。但不同的土地流转形式、流转类型

---

① 参见农业部经管司《2011 年农村土地承包经营及管理情况》，《农村经营管理》2012 年第 5 期。截至 2011 年底，全国实行家庭承包经营的耕地面积 12.77 亿亩，家庭承包经营农户 2.288 亿户，签订家庭承包合同和颁发农村土地承包经营权证分别为 2.22 亿份和 2.08 亿份，村集体经济组织机动地面积为 2393.9 万亩。全国家庭承包耕地流转总面积达到 2.28 亿亩，占家庭承包经营耕地面积的 17.8%。耕地流转面积占耕地承包面积比重较大的前 10 个省（市）分别是：上海 58.2%、北京 46.2%、江苏 41.2%、浙江 40.3%、重庆 38.2%、黑龙江 30.5%、广东 25.8%、湖南 23.6%、河南 20.6%、福建 19.3%。

及土地流转的地理位置，对流转价格的影响较大。例如，从流转形式看，确权确地流转价格最高，平均每年每亩流转价格1449元；确权确利流转价格最低，平均每年每亩流转价格459元（见表20）。从流转地理位置看，近郊土地流转平均价格高于远郊地区，大兴区平均流转价格每年每亩2222元，延庆县平均流转价格每年每亩600元。此外，土地流转中还存在一些低价签订长期流转合同、违背农民意愿流转土地等问题，在一定程度上损害了农民的土地流转收益。

表20　2011年北京市33个监测点农村土地流转情况

项　　目	流转面积（亩）	平均流转价格（元）	项　　目	流转面积（亩）	平均流转价格（元）
从流转形式看			从流转地地理位置看		
确权确利流转	2201.5	459	昌平区	394.2	1294
确权入股流转	394	1289	大兴区	3558.2	2222
确权确地流转	10950.9	1449	顺义区	521.35	1165
其中：出租	7035	1096	通州区	4988.2	1292
其他	3915	2082	怀柔区	100	1000
			延庆县	151.2	600

（五）农村"三资"经营管理存在不足

集体资源、资产、资金是农民的重要财产。维护和发展农民的集体收益分配权，取决于农村"三资"经营管理水平。2011年，北京市农村集体资产总额超过4000亿元，扣除负债，京郊农民人均所有者权益近5万元（见表21）。北京作为农村集体经济比较发达的地区，农村"三资"的规范化管理取得很大进展，农村集体经济组级别产权制度改革走在全国前列，较好地维护和发展了农民的集体收益分配权。2011年底，全市累计完成农村集体产权制度改革的单位3645个，其中村级3635个，占村级总数的91.4%，有301万农村居民成为股东，全年股份分红总额达20.6亿元，比上年增长40.1%，享受股份分红农民58万余人，人均分红3525元。①

----

① 2011年，北京市昌平区农村集体经济产权制度改革完成的村达到303个，占全区312个集体经济组织的97%，股东总数达35.4万人，量化资产总额370.6亿元。当前该区已完成农村集体经济产权改革的村分红比例为91.7%，实现分红3.1亿元，其中，户分红最高10.87万元，个人分红最高3.45万元。

表21　2006～2011年北京市农村集体资产及人均情况

年份 项目	2006	2007	2008	2009	2010	2011
集体资产总额(万元)	20943651.4	23250560.6	24274174.1	29723953.3	34510323.0	41165880.0
人均集体资产(元)	—	71074.0	74882.5	92589.6	108388.2	129544.6
负债总额(万元)	12370576.7	13690071.2	13932859.4	17657841.9	20733403.6	25482537.8
人均负债(元)	—	41848.8	42980.9	55003.9	65118.4	80190.8
所有者权益总额(万元)	8573074.7	9560489.4	10341314.7	12066111.4	13776919.4	15683342.2
人均所有者权益额(元)	25990.5	29225.2	31901.5	37585.7	43269.8	49353.8

资料来源：北京市经管站《北京市农村经济收益分配统计资料》(2006～2011)。

　　虽然京郊农村"三资"经营管理取得很大进展和成效，但也面临诸多挑战，在很大程度上影响了农民的集体收益分配权。

　　一是农村集体经济经营水平有待提高，集体经济总收入占郊区农村经济总收入的比重逐年下降。2000～2011年，北京农村集体经济总收入占郊区农村经济总收入的比重，已从58.6%下降到31.7%，下降了26.9个百分点。近年来，北京农村集体资产大幅度增加的一个重要因素在于新农村建设加大了农村基础设施的财政投入以及城市化进程中征地补偿收入的大幅增长。二是农村集体经济发展不平衡，收不抵资的村集体组织占总数的近一半。2011年，全市农村收不抵支的村组织1978个，同比增加155个，占村集体经济组织总数的49.6%。同年资不抵债的村233个，占村集体经济组织总数的5.8%。三是集体经济股份分红面及分红比例较低。据对北京市已完成集体经济产权制度改革的3608个单位的数据监测（因有未正常运营37个村级单位未纳入监测），2011年，只有555个单位实现了股金分红，占改制单位总数的15.4%，集体股每股分红5.8万元，个人股人均分红2491.2元。另据北京市农村经济研究中心（经管站）2012年初对全市474个（乡级6个、村级468个）改制后的集体经济组织经营效益抽查审计，只有141个单位实现股份分红，占29.7%，分配的股金主要来源于征地补偿费。四是农村金融发展滞后。土地承包经营权、宅基地使用权、农民住房均不能抵押贷款。农村金融网点覆盖率低，农村金融产品和金融服务短缺，农民专业合作社的信用合作业务尚在探索之中，农村金融市场发育迟缓。

　　此外，农村集体经济组织还存在内部人控制以及村干部侵吞集体资产等较严重问题。此外，郊区农村集体经济组织承担了大量的公益性事业投入压力，负担较重。

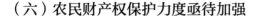

（六）农民财产权保护力度亟待加强

农民财产性收入的前提是必须先拥有财产，否则，财产性收入就成为无源之水；农民拥有的财产必须得到切实保护，否则财产性收入就失去了稳定的来源。在城市化和城乡一体化进程中，农民财产权受到的侵害比较突出，主要表现在如下几个方面：一是快速的城市化进程大量侵占农民集体和个人的土地，相应的补偿不公正、不到位。二是违背农民意愿强迫农民集中居住，侵占了农民的宅基地权利。三是强制拆迁，侵害了农民的住房权益。四是一些基层干部侵吞农民集体土地补偿费和其他集体资产，给农民集体和个人的财产权利造成巨大损失。五是司法制度存在缺陷，村集体或农民在财产权利遭到侵害后难以通过司法途径获得及时公正的救济。

五　增加农民财产性收入的对策建议

要真正增加农民财产性收入，就必须创造各种条件，加快改革步伐，保障农民土地财产权，保护农民财产，拓展农民财产性收入的渠道。

（一）改革土地制度，保障农民土地财产权

土地财产是农民最主要的财产。增加农民的财产性收入，首先必须深化土地制度改革，加快《土地管理法》的修订，认真贯彻落实《物权法》，切实保障和维护农民的土地财产权利。一是要对农村集体土地与国有土地两种体制的土地实行平等保护。农村集体所有制也是公有制，在产权上要与国有土地同权。在城市化进程中不能歧视农村集体土地。二是破除城乡二元土地制度，加快建立城乡统一的建设用地市场。要在海淀区唐家岭村利用集体土地建设公租房试点的基础上，尽快出台全市统一的农村集体建设用地入市的政策法规，保障农民的土地发展权。三是要排除干扰，坚定不移地全面完成农村土地确权、登记、颁证工作，明确农村集体和农户的土地产权，真正做到赋权于民。四是建立健全耕地保护机制和补偿机制，提高农村集体和农民保护耕地的积极性。五是建立健全农村土地市场，赋予农民对承包土地的占有、使用、收益和处分的完整权能，发挥市场在土地资源配置中的基础性作用，保障农民依法通过公开合法的市场自主处置土地，允许农民以承包地、宅基地、林地等产权进行抵押贷款融资。

（二）创新农村住宅制度，维护农民宅基地用益物权

住宅是农民安身立命之所，必须得到切实的保护。一是切实遵守《物权法》，保障农民宅基地用益物权。不得借口宅基地是集体所有就擅自收回农民的宅基地。二是放松农民住宅产权管制，建立健全农村住宅市场，允许和规范农民按照市场经济规律流转住宅，不应受地域、身份等限制。农民应当通过市场退出宅基地和住房。三是实行农村宅基地福利分配与市场配置双轨制。对村集体经济组织成员实行宅基地福利分配，享受福利分配的农户一户只能申请一宅，宅基地面积按照规定确定。如遇征地搬迁等需退出宅基地的，宅基地以市场定价补偿，合理确定村集体与农户之间的分配比例。四是允许和规范农村集体和农民在符合规划的前提下可以面向市场建设住房。五是要将农民纳入住房保障体系，确保农民与城市居民一样拥有住有所居的权利。

（三）推进征地制度改革，提高农民土地增值收益分配比例

传统的征地制度严重剥夺了农民的土地财产权利，必须从根本上改革计划经济体制下出台的征地制度。一要按照党的十七届三中全会精神，加快改革征地制度，严格界定公益性和经营性建设用地，将征地限定在公益性范围之内，因公益性征地，必须给予公正合理的补偿；因经营性征地，则通过土地市场，供需双方进行公开、公正的谈判交易，政府收取相关税费。二要根据2011年中央农村工作会议精神，改变城镇化发展模式，不能再靠牺牲农民土地财产权利降低工业化城镇化成本，有必要、也有条件大幅度提高农民在土地增值收益分配的比例。有关征地补偿的法律法规要以此为依据进行重大修改，关键是切实保障农民的土地财产权利。三要分配好土地非农化和城镇化产生的增值收益。改变土地补偿费全部归集体所有的做法，明确提高农民土地增值收益分配比例。重庆等地的做法是承包地按20∶80的比例、宅基地按15∶85的比例在村集体与农户之间进行土地补偿费分配。这种做法可以借鉴。四要转变政府职能。政府不再直接经营土地，取消土地财政，建立健全相关土地税法。政府依法收取土地税费，并通过收取土地税费来调整不同区域、不同集体、不同农户之间的土地增值收益，确保人们共享改革发展成果。

（四）规范承包土地流转，增进农民土地流转收益

要按照依法、自愿、有偿原则，改革完善承包土地流转制度，保障农民

的土地流转权益。一要加强农村土地承包经营权流转的管理与服务。要为农民的自愿流转土地提供有效的服务指导，对强制农民流转土地的做法和行为要及时予以制止和纠正。二要建立健全土地承包经营权市场，完善农村产权交易，鼓励和规范农民以转包、出租、互换、转让、入股等多种形式流转土地承包经营权。三要加强对农民土地流转的监测，保障农民的流转收益。要逐步扩大农民土地流转监测范围，及时跟踪分析监测数据，为农民提供市场流转价格信息以及指导服务。四要建立农民土地流转价格合理增长机制。对于曾签订流转价格偏低的长期流转合同，要予以补充完善，确保农民的利益。对于确权确利和确权确股的，要完善内部管理，扩大农民参与，保障农民的流转收益。

（五）完善农村"三资"管理，确保农民集体收益分配权

加强农村"三资"管理，发展新型农村集体经济，完善法人治理结构，是保障农民集体收益分配权的重要内容。一要制定支持和促进农村新型集体经济发展的政策措施，不断提高农村新型集体经济发展水平。要加强对收不抵支的村的调查研究，指导和帮助收不抵支的村探索新的发展路子，因地制宜地发展适合本村的新型集体经济。二要逐步提高集体经济股份分红范围及分红比例。继续深化农村集体经济产权制度改革，发展壮大多种形式的新型集体经济，完善集体经济组织法人治理结构，提高新型集体经济的经营管理水平，不断扩大农村集体经济组织的股份分红范围及分红比例，提高农民分红水平，使更多的农民享受集体收益分配权。三要大力促进农村金融发展，提高农村金融网点覆盖率，创新农村金融产品，提高农村金融服务水平，探索农民专业合作社的信用合作业务，开展土地承包经营权、宅基地使用权、农民住房抵押贷款试点，不断培育和发展农村金融市场。四要强化农村集体经济组织的民主管理，预防少数干部侵吞集体资产，损害村集体及农民利益。五要进一步推进公共财政体制改革，加强政府对农村公共产品和服务的供给责任，着力减轻农村集体经济组织负担。

（六）深化政治体制改革，创造有利于农民财产权保护的社会环境

温家宝在2011年12月中央农村工作会议和2012年3月的《政府工作报告》中指出，土地承包经营权、宅基地使用权、集体收益分配权，是法律赋予农民的

财产权利，任何人都不能侵犯。[①] 只有切实保护好农民的财产权，才能有效地提高农民的财产性收入。一要按照党的领导、人民当家做主、依法治国有机统一的要求，认真落实《全面推行依法行政实施纲要》《国务院关于加强法治政府建设的意见》，切实转变政府职能，全面推行依法行政，加快建成现代法治政府，明确将保护农民的财产权作为政府的重大职责。二要改变损害农民土地财产权利的城镇化发展模式，着力扭转损害农民土地财产权利的所谓低成本的城镇化发展局面，树立尊重和保护农民财产权利的发展观念，走有利于尊重和维护农民财产权利的新型城市化道路，使农民在新型城市化发展中不是丧失财产权利，而是维护和发展了财产权利。三要改革司法体制，确保司法公正。司法作为维护社会正义的最后一道防线，对维护和保障农民的财产权利不受侵害具有至关重要的意义。要按照建设社会主义法治国家的总要求，改革司法体制，树立司法公信力，使司法机构能够有效承担维护公民财产权利的神圣职责，能够对财产权利遭到侵害的农民提供及时、有效和公正的司法救济。

参考文献

1. 国家统计局北京调查总队、北京市统计局：《2011 北京城乡居民生活统计资料》，2012 年 5 月。

2. 关锐捷：《发展壮大农村集体经济，促进农民财产性收入增长》，《农村经营管理》2012 年第 5 期。

3. 北京市农村经济研究中心、北京市农村合作经济经营管理站：《北京市农村经济收益分配统计资料（2006～2011 年)》，2007～2012 年。

4. 梁达：《我国居民财产性收入比重虽小潜力巨大》，新浪财经网，2007 年 11 月 22 日。

5. 孙雷主编《上海"三农"决策咨询研究——2008 年度上海市科技兴农软课题研究成果汇编》，上海财经大学出版社，2009。

6. 黄祖辉、王敏：《我国居民收入不平等问题：基于转移性收入角度的分析》，《管理世界》2003 年第 3 期。

7. 高志仁：《农民财产性收入与城乡差距》，《经济科学》2008 年第 4 期。

[①] 温家宝：《中国农业和农村的发展道路》，《农民日报》2012 年 1 月 17 日第 1 版。温家宝：《政府工作报告——2012 年 3 月 5 日在第十一届全国人民代表大会第五次会议上》，人民出版社，2012，第 20 页。

8. 王文烂：《农民财产性收入增长的制度障碍及其化解》，中国改革论坛，http：//www. chinareform. org. cn/forum/crf/69/paper/201008/t20100804 _ 39062. htm，2010年8月4日。

9. 北京市国土局：《北京市2008年度土地利用变化情况分析报告》，北京市国土局网站，http：//www. bjgtj. gov. cn/tabid/3192/InfoID/57613/Default. aspx。

10.〔秘鲁〕赫尔南多·德·索托：《资本的秘密》，于海生译，华夏出版社，2007。

11. 彭真怀：《中国农业改革模式亟需顶层设计》，《中国经济时报》2011年3月18日第5版。

12. 北京市农村经济研究中心、北京市经管站主办：《北京城乡经济信息》专刊第52期（总第198期），2012年7月26日。

13. 北京市农村经济研究中心、北京市经管站主办：《北京城乡经济信息》专刊第45期（总第191期），2012年7月17日。

14. 北京市农村经济研究中心、北京市经管站主办：《北京城乡经济信息》专刊第35期（总第181期），2012年6月13日。

15. 北京市农村经济研究中心、北京市经管站主办：《北京城乡经济信息》专刊第32期（总第178期），2012年5月28日。

16. 北京市农村经济研究中心、北京市经管站主办：《北京城乡经济信息》专刊第16期（总第162期），2012年3月6日。

17. 农业部经管司：《2011年农村土地承包经营及管理情况》，《农村经营管理》2012年第5期。

18. 温家宝：《中国农业和农村的发展道路》，《农民日报》2012年1月17日第1版。

19. 温家宝：《政府工作报告——2012年3月5日在第十一届全国人民代表大会第五次会议上》，人民出版社，2012。

课题负责人：郭光磊　张秋锦

课题组组长：张英洪

课题组成员：樊汝明　齐福全　陈权余　林子果

执笔：张英洪　齐福全

2012年8月25日

第六篇

北京市实现农民工市民化研究

Part 6

农民工是指身份是农业户籍，从事非农产业的工人。农民工市民化是指农民进入城市就业，并逐步融入城市成为城市新市民的过程。农民工市民化以农民工整体融入城市公共服务体系为核心，使农民工个人融入企业、子女融入学校、家庭融入社区，实现农民工真正成为城市的新市民。农民工市民化是推进新型城市化、加快城乡一体化和解决"三农"问题的战略任务。

2011年10月11日，北京市召开优秀来京务工人员代表座谈会。北京市委书记刘淇在会上强调要把来京务工人员当成北京的新市民，在政治上尊重、生活上关心、工作上支持，解决好他们普遍关心的问题，努力为广大来京务工群众创造良好的工作和生活环境。北京市委副书记、市长郭金龙在讲话中指出，广大来京务工人员为首都的发展做出了重要贡献，已成为首都发展不可缺少的重要力量。首都的经济、社会发展各领域取得的成绩，无不凝聚着他们的智慧和汗水。北京市委、市政府一直高度重视来京务工人员工作，把对来京务工人员的服务与管理工作纳入首都经济社会发展的大局统筹考虑，着力解决来京务工人员最关心、最直接、最现实的利益问题，积极创造良好的就业和生活环境，在就业服务、维护权益、社会保障、公共服务等方面先后出台了一系列政策措施，取得了明显成效。[①] 2012年11月，党的十八大明确提出要"有序推进农业转移人口市民化，努力实现城镇基本公共服务常住人口全覆盖"[②]。北京市作为外来人口主要流入地，农民工有数百万之多。加强农民工市民化研究，实现农民工市民化，是北京建设世界城市、率先形成城乡一体化新格局的必然要求，也是走以人为本的新型城镇化道路的必由之路。

一　北京市农民工基本情况

根据2010年第六次人口普查结果，北京市外来人口为704.5万人，占常住人口的35.9%。其中，外地来京农民工约为380万人，比5年前的第五次人口普查时净增了100万人，占北京市外来人口的53.9%，占北京市全部常住人口的19.4%。另据不完全统计，自2007年以来，北京市共有48万本市农村劳动力实现转移就业。北京市外地农民工的具体情况如下：

---

① 《刘淇、郭金龙出席优秀来京务工人员代表座谈会》，中央政府门户网站，http://www.gov.cn/gzdt/2011-10/12/content_1966794.htm。

② 胡锦涛：《坚定不移沿着中国特色社会主义道路前进，为全面建成小康社会而奋斗——在中国共产党第十八次全国代表大会上的报告》，人民出版社，2012，第23页。

1. 性别结构：女性农民工比例略有降低

截至 2011 年底，北京外地农民工中，男性为 217.6 万人，女性为 162.4 万人，男女性别比为 1.34∶1；同时期的外地来京人员男女性别比为 1.19∶1（见图 1）。2005 年北京外地农民工男女性别比为 1.32∶1。女性外地农民工比例的降低，使北京市保洁、家政、餐饮等服务业用工缺口进一步加大。

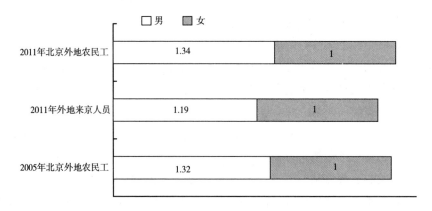

图 1　外地农民工性别结构

注：数据来自北京市流动人口和出租房屋管理委员会办公室 2011 年底的调查统计。以下如无说明，数据出处相同。

2. 年龄结构：新生代农民工成为主体

调查数据显示，外地来京农民工以 80 后新生代农民工为主，其数量占农民工总数的 70% 左右。16～30 岁的青年农民工占总数的 53.5%，其次是 31～50 岁的中年人，占 42.5%（见图 2）。与 2005 年相比，北京市外来农民工的年龄结构更加趋于年轻化。近年来，北京市老龄化加速发展，2010 年，老年抚养系数达到 26%[①]，远远高于全国平均水平。以新生代劳动力为主的外来人口延缓了北京市老龄化进程压力，在"用工荒"背景下，外地青壮年人口红利的重要性得以凸显。

3. 学历结构：初中文化农民工居多

调查数据显示，外地农民工以"初中"学历者居多，占总数的 51.7%，其次是"高中"学历与（中专、技校）者，占 25.1%（见图 3）。与 2005 年

---

① 北京市老龄工作委员会办公室：《北京市 2010 年老年人口信息和老龄事业发展状况报告》。

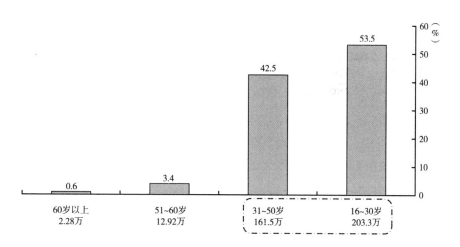

图2　外地农民工年龄结构

相比，高中及以上学历人员逐渐增长，农民工文化素质逐步提高。随着教育大众化的发展，农村剩余劳动力人力资本投资逐渐增加，这有利于提升农民工在北京劳动力市场上的求职竞争力。

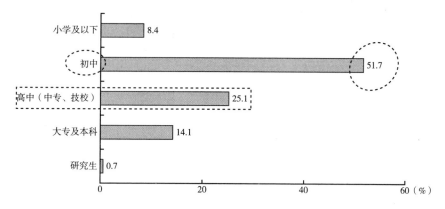

图3　外地农民工学历结构

4. 来源结构：冀、豫、鲁、皖四省农民工比例较高

作为首都，北京市的农民工来源非常广泛。调查显示，北京市农民工来自全国30个省、自治区、直辖市。排在前4位的依次为河北、河南、山东、安徽，约占北京外来农民工总数的55.6%，其中河北籍的农民工比例最高，占北京农民工总数的22.5%（见表1）。这4个省的共同特点是：距离北京较近，人口较多，经济发展水平较低。

表1　流入北京农民工最多的省份

单位：人，%

农民工来源省份	数量	比例	农民工来源省份	数量	比例
河　北	4502	22.5	湖　北	1010	5.0
河　南	3335	16.6	黑龙江	936	4.7
山　东	1829	9.1	山　西	823	4.1
安　徽	1486	7.4	内蒙古	563	2.8
四　川	1114	5.6	江　西	486	2.4

5. 行业分布结构：服务业吸纳多数农民工

整体来看，外地农民工从业范围较广。服务业吸纳了多数农民工，其中批发和零售业占比最高，达12.9%，其次为制造业，占11.6%。值得关注的是，居民服务和其他服务业占11.2%，基本和制造业持平；住宿和餐饮业占9.4%，超过建筑业的农民工就业比例（7.2%）（见图4）。这一方面体现出与长三角、珠三角地区相比，北京服务业较为发达，未来可能会进一步超出制造业的用工需求；另一方面也反映了新生代农民工逐渐对脏、重、累和简单重复的体力工作失去兴趣。

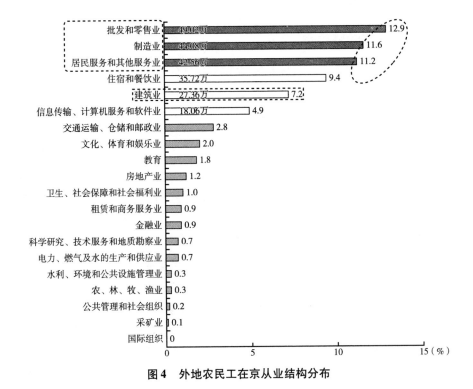

图4　外地农民工在京从业结构分布

6. 收入水平：远低于预期

尽管外地农民工收入同北京市人均工资相比仍处于较低水平，但和流出地相比，相对较高的收入仍是外地农民工选择进京打工的重要因素。不过，面对用工短缺和城市间的务工政策竞争，外地农民工工资期望逐步提升。调查数据显示，在京外地农民工的工资期望达到了4880元（见图5），和北京市职工平均工资基本保持一致，超出农民工目前实际工资水平近2000元。

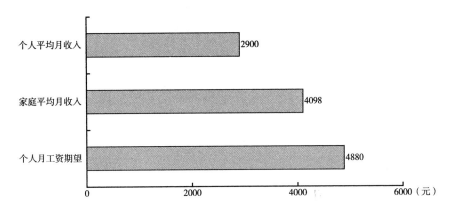

图5　外地农民工收入水平及期望

7. 进城务工渠道：熟人介绍仍是农民工就业主渠道，网络平台地位日益凸显

来京务工的农民工，有42.4%的人是通过熟人介绍，16.6%的人是通过用人单位直接招聘，5.8%的人通过网络求职（见图6）。"亲帮亲，邻帮邻，老乡帮老乡"的传统熟人介绍方式（42.4%）仍是农民工就业主渠道。通过劳务输出、政府举办的招聘会以及政府开办的公共就业服务机构就业的农民工分别占1.0%、0.6%和0.3%。一方面，政府对农民工的公共就业服务略显不足，需要继续加强；另一方面，随着移动互联网、社交媒体的发展以及新生代农民工中网民比例的提高，网络平台在促进就业方面的地位将进一步凸显。

8. 就业关注因素：自愿失业现象较多，未来成长和工作环境更受重视

目前招工难和就业难并存。调查发现，29.0%的暂时未就业外地农民工因薪酬和福利水平太低而自愿失业（见图7）。值得关注的是，超过半数的农民工求职时最关注用人单位的背景和发展规划、工作辛苦程度、工作生活环境、上班路程远近、是否签订规范的合同，是否提供社会保障等未来成长和工作环

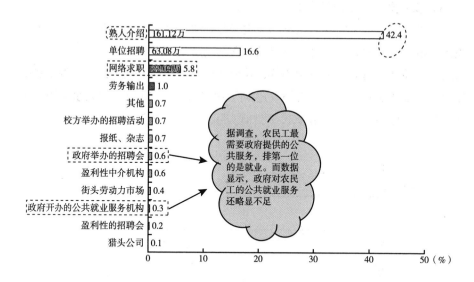

图6 外地农民工就业渠道分布

境。与老一代农民工不同，新生代农民工绝大多数未做过农活，他们的参照系是城市同龄人，渴望市民身份认同，待遇平等及融入城市。

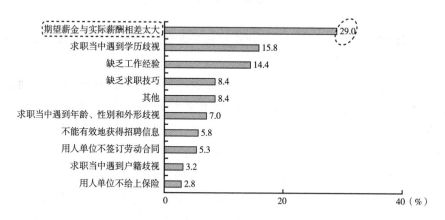

图7 外地农民工求职时关注的信息

9. 稳定居住状况：在京就业三年以上农民工过半数

调查数据显示，57.5%的农民工在京累计工作时间超过3年（见图8）。农民工长期在京务工已经适应了首都的工作、生活和文化环境，即便暂时就业遇到困难或对城市环境还存在诸多不满意之处，也不愿返乡。

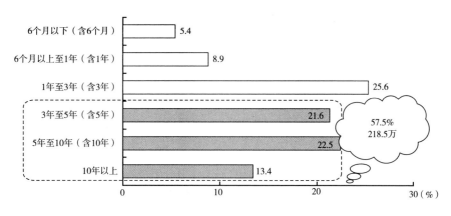

图8　外地农民工在京就业时间

二　北京市新生代农民工情况调查

新生代农民工是指出生于 1980 年以后、年龄在 16 岁以上、从外地来北京、以非农业就业为主的青年群体。新生代农民工已经成为农民工的主体。根据 2012 年共青团北京市委研究室联合北京市青英研究中心开展的北京新生代农民工专题调查,[①] 北京市新生代农民工的基本情况如下:

1. 性别与年龄

就性别而言,被访新生代农民工男女比例基本平衡,年龄为 16～32 岁呈正态分布,平均年龄 25.2 岁,其中 22～30 岁的人所占比例最高,占全部被访新生代农民工的 73%。

2. 地理分布：以北京为轴心向南呈扇形分布

调查发现,北京的新生代农民工中,来自河北的最多,占总数的 29.5%;其次是河南,占 13.8%,随后是山东与山西,比例分别为 9.4% 与 6.2%(见图 9)。河北、河南、山东、山西四省的新生代农民工占到全部北京新生代农民工的 58.9%。结合四省区域位置,概括来说,北京新生代农民工的流出地以北京为轴心向南呈扇形分布。另外,来自安徽、辽宁等 12 个省份的新生代农民工所占比重均超过 1%,而云南、重庆、天津、浙江、福建等 15 个省份的来京新生代农民工比例之和为 6%,差异巨大。

---

① 本部分数据来源于共青团北京市委研究室联合北京市青英研究中心于 2012 年进行的新生代农民工专题调查。这次调查共发放问卷 10000 份,有效问卷 9206 份,有效填答率达 92.5%。

可以看出，新生代农民工仍会选择经济发展水平较高且距家乡所在地较近的地区作为流入目的地，对新生代农民工而言，北京是华北地区最具吸引力的流入选择地。

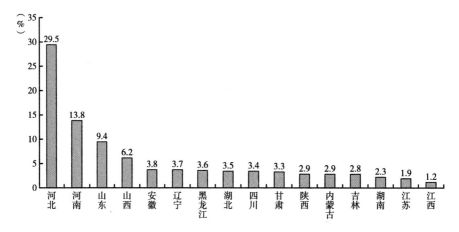

图9　来京新生代农民工流出地占比前16位的省份分布

3. 受教育水平：以高中及以上学历为主

来京新生代农民工绝大多数接受过基础教育，其中学历为"小学及以下"的被访者仅占2.3%；初中学历者占31.5%；高中学历者最多，占35.9%；大专学历者占18.7%；本科学历者占10.3%；研究生及以上学历者占1.2%（见图10）。与前文所有北京农民工相比，新生代农民工受教育水平明显提高，高中以上学历者占60%以上。

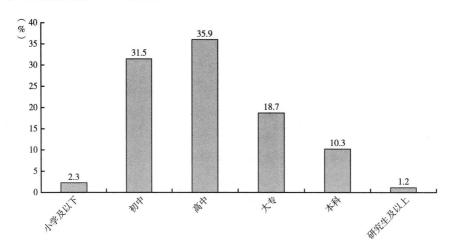

图10　新生代农民工受教育水平

4. 婚姻与家庭：多出自多子女家庭，未婚者居多

被访新生代农民工中的大部分出身于多子女家庭，独生子女所占的比例为18.7%，两个孩子的家庭最多，占51.6%，三个子女的次之，为21.7%，四个及以上子女的最少，占8%（见图11）。可以看出，出身于独生子女的家庭数量并不多，这与媒体和其他相关研究关于该群体多为独生子女，存在独生子女娇生惯养问题的论断并不相符。

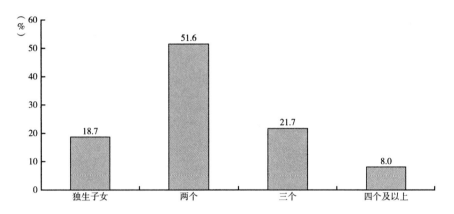

图11　来京新生代农民工家庭的子女数量

在被访的新生代农民工中，有37.0%的人已婚，62.1%的人未婚。其中，30.7%的被访者为未婚且没有男（女）朋友，有男（女）朋友的被访者比例为31.4%，离异和丧偶的比例分别为0.8%和0.1%（见图12）。在平均年龄为25.3岁、拥有高中及以上学历占主体的该群体中，大量被访者在工作、生活压力下面临着"适龄未婚"的问题。

在37%的已婚被访者中，配偶在同一城市工作的占71.9%，在同一城市、无业者占7.6%，在家务农的占12.6%；不在同一城市工作的占7.4%，由此可以看出，已经有八成的被访者与配偶在北京共同工作生活，与老一代农民工相比，他们许多人在北京有一个小家，对家乡的牵挂比独自在城市漂泊的老一代农民工要弱，从这个意义上讲，新生代农民工市民化的心理条件和家庭条件更具优势。

5. 务工时间：在京务工时间平均接近5年

调查结果显示，新生代农民工外出务工时间平均为68个月，即达到5年半，最长时间为197个月，最短的不到1个月。而新生代农民工在京务工时间

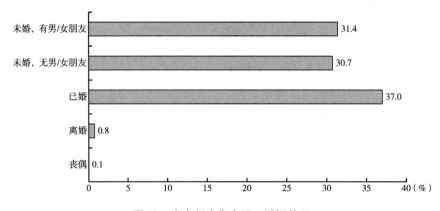

图 12 来京新生代农民工婚姻状况

平均为 59 个月，将近 5 年，其中最长的为 197 个月，最短的不到 1 个月。也就是说多数新生代农民工在京时间较长，稳定性较强。

6. 就业状况：从事行业仍以低端服务业为主

从调查结果可以看出，来京新生代农民工仍主要从事低端服务业，包括住宿餐饮业（25.2%）、批发零售业（13.8%）、居民生活服务业（9.3%）等（见图 13），其次从事制造业和建筑业的人所占比例也较高，仅这五个行业就吸纳了 70% 的被调查新生代农民工就业。与老一代农民工相比，虽然新生代农民工的受教育程度高，但行业分布变化不大。

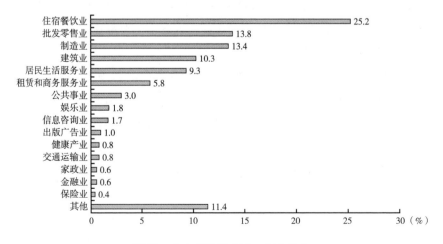

图 13 来京新生代农民工行业分布

7. 收支情况

调查显示，北京新生代农民工的平均月收入为 2558 元，高于全国平均水平（1748 元），却远低于北京市最新（2011 年度）的职工月平均工资 4672 元。①

其中，被访者月收入为 1001～2000 元的占 46%，月收入 2001～3000 元的占35.9%，月收入在 1000 元以下的占 1.6%，月收入在 5000 元以上的占 1.9%（见图 14）。可以看出，新生代农民工中高收入者和极低收入者都相对较少，多数为中低收入者，在整体上呈现出"两头小中间大，平均水平偏低"的特点。

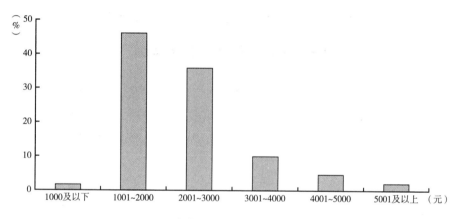

图 14　来京新生代农民工月收入情况

在支出方面，有 45.7% 的被访者表示自己日常最大的支出是"吃饭、日用品开支"，而另有 26.1% 的人表示自己最大的支出是"支付房租水电费用"，只有极少数的个体认为"购置衣物（化妆品等）"（8.6%）、"手机充值"（2.4%）、"社交应酬娱乐"（5.6%）等是日常最大支出，而认为"学习培训"是日常最大的支出的人则更为稀少，仅占 1.8%（见图 15）。这表明，多数在京新生代农民工的日常支出仍以基本生活开销为主。

8. 职业培训：政府社会方面培训严重不足

所有被访新生代农民工中，参加过职业培训的人所占比例为 59.8%，有超过 1/3 的被访者从未接受过任何形式的培训。进一步对职业培训进行分析可知，单位培训是主体，在接受过培训的被访者中，近 80% 的人参加单位培训（见图 16）；自费参加培训的比例近 20%，说明北京新生代农民工已经开始认

---

① 北京市人力资源和社会保障局、北京市统计局：《关于公布 2011 年度北京市职工平均工资的通知》，http://www.bjstats.gov.cn/tjzn/mcjs/201204/t20120409_224159.htm。

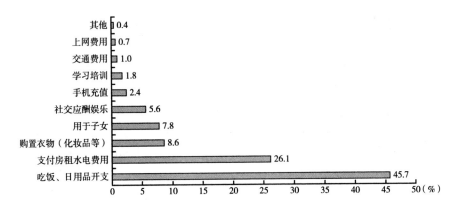

图15 来京新生代农民工月支出情况

识到学历和能力，特别是职业技能已经成为个体发展的核心与关键，在闲暇时间，有10.9%的被访者会选择"参加学习培训"；但政府、社区方面培训严重不足，政府、社区、职业介绍所三个机构的培训所占比例仅为10.0%。

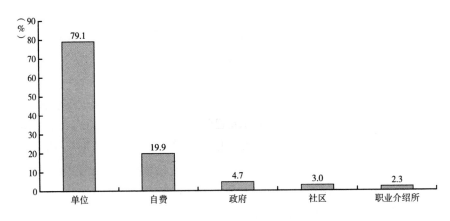

图16 来京新生代农民工接受培训情况

9. 居住情况：以集体宿舍和租房为主

被访新生代农民工住宿类型呈现多样化，但仍以集体宿舍和自己租房为主，分别占被访者的48.5%与42.0%。自购住房的人所占比例很小，仅占4.3%（见图17）。老一代农民工几乎都是居住在集体宿舍，新生代农民工从事行业的多样性催生了住宿类型的多样化，也往往会因为集体宿舍条件不好，不愿凑合而选择外出租房，这反映出新生代农民工对住宿条件的要求在逐步提高。

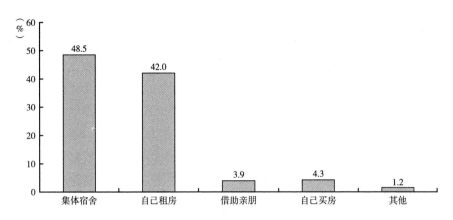

图17　来京新生代农民工居住情况

调查显示，新生代农民工在住房上最期望获得的帮助是"提供廉租房"，占48.4%；其次是期望"稳定房租"，占27.7%；再次是期望能够得到保障房的购买机会，占24.9%；希望"取消商品房限购"者占5.3%（见图18）。可以看出新生代农民工最需要的是获得住房上的保障和房屋租赁市场的规范化，并不是对商品房价格的调控。

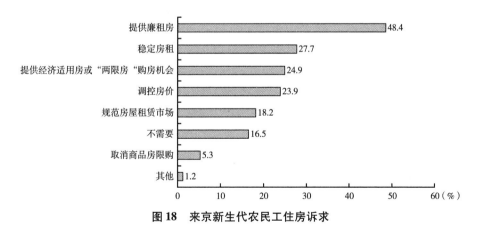

图18　来京新生代农民工住房诉求

三　北京市解决农民工问题的主要政策及成效

北京市涉及农民工的政策总体上经历了从"管理控制为主"到"管理服务并重"的转变。特别是自2003年以来，北京市按照科学发展观的要求，坚持"以人为本"，把对农民工的管理服务，纳入首都经济社会发展大局统筹考虑，逐步取消了针对农民工的各种不平等政策，加快推进全市城乡一体化建设，在农民工身份制度、促进就业、职业培训、社会保障、子女教育以及住房保障等方面进行了一系列有益探索。

（一）户籍身份制度

2010 年国务院转发国家发改委《关于 2010 年深化经济体制改革重点工作的意见》，提出加快落实放宽中小城市、小城镇特别是县城和中心镇落户条件的政策，逐步在全国范围内实行居住证制度。就北京这种人口过度集聚的特大城市来说，现阶段完全放开户籍制度并不可行，居住证制度是逐步推进户籍制度改革的内容之一，具有过渡和公平双重属性，它不仅仅是名称的变化，也体现着附着在户籍上的一系列公共服务等权益的剥离。

就目前来说，北京市主要为本市流动人口办理暂住证和工作居住证两类证明。暂住证制度自 1986 年开始实施。1995 年北京规定，外来人员未取得暂住证，不予办理营业执照等。2005 年这一规定取消。但在北京居住仍要办理暂住证，公安部门协同社区会定时进行检查，与公共服务没有挂钩。北京工作居住证原则是总量控制，市民待遇，柔性流动，依法管理。一般认为北京市工作居住证相当于一张在京居住的"绿卡"，可以买房等。但工作居住证办理资格要求比较严格，需要单位统一办理。其中资格要求包括所学专业或岗位属于本市急需专业或岗位；在申报单位连续聘用满 6 个月以上；具有 2 年以上工作经历并取得学士（含）以上学位或具有中级（含）以上专业技术职称或相当资格、资质；在本市有固定住所等。

据了解，北京市居住证有望尽快出台，居住证类似于身份证，收录个人基本信息，将普遍实行而非专门针对外来务工人员。有关部门称会引导有稳定就业居住的流动人口办理居住证。流动人口办理居住证后，有望根据居住年限、社会保险参保年限以及纳税情况等，享受阶梯式公共服务。

（二）促进就业政策

自 2002 年以来，北京市认真落实"公平对待、合理引导、完善管理、搞好服务"的方针，不断出台完善就业政策，强化农民工就业服务，确保劳动者平等获得就业机会的权利。

1. 本地农民工

自 2003 年起，北京市进入了统筹城乡就业的新时期，不断将城镇促进就业政策和服务向农村延伸，初步形成了城乡一体化的促进就业格局，建立了城乡平等的就业制度。

在管理制度上。2003 年，北京市劳动保障局、北京市农委下发《北京市加强农村富余劳动力就业工作的意见》（京劳社就发〔2003〕29 号），建立了农村富余劳动力就业登记制度，将农村转移劳动力纳入就业管理和服务范围（见表2）。2006 年，北京市劳动保障局下发《关于印发〈北京市农村劳动力转移就业管理办法〉的通知》（京劳社就发〔2006〕86 号），进一步完善农村劳动力转移就业管理制度，通过管理下沉、就业分类、动态跟踪和信息采集等措施，随时掌握有转移就业要求的农民的就业状况和就业需求。2009 年，北京市依托人力资源市场信息系统，扩充农村劳动力转移就业管理功能，实现了日常工作信息化、动态管理经常化、业务操作标准化。2011 年，北京市为适应城市化发展的需求，加快构建了城乡统一的就业失业管理制度，北京市人力社保局发布《关于印发〈关于城市化建设地区农村劳动力纳入就业失业管理制

表 2　北京市促进农民工就业政策一览表

时　间	文件名	主要内容
本地农民工		
1998 年	《北京市农村劳动力就业管理办法》	根据"先城镇,后农村;先本市,后外地"的就业原则,对用人单位招用本市农村劳动力建立审批制度,用人单位招用本市农村劳动力须经市、区(县)劳动局批准,并按规定向劳动力输出地的区、县劳动局缴纳使用农村劳动力的管理费
2003 年	《北京市加强农村富余劳动力就业工作的意见》	建立农村富余劳动力就业登记制度,将农村转移劳动力纳入就业管理和服务范围
	《关于贯彻〈北京市加强农村富余劳动力就业工作的意见〉的有关问题的通知》	规定北京市所有乡镇都要成立以社会保障所为依托的职业介绍所,有条件的中心村要建立就业服务站或明确专人负责,形成区县、乡镇、村三级就业服务组织管理网络
	《关于建立"4050"就业困难人员再就业援助制度的通知》	将城乡"4050"人员、低保人员、残疾劳动力以及绿化隔离矿山关闭保护性限制地区农村劳动力纳入困难群体援助范围
2006 年	《关于印发〈鼓励用人单位招用本市农村就业困难人员岗位补贴试行办法〉的通知》	规定招用本市农村就业困难人员且签订一年以上劳动合同的可申请享受一次性岗位补贴,补贴标准每人不低于200 元。岗位补贴由市、区县两级就业再就业资金分别负担、共同拨付

续表

时　间	文件名	主要内容
2006 年	《关于印发〈北京市农村劳动力转移就业管理办法〉的通知》	规定通过管理下沉、就业分类、动态跟踪和信息采集等措施,随时掌握有转移就业要求的农民的就业状况和就业需求
	《北京市人民政府贯彻落实国务院关于进一步加强就业再就业工作文件的通知》	规定用 2 年左右的时间,在有条件的行政村建立就业服务站,配备专兼职工作人员,为农村劳动力转移就业提供岗位和培训信息、政策咨询、职业指导、劳务输出及动态跟踪等服务
	《关于进一步推动农村基层就业服务组织建设工作的通知》	规定 2006 年底前,在全市 80% 的行政村建立起就业服务组织,2007 年底前,全市 100% 的行政村具备就业管理服务功能
2007 年	《关于转发劳动和社会保障部〈关于全面推进零就业家庭援助工作的通知〉的通知》	建立"零就业家庭"就业援助制度
2008 年	《北京市人民政府办公厅转发市劳动保障局关于促进农村劳动力转移就业工作指导意见的通知》	鼓励用人单位招用农村就业困难人员的岗位补贴和社会保险补贴政策;实行鼓励农村劳动力自谋职业自主创业的减免行政事业性收费和小额担保贷款政策;实行鼓励农村劳动力增强就业竞争能力的职业培训补贴政策;实行帮助农村劳动力稳定就业的城乡平等的社会保险政策
2010 年	《关于印发〈北京市"纯农就业家庭"转移就业援助工作意见〉的通知》	建立"纯农就业家庭"转移就业援助制度
2011 年	《关于印发〈关于城市化建设地区农村劳动力纳入就业失业管理制度有关问题〉的通知》	将建设征地、土地储备或腾退、整建制农转非、山区搬迁、绿化隔离建设等地区的农村劳动力纳入到城镇失业登记范围,享受城镇促进就业帮扶政策
2012 年	《北京市就业援助规定》	明确将 6 大类城乡困难就业人员纳入援助范围;进一步健全城乡就业困难群体长效帮扶机制
外地农民工		
1989 年	《北京市外地人员务工管理办法》(第 37 号令)	采取《外地来京人员做工证》的方式,对外地来京务工人员进行严格管理控制
1995 年	《北京市外地来京务工经商人员管理条例》	对外地来京务工人员实行《外来人员就业证》制度,对使用外地来京务工人员的行业、工种进行限制,并对外来务工经商人员收取管理服务费;单位或个人禁止私自招用外来务工人员

续表

时　间	文件名	主要内容
1996 年	《关于用人单位招用外地务工人员有关问题的通知》	规定应严格坚持"先城镇、后农村，先本市、后外地"的原则，下岗待工人员较为集中的系统，严格控制外地务工人员的使用数量，属于限制使用外地人员的行业、工种，必须招用本市人员；对未经明确的行业、工种需招用外地务工人员，必须首先招用本市常住户口的劳动力，如招用不足，经批准后，方可招用外地人员
2003 年	《关于加强外地来京务工人员就业服务工作的通知》	取消了用人单位使用外地来京务工人员计划审批和岗位（工种）限制
2004 年 2005 年	—	2004 年 5 月，北京市人大常委会第十二次会议，取消了"外来人员就业证"；市政府第 24 次常务会议废止了《北京市外来京人员务工管理规定》。2005 年 3 月，市十二届人大常委会第十九次会议审议废止了《北京市外地来京务工经商人员管理条例》
2011 年	《关于鼓励发展家政服务业的意见》	在鼓励实行员工制管理、加大扶持力度、维护从业人员合法权益等七个方面提出政策和鼓励措施
2012 年	《关于鼓励家政服务企业实行员工制管理的试点意见》	择优认定一批具有典型示范作用的家政服务企业作为员工制家政服务试点企业，进一步加大对员工制家政服务企业支持力度

度有关问题〉的通知》（京人社就发〔2011〕233 号），将建设征地、土地储备或腾退、整建制农转非、山区搬迁、绿化隔离建设等地区的农村劳动力纳入城镇失业登记范围，享受城镇促进就业帮扶政策。截至 2012 年 9 月底，已将城市化建设地区的 2.52 万名农村劳动力纳入城镇促进就业帮扶范围，海淀区、朝阳区完成农村劳动力转移就业管理制度与就业失业管理制度并轨，率先实现就业管理城乡统一。

在就业政策上。2006 年北京市劳动保障局、北京市财政局下发《关于印发〈鼓励用人单位招用本市农村就业困难人员岗位补贴试行办法〉的通知》，规定招用本市农村就业困难人员且签订一年以上劳动合同的可申请享受一次性岗位补贴①。岗位补贴由市、区县两级就业再就业资金分别负担、共同拨付。

①　农村就业困难人员是指具有本市农业户口、进行了求职登记且属于下列情况之一的人员：因绿化隔离地区建设导致闲置的农村劳动力；因地区资源枯竭导致闲置的农村劳动力；因矿山关闭或受到保护性限制导致闲置的农村劳动力；享受农村最低生活保障待遇的农村劳动力；由市政府确认的其他农村劳动力。

各区县应根据实际情况并按照本办法的要求，制定鼓励用人单位招用本区县户籍农村就业困难人员的岗位补贴办法，补贴金额按照每人不低于200元的标准，由各区县自行确定。在此基础上，北京市就业再就业资金再按照每人200元的标准给予一次性的补贴。2008年《北京市人民政府办公厅转发市劳动保障局关于促进农村劳动力转移就业工作指导意见的通知》（京政办发〔2008〕57号），规定从2009年1月1日起，北京市实施四项促进农村劳动力转移就业政策：一是实行鼓励用人单位招用农村就业困难人员的岗位补贴和社会保险补贴政策。各类用人单位招用"4050"、残疾、低保等农村就业困难人员以及绿化隔离地区、矿山关闭地区、资源枯竭地区和保护性限制地区的农村劳动力，并按规定缴纳社会保险费的，可申请享受岗位补贴和社会保险补贴①。二是实行鼓励农村劳动力自谋职业自主创业的减免行政事业性收费和小额担保贷款政策。对从事个体经营的农村劳动力三年内免收管理类、登记类和证照类行政事业性收费。对从事个体经营和创办小企业的，分别给予不超过8万元、50万元的小额担保贷款，对符合贷款贴息条件的给予财政贴息，在农村建立小额担保贷款信用社区，简化反担保手续。三是实行鼓励农村劳动力增强就业竞争能力的职业培训补贴政策。有转移就业愿望的农村劳动力可享受与城镇失业人员同等的职业技能培训、职业技能鉴定和创业培训补贴政策②。四是实行帮助农村劳动力稳定就业的城乡平等的社会保险政策。农村劳动力实现转移就业并履行了与城镇职工同样的缴纳社会保险费义务的，可享受与城镇职工同等的养老、医疗等社会保险待遇。四项政策的实施标志着北京市城乡就业政策基本实现了统一。各区县、乡镇也结合本地实际，制定实施了社会保险补贴、自谋职业补贴、交通补贴、单位招工奖励、外出就业奖励等扶持政策。目前，全市已经形成了以市级政策为主体，区县、乡镇政策为补充，统筹城乡的促进就业政策体系。

在就业服务上。自2003年以来，北京市在强化乡镇社保所建设的基础上，

---

① 2009年北京市劳动保障局、北京市财政局下发《关于印发〈鼓励用人单位招用本市农村就业困难人员的岗位补贴和社会保险补贴办法〉的通知》和《关于鼓励用人单位吸纳就业有关问题的通知》，对补贴标准作出规定：可申请享受的岗位补贴和社会保险补贴最长不超过5年，岗位补贴：每人每年3000元；社会保险补贴：以北京市上一年度职工月平均工资的60%为基数，城镇基本养老保险补贴20%，城镇基本医疗保险补贴9%，失业保险补贴1%。

② 2009年《关于印发北京市职业培训补贴管理办法的通知》（京人社办发〔2009〕5号），规定职业技能培训补贴根据实际培训人数，按照人均1100元的标准给予补助。本市农村转移就业劳动力与城镇失业人员在享受培训补贴标准、培训服务等方面实现了城乡并轨。

着力推动村级就业服务站建设。2003 年北京市劳动和社会保障局、北京市农委下发的《北京市加强农村富余劳动力就业工作的意见》（京劳社就发〔2003〕29 号）和北京市劳动保障局下发的《关于贯彻〈北京市加强农村富余劳动力就业工作的意见〉的有关问题的通知》（京劳社就发〔2003〕38 号）规定，到 2003 年底以前，本市所有乡镇都要成立以社会保障所为依托的职业介绍所，有条件的中心村要建立就业服务站或明确专人负责，形成区县、乡镇、村三级就业服务组织管理网络。2006 年，《北京市人民政府贯彻落实国务院关于进一步加强就业再就业工作文件的通知》（京政发〔2006〕4 号）规定，用 2 年左右的时间，在有条件的行政村建立就业服务站，配备专（兼）职工作人员，为农村劳动力转移就业提供岗位和培训信息、政策咨询、职业指导、劳务输出及动态跟踪等服务。同年，北京市劳动和社会保障局下发《关于进一步推动农村基层就业服务组织建设工作的通知》，规定 2006 年底前，在全市 80% 的行政村建立起就业服务组织，2007 年底前，全市 100% 的行政村具备就业管理服务功能。到 2007 年，全市所有行政村全部建立了就业服务站，形成了“三级管理、四级服务”的公共就业服务体系。截至 2012 年 8 月底，全市 3846 个村就业服务站聘用劳动保障专（兼）职协管员 4470 人，还有 1394 名大学生“村官”从事基层人力社保工作。

为加大对困难群体的扶持力度，2003 年，北京市劳动和社会保障局下发《关于建立“4050”就业困难人员再就业援助制度的通知》（京劳社就发〔2003〕19 号），建立起城镇“4050”就业困难人员再就业援助制度，以此为基础，逐步将城乡“4050”人员、低保人员、残疾劳动力以及绿化隔离、矿山关闭、保护性限制地区农村劳动力纳入困难群体援助范围。2007 年，北京市劳动保障局下发《关于转发劳动和社会保障部〈关于全面推进零就业家庭援助工作的通知〉的通知》，建立了“零就业家庭”就业援助制度。2010 年，北京市人力社保局、北京市财政局下发《关于印发〈北京市“纯农就业家庭”转移就业援助工作意见〉的通知》（京人力就发〔2010〕97 号），建立了“纯农就业家庭”转移就业援助制度。2012 年 5 月，北京市第十三届人大第二十九次会议通过了《北京市就业援助规定》，明确将 6 大类城乡困难就业人员纳入援助范围①。

---

① 援助范围为：1. 属于“零就业家庭”成员的；2. 享受城乡居民最低生活保障待遇的；3. 女满 40 周岁以上、男满 50 周岁以上的；4. 经残疾评定机构评定为残疾的；5. 连续失业一年以上的；6. 市人民政府规定的其他情形。此外，本市绿化隔离、矿山关闭、资源枯竭或者受保护性限制等地区的农村劳动力，进行转移就业登记后，纳入本市就业困难人员范围。

通过实施动态跟踪管理，制定个性化援助方案，强化"一对一"指导，开展就业帮扶工作，进一步健全了城乡就业困难群体长效帮扶机制。同时，为缓解地区就业矛盾，2006年，北京建立了城乡"手拉手"就业协作机制，在区县、街乡、乡企三个层面搭建起就业互助平台，以组织下乡招聘和上门应聘，开展对口技能培训和职业指导，实行就业信息网络沟通等形式，把城区的岗位资源优势与郊区的劳动力资源优势进行对接，促进了农民跨地区流动就业。自2011年以来，北京市以推广"一产员工制"用工模式为抓手，大力推进绿色就业，为农民"签合同、上保险、保工资"，促进农民就近就业、稳定就业。截至2012年9月底，全市共开发绿色岗位2.54万个，帮助2.03万名城乡劳动力实现了绿色就业。经过多年艰苦努力，北京市农村劳动力转移就业工作取得明显成效，形成了城乡平等的就业制度和一体化的公共就业服务体系，自2007年以来，共帮扶48.4万农村劳动力实现了转移就业。

2. 外地农民工

20世纪90年代，流动人口大量涌入北京，给首都资源、环境以及城市建设和运行管理带来很大的压力。1989年北京市政府颁发《北京市外地人员务工管理办法》（北京市人民政府第37号令），要求用工单位为雇用人员申领《外地北京人员做工证》（以下简称《做工证》）的方式，对外地来京务工人员进行严格管理控制。文件规定，以本市城乡劳动力不能满足用工需要为原则，制定允许雇用外地人员务工的行业、工种范围。用工单位雇用外地人员，必须申报雇用外地人员劳动力计划，经批准后，申领雇用人员《暂住证》；并凭《暂住证》和雇用外地人员计划批准证明申领雇用人员《外地北京人员做工证》，禁止任何单位使用无《做工证》的外地人员。[①]

为进一步加强对外地农民工的管理和控制，1995年北京市人大颁布了《北京市外地来京务工经商人员管理条例》，条例明确规定，"本市对务工经商人员实行规模控制，严格管理，加强服务，依法保护的方针"。北京市人民政府提出对务工经商人员总量控制要求，地方负责采取措施落实。北京市对外地来京务工人员实行《外来人员就业证》制度，对使用外地来京务工人员的行

---

① 1990年北京市劳动局印发的《关于发放外地北京人员做工证的暂行规定》（京劳计发〔1990〕9号），规定市、区、县劳动局每签发一个《做工证》，在按照市政府第37号令规定的收取管理费的标准未确定以前，暂收取务工人员本人证件工本费和服务管理费5元，每年年检收取手续服务费1元。

业、工种进行限制，并对外来务工经商人员收取管理服务费①。单位或者个人招用外地来京务工人员，必须经过劳动行政机关指定的职业介绍机构办理手续，禁止私自招用外地来京务工人员。同年，北京市政府颁布《北京市外地来京人员务工管理规定》（北京市人民政府1995年第14号令），对条例的有关规定做了进一步细化，对用人单位和个人招用外地人员条件、招用手续办理、申领《外来人员就业证》所需文件、证件和证明材料等做了详细的规定。1996年北京市劳动局颁布《关于用人单位招用外地务工人员有关问题的通知》（京劳就发〔1996〕74号），规定用人单位招用外地人员应严格坚持"先城镇，后农村；先本市，后外地"的原则。下岗待工人员较为集中的系统，严格控制对外地务工人员的使用数量，属于限制使用外地人员的行业、工种，必须招用本市人员；对未经明确的行业、工种需招用外地务工人员，必须首先招用本市常住户口的劳动力，如招用不足，经批准后，方可招用外地人员。

　　"十五"期间，北京市逐步清理和取消对外地农民工就业管理限制、收费和歧视性政策。2002年3月，北京市修改《北京市外地来京务工经商人员管理条例》部分条款的议案，删除了原条例中"务工经商人员应当向基层外来人员管理机构或者劳动行政管理机关缴纳管理服务费"的条款。2003年7月《关于加强外地来京务工人员就业服务工作的通知》（京劳社就发〔2003〕121号），取消了用人单位使用外地来京务工人员计划审批和岗位（工种）限制。2004年5月，北京市人大常委会第十二次会议取消了《外来人员就业证》；北京市政府第二十四次常务会议废止了《北京市外地来京人员务工管理规定》。2005年3月，北京市十二届人大常委会第十九次会议审议废止了《北京市外地来京务工经商人员管理条例》。在此基础上，以"输入有基地、岗前有培训、劳动有合同、工作有保险、维权有保障"为目标，以促进农民工有序流动为重点，不断健全职业培训、就业服务、劳动维权三位一体的工作机制，通过开展"春风行动"等专项服务活动，为农民工提供岗位信息、就业推荐、职业指导、政策咨询、招聘洽谈等免费就业服务，大力促进农民工就业。北京市加强来京务工人员流动情况监测，及时了解掌握春节前后外来工、农民工进出京情况，搭建农民工求职绿色通

---

①　1995年，北京市政府办公厅《关于印发〈北京市外地来京务工经商人员管理服务费征收规定〉的通知》（京政办发〔1995〕101号）规定，城近郊区管理服务费的征收标准为每人每月15元；远郊区、县管理服务费的征收标准由区、县人民政府根据本地区实际情况制定。对从事家庭服务工作的外地来京人员，免收管理服务费。对经批准成建制、有组织进京的外地来京务工人员，减半征收管理服务费。

道，在农民工进出京的火车站、长途汽车站设立就业服务站，为来京务工人员第一时间送上服务并及时引导，利用宣传海报、公交站台广告、移动传媒、广播电视等媒介，广泛宣传农民工求职务工常识、岗位信息以及劳动维权知识等内容。同时，大规模开展清理拖欠农民工工资行动，建立最低工资制度、最低工资标准正常调整机制和农民工工资支付保障机制，切实维护农民工的合法权益。据调查，北京市外来农民工合同签订率达到69%，基本实现"无拖欠工资"目标。

近年来，北京市家政服务业快速发展，吸引了大量劳动力特别是外地农民工就业。在40万从业人员中，90%是外来农民工（主要来自甘肃、四川、安徽、山东及河北等地)[①]。为促进全市家政服务企业健康发展，2011年，北京市出台《关于鼓励发展家政服务业的意见》（京政办发〔2011〕23号）（简称"家七条"），分别从鼓励实行员工制管理、加大扶持力度、维护从业人员合法权益等七个方面提出了政策和鼓励措施。对符合条件的员工制家政服务企业，提供必要的资金扶持、税收减免优惠、培训补贴和社会保险补贴；完善政府间劳务协作机制，通过政府间签订协议、给予适当支持的方式，在全国劳动力主要输出省份和北京市对口援助地区，建立一批家政服务员输入基地；同时，建立了家政服务员持证上岗制度，提高家政服务员服务水平；采取多种措施，加强家政服务员权益维护。为切实加大对家政服务人员的权益维护力度，推动企业为家政服务人员"签合同、上保险、保工资"，2012年，北京市人力资源和社会保障局出台《关于鼓励家政服务企业实行员工制管理的试点意见》，择优认定一批具有典型示范作用的家政服务企业作为员工制家政服务试点企业，进一步加大对员工制家政服务企业支持力度。比如，加大社会保险补贴力度，第一年为全额补贴，此后逐年降低，分别为80%、60%、50%、50%；优先为员工制企业开展免费的职业技能培训和鉴定；与企业共建劳务输出基地；建立"绿色通道"，提供政策咨询、人才引进、技能鉴定、职称评审等全方位的上门服务；加大对员工制服务企业的宣传推荐力度等，鼓励员工制家政服务企业做大做强。

（三）加强职业培训

为提高农村劳动力转移就业能力，北京市建立并不断调整完善针对农民工的职业培训政策，目前已经建立了面向全体城乡劳动者的职业培训制度。其

---

① 《北京市关于鼓励发展家政服务业的意见》新闻发布会，搜狐资讯，2011年5月。

中，本市转移就业的农民劳动力，每年可参加一次免费职业培训；实施外地农民工职业技能特别培训计划，培训的职业工种范围为：家政服务员、护理员（护工）、养老护理员，外地农民工在被用人单位招用后，可由单位统一组织参加一次免费培训。

1. 本市农民工

1995年《北京市关于就业、转业（转岗）训练实施办法的通知》（京劳培发〔1995〕8号）明确提出，为农村劳动力向非农产业转移提供职业技术培训（见表3）。2003年《关于印发〈北京市"三年百万"职业技能培训计划实施方案〉的通知》（京劳社培发〔2003〕40号）规定，在全市启动实施"三年百万"职业技能培训计划，加大对失业人员、企业在职职工、城镇新成长劳动力和农村富余劳动力的职业技能培训力度。其中，农村富余劳动力培训的主要任务是紧密结合京郊经济发展状况和本地区城市化进程，在农村积极开展形式多样、内容广泛的实用技术培训工作。2004年《关于做好2004～2010年北京市农村富余劳动力转移培训工作的意见》（京政农发〔2004〕1号）明确要求，各区县、乡镇应根据自身经济发展状况和本地企业用工需求，针对不同行业、不同工种、不同岗位，大力开展定向、定岗职业技能培训，对培训经费采取市、区县、个人共同负担的原则。用人单位开展农民工培训所需经费从职工培训经费中列支，职工培训经费按职工工资总额1.5%的比例提取。2004年《关于进一步加强农村富余劳动力转移培训的意见》（京政农发〔2004〕51号）明确要求加大公共财政支持力度，建立农村富余劳动力转移培训补助机制。2004年《关于开展农村富余劳动力职业技能培训工作的指导意见》（京劳社培发〔2004〕75号）对加强农村富余劳动力职业技能培训提出组织实施、培训费用、表彰奖励等政策措施。农村富余劳动力参加职业技能培训的培训、鉴定费用实行市、区县、街道镇、乡、村集体经济组织和个人共同负担的原则。各区县对在开展农村富余劳动力职业技能培训过程中表现突出的单位和个人，应当及时予以表彰，有条件的区县可以自行制定奖励办法。2006年北京市政府印发《北京市人民政府贯彻落实国务院关于进一步加强就业再就业工作文件的通知》（京政发〔2006〕4号），要求"实施农村劳动力转移就业培训工程。按照分类培训、注重实效的原则，以转移就业为目标，突出农村劳动力实际操作能力的培养，不断提高技能培训的针对性、有效性、实用性，消除农村劳动力向二、三产业转移就业的技能障碍"。

表3 北京市农民工职业培训政策一览表

时 间	文件名	主要内容
	本地农民工	
1995 年	《北京市关于就业、转业（转岗）训练实施办法的通知》	明确提出为农村劳动力向非农产业转移提供职业技术培训
2003 年	《关于印发〈北京市"三年百万"职业技能培训计划实施方案〉的通知》	规定在全市启动实施"三年百万"职业技能培训计划，加大对失业人员、企业在职职工、城镇新成长劳动力和农村富余劳动力的职业技能培训力度
2004 年	《关于做好2004~2010年北京市农村富余劳动力转移培训工作的意见》	明确要求各区县、乡镇应根据自身经济发展状况和本地企业用工需求，针对不同行业、不同工种、不同岗位，大力开展定向、定岗职业技能培训
	《关于进一步加强农村富余劳动力转移培训的意见》	明确要求加大公共财政支持力度，建立农村富余劳动力转移培训补助机制
	《关于开展农村富余劳动力职业技能培训工作的指导意见》	对加强农村富余劳动力职业技能培训提出组织实施、培训费用、表彰奖励等政策措施，农村富余劳动力参加职业技能培训的培训、鉴定费用实行市、区县、街道镇乡、村集体经济组织和个人共同负担的原则，各区县对在开展农村富余劳动力职业技能培训过程中表现突出的单位和个人，需及时予以表彰，有条件的区县可自行制定奖励办法
2006 年	《北京市人民政府贯彻落实国务院关于进一步加强就业再就业工作文件的通知》	规定实施农村劳动力转移就业培训工程，按照分类培训、注重实效的原则，以转移就业为目标，突出农村劳动力实际操作能力的培养，不断提高技能培训的针对性、有效性、实用性，消除农村劳动力向二、三产业转移就业的技能障碍
	《关于印发〈北京市农村劳动力职业培训补贴管理办法有关问题〉的通知》	实现了本市农村劳动力转移培训专项补贴政策"零"的突破。规定在全市建立起本市农村劳动力职业技能培训与就业挂钩的培训补贴制度，市支农资金、市就业再就业资金分别为参加转移培训的本市农村劳动力提供每人100元的一次性培训和技能鉴定补贴，各区县按照不低于1:1的比例提供相应的配套资金
2008 年	《北京市人民政府办公厅转发北京市劳动保障局〈关于促进农村劳动力转移就业工作指导意见〉的通知》	统一培训制度，提高农村劳动力转移就业能力；有转移就业要求、参加转移就业培训的农村劳动力可以享受与城镇失业人员同等的职业技能培训、职业技能鉴定和创业培训补贴政策；技能培训补贴和鉴定补贴标准按照不同职业（工种）、培训等级由人均400元提高到550元

续表

时 间	文件名	主要内容
2009 年	《关于印发〈北京市职业培训补贴管理办法〉的通知》	本市农村劳动力和城镇失业人员每年都可以选择参加一次免费职业技能培训,补贴标准也由人均 550 元调整为 1100 元
2011 年	《关于调整本市城镇失业人员、农村劳动力职业技能培训补贴标准的通知》	进一步完善职业培训补贴制度,制定新的《北京市职业技能培训职业(工种)补贴标准目录》,将人均 1100 元的标准提高到 1500 元
外地农民工		
1995 年	《关于对外地来京务工经商、从事家庭服务工作人员进行职业技能培训和就业资格认定的通知》	在本市允许使用外地人员的行业、工种范围内,从事技术性工种岗位的务工人员、家庭服务员均需经过相应专业(工种)的职业技能培训,取得《北京市就业转业训练结业证书》后,方可办理《北京市外来人员就业证》
2001 年	《关于大力推进社区就业培训有关问题的通知》	建立社区服务从业人员持证上岗制度。凡从事社区服务的失业人员、下岗职工、本市其他从业人员以及外地来京务工人员,均须接受社区就业培训,实行持证上岗
2003 年	《关于做好外地进京务工人员职业培训服务工作的通知》	企业、事业单位已招用的未取得国家《职业资格证书》的农民工,用人单位应利用本单位、本行业的职业培训机构或委托经劳动保障部门资质认定的职业技能培训机构对使用的农民工进行职业技能培训,取得相应《职业资格证书》后,方可上岗
2006 年	《北京市人民政府贯彻落实国务院关于进一步加强就业再就业工作文件的通知》	实施农村劳动力转移就业培训工程。按照分类培训、注重实效的原则,以转移就业为目标,突出农村劳动力实际操作能力的培养,不断提高技能培训的针对性、有效性、实用性,消除农村劳动力向二、三产业转移就业的技能障碍
	《关于加强外来农民工职业技能培训工作有关问题的通知》	正式启动外来农民工技能提升培训工程,利用中央财政补助资金,建立起外来农民工职业技能培训补贴制度
2007 年	《关于加强外来农民工培训补贴政策工作有关问题的补充通知》	规定了培训机构资质认定、培训层次、工作标准、补贴标准、享受补贴的条件、资金申请等环节
2009 年	《关于实施外来农民工职业技能特别培训计划的通知》	家政、护理等行业启动外来农民工职业技能特别培训计划
2011 年	《关于调整本市城镇失业人员、农村劳动力职业技能培训补贴标准的通知》	不断提高培训补贴标准,规定初级培训 1500 元/人,中级 1800 元/人;岗前培训,家政服务员为 650 元/人,护理员为 900 元/人

2006 年《关于印发〈北京市农村劳动力职业培训补贴管理办法有关问题〉的通知》（京社就办发〔2006〕6 号）提出，在全市建立起本市农村劳动力职业技能培训与就业挂钩的培训补贴制度，市支农资金、市就业再就业资金分别为参加转移培训的本市农村劳动力提供每人 100 元的一次性培训和技能鉴定补贴，各区县按照不低于 1∶1 的比例提供相应的配套资金，实现了本市农村劳动力转移培训专项补贴政策"零"的突破（见表4）。2008 年《北京市人民政府办公厅转发北京市劳动保障局〈关于促进农村劳动力转移就业工作指导意

表4　北京市本地农民工职业培训补贴政策及标准

出台时间	文件名称	适用人员范围	补贴标准	资金来源
2003 年	《关于印发〈北京市再就业培训资金管理实施办法〉的通知》（京劳社培发〔2003〕100 号）	本市城镇失业人员	A 类:600 元/人; B 类:500 元/人; C 类:400 元/人; 非等级:200 元/人	70% 失业保金; 30% 区县财政
2006 年	《关于印发〈北京市农村劳动力职业培训补贴管理办法有关问题〉的通知》（京社就办发〔2006〕6 号）	本市农村转移就业劳动力	市级 200 元/人	市支农资金 100元,市再就业资金100 元;区县财政不少于 1∶1 配套
2009 年	《关于印发〈北京市职业培训补贴管理办法〉的通知》（京人社办发〔2009〕5 号）	本市城镇失业人员、农村转移就业劳动力	A 类:1200 元/人; B 类:1000 元/人; C 类:800 元/人; 非等级:400 元/人	失业保险金
2010 年	《关于印发〈北京市职业培训补贴资金管理办法（试行）〉的通知》（京人社能发〔2010〕233 号）	本市城镇失业人员、农村转移就业劳动力、外来农民工	A 类:1200 元/人; B 类:1000 元/人; C 类:800 元/人; 非等级:400 元/人	失业保险金;中央财政金
2010 年	《关于做好职业培训补贴资金管理有关工作的通知》（京人社能发〔2010〕267 号）	本市城镇失业人员、农村转移就业劳动力、外来农民工	A 类:1200 元/人; B 类:1000 元/人; C 类:800 元/人; 非等级:400 元/人	失业保险金;中央财政金
2011 年	《关于调整本市城镇失业人员、农村劳动力职业技能培训补贴标准的通知》（京人社能发〔2011〕253 号）	本市城镇失业人员、农村转移就业劳动力、外来农民工	人均 1500 元/人	失业保险金;中央财政金

见〉的通知》（京政办发〔2008〕57号）提出，"统一培训制度，提高农村劳动力转移就业能力。有转移就业要求、参加转移就业培训的农村劳动力可以享受与城镇失业人员同等的职业技能培训、职业技能鉴定和创业培训补贴政策。技能培训补贴和鉴定补贴标准按照不同职业（工种）、培训等级由人均400元提高到550元"。2009年，北京市劳动局发布《关于印发〈北京市职业培训补贴管理办法〉的通知》（京人社办发〔2009〕5号），统一了城乡职业培训政策，增加了享受免费培训的次数，提高了培训补贴标准，使本市农村劳动力和城镇失业人员每年都可以选择参加一次免费职业技能培训，补贴标准也由人均550元调整为1100元。2011年《关于调整本市城镇失业人员、农村劳动力职业技能培训补贴标准的通知》（京人社能发〔2011〕253号）进一步完善了职业培训补贴制度，制定了新的《北京市职业技能培训职业（工种）补贴标准目录》，将人均1100元的标准提高到1500元。

2. 外地农民工

1995年，北京市《关于对外地来京务工经商、从事家庭服务工作人员进行职业技能培训和就业资格认定的通知》（京劳培发〔1995〕208号）提出，"在本市允许使用外地人员的行业、工种范围内，从事技术性工种岗位的务工人员、家庭服务员均需经过相应专业（工种）的职业技能培训，取得《北京市就业转业训练结业证书》后，方可办理《北京市外来人员就业证》"。2001年《关于大力推进社区就业培训有关问题的通知》（京劳社培发〔2001〕111号）要求，"建立社区服务从业人员持证上岗制度，凡从事社区服务的失业人员、下岗职工、本市其他从业人员以及外地来京务工人员，均须接受社区就业培训，实行持证上岗"。2003年《关于做好外地进京务工人员职业培训服务工作的通知》（京劳社培发〔2003〕137号）要求，"企业、事业单位已招用的未取得国家《职业资格证书》的农民工，用人单位应利用本单位、本行业的职业培训机构或委托经劳动保障部门资质认定的职业技能培训机构对使用的农民工进行职业技能培训，取得相应《职业资格证书》后，方可上岗"。2006年《北京市人民政府贯彻落实国务院关于进一步加强就业再就业工作文件的通知》（京政发〔2006〕4号）要求，"实施农村劳动力转移就业培训工程。按照分类培训、注重实效的原则，以转移就业为目标，突出农村劳动力实际操作能力的培养，不断提高技能培训的针对性、有效性、实用性，消除农村劳动力向二、三产业转移就业的技能障碍"。

2006 年，北京市印发《关于加强外来农民工职业技能培训工作有关问题的通知》（京劳社培发〔2006〕117 号），正式启动外来农民工技能提升培训工程，利用中央财政补助资金，建立起外来农民工职业技能培训补贴制度（见表 5）。2007 年，北京市印发《关于加强外来农民工职业技能培训工作有关问题的补充通知》（京劳社培发〔2007〕56 号），从培训机构资质认定、培训层次、工作标准、补贴标准、享受补贴的条件、资金申请等各环节上提出要求。2009 年，北京市印发《关于实施外来农民工职业技能特别培训计划的通知》（京人社办发〔2009〕16 号），在家政、护理等行业启动外来农民工职业技能特别培训计划。此后，不断提高培训补贴标准，2011 年，《关于调整本市城镇失业人员、农村劳动力职业技能培训补贴标准的通知》（京人社能发〔2011〕253 号）要求，初级培训 1500 元/人，中级 1800 元/人；岗前培训，家政服务员为 650 元/人，护理员为 900 元/人。

表 5　北京市外来农民工职业培训补贴政策及标准

出台时间	文件名称	适用人员范围	补贴标准	资金来源
2006 年	《关于加强外来农民工职业技能培训工作有关问题的通知》（京劳社培发〔2006〕117 号）	外来农民工	高级:600 元/人 中级:500 元/人 初级:400 元/人	中央财政补助资金
2007 年	《关于加强外来农民工职业技能培训工作有关问题的补充通知》（京劳社培发〔2007〕56 号）	外来农民工	高级:600 元/人 中级:500 元/人 初级:400 元/人	中央财政资金
2009 年	《关于实施外来农民工职业技能特别培训计划的通知》（京人社办发〔2009〕16 号）	外来农民工（家政服务员、护理员）	岗前培训:400 元/人,资格培训:800 元/人	中央财政资金
2010 年	《关于印发北京市职业培训补贴资金管理办法（试行）的通知》（京人社能发〔2010〕233 号）	本市城镇失业人员、农村转移就业劳动力、外来农民工	A 类:1200 元/人 B 类:1000 元/人 C 类:800 元/人 非等级:400 元/人	失业保险金 中央财政资金
2010 年	《关于做好职业培训补贴资金管理有关工作的通知》（京人社能发〔2010〕267 号）	本市城镇失业人员、农村转移就业劳动力、外来农民工	A 类:1200 元/人 B 类:1000 元/人 C 类:800 元/人 非等级:400 元/人	失业保险金 中央财政资金
2011 年	《关于调整本市城镇失业人员、农村劳动力职业技能培训补贴标准的通知》（京人社能发〔2011〕253 号）	本市城镇失业人员、农村转移就业劳动力、外来农民工	初级:1500 元/人 中级:1800 元/人 家政服务员:650 元/人 护理员:900 元/人	失业保险金 中央财政资金

同时，北京市也积极探索外来农民工家政服务培训工作的新模式，员工制企业与非员工制企业的主要政策区别如表6所示。

表6 外来农民工家政服务培训政策

区别	普惠政策	员工制政策
人员范围	外来农民工	外省市来京务工人员
培训机构认定	区县认定	市级认定
培训机构范围	各级各类职业院校、职业技能培训机构	各级各类职业院校、职业技能培训机构、员工制家政企业
鉴定机构认定	社会化鉴定	市级认定(2所、24所)
培训类型	岗前、等级(初、中级)	员工制培训(初、中级)
补贴标准	岗前650元/人、初级1500元/人、中级1800元/人	初级1500元/人、中级1800元/人
考核标准	合格率90%,全额补	取证全额补,未取证70%补
培训补贴申请	学校垫付,学校申请	员工制家政企业申请
鉴定补贴申请	学校垫付,学校申请	鉴定机构申请
教材、证书	国家统一教材、结业证书、职业资格证书	员工制家政培训教材、《北京市家政服务员资格证书》

通过开展职业培训，农民工的就业技能和薪酬水平得到有效提升。根据调查，取得职业资格证书的外地农民工月均收入为3894元，没有相关证书的仅为2752元，两者差距千元以上（见图19）。职业技能对薪酬的显著影响带动了农民工参加各类培训的积极性。

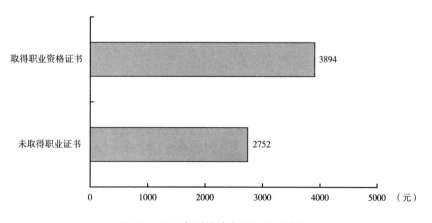

图19 不同类型外地农民工月均收入

（四） 完善社会保障

北京市在农民工社会保障方面，主要按照"低门槛、低缴费、保大病、保当期"的原则，采取优先推进工伤保险和医疗保险的政策，并在此基础上，逐步消除保险待遇差别，使农民工享受与城镇职工同等的待遇水平。特别是2011年7月1日起施行《社会保险法》后，为落实打破"身份、户籍、地域"界限的要求，北京市稳步推进农民工参保工作，目前除失业保险外，农民工其他各项社会保险都已经实现了与本市城镇职工平等待遇。整体而言，北京市农民工的社会保障政策经历了从无到有、从自愿参保到强制参保、从制度单设到城乡一体的转变。

在养老保障方面。1998年，北京市实行《北京市企业城镇劳动者养老保险规定》（北京市人民政府令1998年第2号），没有对农民工参保做出规定。1999年，北京建立农民工养老保险制度，① 农民工以上年度本市职工最低工资标准为缴费基数，按照城镇职工的缴费比例（28%）缴纳养老保险费，但只享受一次性养老待遇。待遇由两部分组成：第一部分是把个人账户储存额及利息一次性支付给本人；第二部分是按缴费年限，每满一个缴费年限，发给一个月相应缴费年份的本市职工最低工资。其特点为：低门槛进入、低待遇享受。2009年，北京市出台《关于本市转移就业的农村劳动力参加养老保险有关问题的通知》（京劳社养发〔2009〕24号），规定了本市农村劳动力可以选择按照城镇职工的缴费基数参保，符合条件的可以按月领取基本养老金（见表7）。

---

① 1999年，北京出台《农民合同制职工参加北京市养老、失业保险暂行办法的通知》（京劳险发〔1999〕99号），针对99号文在执行过程中出现的问题，2001年8月，北京市又出台《北京市农民工养老保险暂行办法》（京劳社养发〔2001〕125号），取消了个人账户可提前领取的规定，重新规定只有在农民工达到养老年龄时，才能领取个人账户存储额；若是回到农村，则将其个人账户封存，待重新就业后启用。同时，对农民工享受的一次性养老待遇组成部分中的第二部分进行了修订，提高了这部分待遇水平，除个人账户存储额及利息一次性全额支付给本人外，按其累计缴费年限，累计缴费满12个月（第1个缴费年度），发给1个月相应缴费年度的本市职工最低工资的平均数，以后累计缴费年限每满一年（按满12个月计），以此为基数，增发0.1个月相应缴费年度的本市职工最低工资的平均数。125号文出台不到两个月，又发布了《关于〈北京市农民工养老保险暂行办法〉的补充通知》（京劳社养发〔2001〕156号），156号文只补充了一处说明："农民工参加本市养老保险社会统筹后，与用人单位终止、解决劳动关系时，经本人申请，单位同意，可以一次性领取养老保险费，终止其养老保险关系。今后再次参加本市养老保险社会统筹的，按新参加人员办理。"156号文的出台，又放开了个人账户存储额提前领取的条件，允许提前领取。

2010 年 1 月，根据《城镇企业职工基本养老保险关系转移接续暂行办法》（国办发〔2009〕66 号），北京市出台了《关于农民工养老保险参保有关问题的补充通知》，对农民工参加养老保险做出强制性规定，统一了农民工与城镇职工的参保政策，通知规定，农民工自 2010 年 1 月起按照城镇企业养老保险规定缴费，本市基本养老保险最低缴费基数为上一年度本市职工月平均工资的 60%，为平稳过渡，最低缴费基数的调整实行 5 年过渡，目前为本市上一年社会年均工资的 40%（1490 元），上限为本市上一年社会平均工资的 300%（目前为 11178 元）。这意味着社会保险首次打破了职工的城乡身份界限，实现了城乡职工"同保险、同待遇"。

表7　北京市历年农民工社会保险政策一览表

2001 年	《北京市农民工养老保险暂行办法》	农民工以上年本市职工最低工资标准为缴费基数，按照城镇职工的缴费比例(28%)缴纳养老保险费，但只享受一次性养老待遇，特点为低门槛进入、低待遇享受
2009 年	《关于本市转移就业的农村劳动力参加养老保险有关问题的通知》	规定本市农村劳动力(本地农民工)可以选择按照城镇职工的缴费基数参保，符合条件的，可以按月领取基本养老金
2009 年	《城镇企业职工基本养老保险关系转移接续暂行办法》	规定了城镇企业职工基本养老保险关系转移接续办法，适用于农民工
2010 年	《关于农民工养老保险参保有关问题的补充通知》	将农民工纳入城镇企业职工养老保险范围内，规定本市基本养老保险最低缴费基数为上一年本市职工月平均工资的 60%，为平稳过渡，最低缴费基数的调整实行五年过渡，目前为本市上一年社平工资的 40%(1490 元)，上限为本市上一年社平工资的 300%(目前为 11178 元)

《社会保险法》实施后，北京市大力推进农民工参保的扩面工作，截至 2012 年 9 月底，北京市已有 172.3 万农民工被纳入本市城镇职工养老保险体系，其中外地农民工 127.3 万人。

在医疗保障方面。2004 年，北京市颁布《北京市外地农民工参加基本医疗保险暂行办法》（京劳社办发〔2004〕101 号），按照"低门槛、保大病、保当期"的原则，在全国率先建立了农民工大病医疗保险制度，要求外地农民工参加基本医疗保险和大额医疗互助保险。用人单位以上年度本市职工月平均工资的 60% 为缴费基数，按 2% 的比例缴纳保险费①，其中 1.8% 划入基本医疗保险统筹基金，0.2% 划入大额医疗互助资金，外地农民工个人不缴费，不建个人账户（见表 8）。报销范围是住院治疗的医疗费用和恶性肿瘤放射治疗和化学治疗、肾透析、肾移植后服抗排异药的门诊医疗费用；在起付标准 1300 元以上的医疗费用，由统筹基金和农民工按比例分担，超过统筹基金最高支付限额 5 万元以上的医疗费用，由大额医疗互助基金负担 70%，农民工负担 30%；大额医疗互助基金最高支付限额为 10 万元。外地农民工就医，可以选择四家本市基本医疗保险定点医疗机构作为本人就医的定点医疗机构，另外还可以直接到本市定点中医医疗机构和定点专科医疗机构就医。

2005 年 7 月，北京市发布《关于加快本市农民工参加工伤保险和医疗保险有关问题的通知》（京劳社办发〔2005〕99 号），将本市农民工纳入基本医疗保险和大额医疗互助保险范围，并规定用人单位在通知实施前已按《北京市基本医疗保险规定》为本市农民工办理参保手续和缴纳费用的，本通知实施后可继续按《北京市基本医疗保险规定》的标准缴纳费用并享受待遇；通知实施后用人单位要求按照《北京市基本医疗保险规定》为本市农民工办理参保手续和缴纳费用的，区、县社会保险经办机构应当予以办理。2005 年 10 月，《关于简化农民工参加工伤保险和基本医疗保险有关管理问题的通知》（京劳社办发〔2005〕136 号）出台，简化了用人单位办理参保手续，加快农民工参保工作进度，农民工参加基本医疗保险原则上实行单位集中选择两家定点医疗机构的定点就医管理办法。

2012 年，为落实《社会保险法》的要求，北京市出台《关于本市职工基本医疗保险有关问题的通知》（京人社医发〔2012〕48 号）和《关于农民工参加基本医疗保险有关问题的通知》（京社保发〔2012〕17 号），规定自 2012 年 4 月 1 日起，按照《北京市外地农民工参加基本医疗保险暂行办法》（京劳社办发〔2004〕101 号）和《关于加快本市农民工参加工伤保险和医疗保险有关问题的通知》（京劳社办发〔2005〕99 号）要求参加医疗保险的农民工，统一按照城镇职工缴费标准缴费，即医疗保险费由用人单位和个人共同缴纳，其中用人单位按全部职工缴费工资基数之和的 10% 缴纳；农民工个人按本人

---

① 为应对国际金融危机的影响，自 2009 年起，北京市劳动和社会保障局实施"一升一降、一统一分，一抓一放"六大措施，其中"一降"是为五项社保费率集体减负，农民工大病医疗保险费率由 2% 调整到 1%。

表8 北京市历年农民工医疗保险政策一览表

时间	文件名	主要内容	
		本地农民工	外来农民工
2004 年	《北京市外地农民工参加基本医疗保险暂行办法》	—	建立农民工大病医疗保险制度,要求外地农民工参加基本医疗保险和大额医疗互助保险。用人单位以上年度本市职工月平均工资60%为缴费基数,按2%的比例缴纳保险费,其中1.8%划入基本医疗保险统筹基金,0.2%划入大额医疗互助资金,外地农民工个人不缴费,不建个人账户
2005 年	《关于加快本市农民工参加工伤保险和医疗保险有关问题的通知》	将本市农民工纳入基本医疗保险和大额医疗互助保险范围,并规定用人单位在通知实施前已按《北京市基本医疗保险规定》为本市农民工办理参保手续和缴纳费用的,本通知实施后可继续按《北京市基本医疗保险规定》规定的标准缴纳费用并享受待遇;通知实施后用人单位要求按照《北京市基本医疗保险规定》为本市农民工办理参保手续和缴纳费用的,区、县社会保险经办机构应当予以办理	—
	《关于简化农民工参加工伤保险和基本医疗保险有关管理问题的通知》	简化用人单位办理参保手续,加快农民工参保工作进度,农民工参加基本医疗保险原则上实行单位集中选择两家定点医疗机构的定点就医管理办法	
2012 年	《关于本市职工基本医疗保险有关问题的通知》 《关于农民工参加基本医疗保险有关问题的通知》	规定自4月1日起,按照《北京市外地农民工参加基本医疗保险暂行办法》(京劳社办发〔2004〕101号)和《关于加快本市农民工参加工伤保险和医疗保险有关问题的通知》(京劳社办发〔2005〕99号)参加医疗保险的农民工,统一按照城镇职工缴费标准缴费。即医疗保险费由用人单位和个人共同缴纳,其中用人单位按全部职工缴费工资基数之和的10%缴纳;农民工个人按本人上一年月平均工资的2%和每人每月3元缴纳	

上一年度月平均工资的 2% 和每人每月 3 元缴纳。将农民工大病医保制度与城镇职工医保制度相统一,实现了农民工与城镇职工在缴费标准、个人账户、计算年限、享受待遇等方面的统一。截至 2012 年 9 月底,北京市按 12% 比例缴费(单位 9%＋1%,个人 2%＋3 元)的农民工达到 178.6 万人,其中外地农民工 132.8 万人。

在工伤保险方面。1999 年，北京市政府颁布了《北京市企业劳动者工伤保险规定》（北京市人民政府令第 48 号），规定自 2000 年 4 月 1 日起进行工伤保险制度改革，建立企业职工工伤保险费用社会统筹制度。2004 年 7 月，北京市颁布《北京市外地农民工工伤保险暂行办法》（京劳社办发〔2004〕101号）（同年 9 月与外地农民工医疗保险暂行办法同步实施），将农民工纳入工伤保险体系。用人单位以农民工上年度平均工资为缴费基数，按照一定费率缴费，农民工个人不缴费，工伤待遇享受与城镇职工完全相同（见表 9）。2005年 7 月和 10 月，相继发布《关于加快本市农民工参加工伤保险和医疗保险有关问题的通知》（京劳社办发〔2005〕99 号）和《关于简化农民工参加工伤保险和基本医疗保险有关管理问题的通知》（京劳社办发〔2005〕136 号），推动农民工尤其是本市农民工参保进程。2006 年，为促进企业参加工伤保险，切实维护来京务工人员的合法权益，北京市以来京务工人员相对集中、工作风险性比较大的建筑行业为突破口，率先实行以工程项目为单位的整体参保办法。该办法规定，新开工项目，如总包企业不为农民工上工伤保险，不提交

表 9　北京市历年农民工工伤保险政策一览表

时间	文件名	主要内容	
		本地农民工	外来农民工
2004 年	《北京市外地农民工工伤保险暂行办法》	—	用人单位以农民工上年度平均工资为缴费基数,按照一定费率缴费,农民工个人不缴费,工伤待遇享受与城镇职工完全相同
2005 年	《关于加快本市农民工参加工伤保险和医疗保险有关问题的通知》	用人单位以农民工上年度平均工资为缴费基数,按照一定费率缴费,农民工个人不缴费,工伤待遇享受与城镇职工完全相同。	—
2006 年	《关于简化农民工参加工伤保险和基本医疗保险有关管理问题的通知》	1. 建筑企业下属项目工程经理部受企业法人委托后可作为农民工办理参加工伤保险和基本医疗保险的参保单位。项目工程经理部办理参加工伤保险和基本医疗保险手续,由单位所在区县社会保险经办机构办理,并同时递交《企业法人授权书》和用于缴费的银行账号 2. 以项目工程经理部为参保单位参加工伤保险的农民工,受到事故伤害或患职业病后,由单位到办理参保手续的区县劳动保障行政部门、劳动能力鉴定机构、社会保险经办机构办理申请工伤认定、劳动能力鉴定、核定工伤待遇的手续	

《社保登记证》和工伤险缴费凭证及证明，市住建委就不予核发《建筑工程施工许可证》，有效推动了建设施工企业的农民工参加工伤保险。2007 年以来。参加开工建设项目的农民工已经全部参加了工伤保险。截至 2012 年 9 月底，农民工参加工伤保险达 178.1 万人，其中外地农民工为 132.3 万人。2012 年北京市各类参保人员社会保险缴费基数及标准如表 10 所示。

表 10　2012 年北京市各类参保人员社会保险缴费基数及标准

缴费人员类别	参加险种	缴费工资基数		缴费比例	
				单位缴费比例	个人缴费比例
城镇户口及外国籍人员（不含港澳台）	养老保险	1869～14016 元		20%	8%
	失业保险			1%	0.2%
	工伤保险	2803～14016 元		按行业性质确定缴费比例	不缴费
	生育保险			0.8%	不缴费
	医疗保险			9%＋1%	2%＋3 元
农业户口	养老保险	1869～14016 元		20%	8%
	失业保险	农村劳动力	1869～14016 元	1%	不缴费
		本市农村劳动力（按 24 号文参保）		1%	0.2%
	工伤保险	2803～14016 元		按行业性质确定缴费比例	不缴费
	生育保险			0.8%	不缴费
	医疗保险			9%＋1%	2%＋3 元

在失业保险方面，根据国家《失业保险条例》的原则要求，1999 年 11 月实行的《北京市失业保险规定》将农民工纳入失业保险范围内，农民工本人无须缴纳失业保险费，但其失业保险待遇则由一次性补助替代按月领取的失业保险金，其标准为本市职工最低工资的 40%。截至 2012 年 9 月底，农民工参加失业保险达 164.6 万人，其中外地农民工为 120.9 万人。

（五）　保障子女教育

2002 年，《北京市对流动人口中适龄儿童少年实施义务教育的暂行办法》首次对农民工子女教育做出正式规定（见表 11）。该办法规定，"流动儿童、少年中凡在户籍所在地有监护条件的，应当回户籍所在地接受义务教育；户籍所在地没有监护条件，且其父母在北京居住半年以上并已取得暂住证的，可以申请在本市中小学借读,接受义务教育"。"流动儿童少年可持在京借读批准书和原就读学校出具的学籍证明,到暂住地附近学校联系借读,经学校同意后即可入学。""流动儿童、少年在本市公办中小学借读,学校可按照有关规定向其收取借读费和相应的杂费。"

表 11　北京市历年农民工子女教育政策一览表

时间	文件名	主要内容
2002 年	《北京市对流动人口中适龄儿童少年实施义务教育的暂行办法》	流动儿童少年中凡在户籍所在地有监护条件的,应当回户籍所在地接受义务教育;户籍所在地没有监护条件,且其父母在北京居住半年以上并已取得暂住证的,可以申请在本市中小学借读,接受义务教育。流动儿童少年可持在京借读批准书和原就读学校出具的学籍证明,到暂住地附近学校联系借读,经学校同意即可入学;流动儿童少年在本市公办中小学借读,学校可按照有关规定向其收取借读费和相应的杂费
2004 年	《北京市人民政府办公厅转发市教委等部门关于贯彻国务院办公厅进一步做好进城务工就业农民子女义务教育工作文件意见的通知》	免除全市实施义务教育的公办小学和初中对符合来京务工就业农民子女条件的借读生收取的借读费。同时规定各区县政府负责保证公办中小学办学所需正常经费,区县财政要按学校实际在校学生人数和定额标准划拨生均经费
2008 年	《北京市教育委员会北京市财政局关于进一步做好来京务工人员随迁子女在京接受义务教育工作的意见》	一是坚持"属地管理"和"公办学校接收"两为主的原则,进一步强化区县政府对农民工子女接受义务教育负主要责任,同时规定将富余且安全的公办学校校舍,优先用于接收农民工子女就读。二是切实保障按公办学校实际在校人数核拨公用经费和核定教师编制,并规定在年度预算中安排专项经费对接收农民工比较集中的区县给予重点倾斜,调动公办学校接收农民工子女就读的积极性
2009 年	《北京市人民政府办公厅关于贯彻国务院做好免除城市义务教育阶段学生学杂费工作文件精神的意见》	免除民办学校、审批合格自办学校中持有相关证明材料的农民工子女学杂费和借读费
2010 年	《北京市教育委员会关于认真做好来京务工人员随迁子女入学登记和宣传工作的通知》	要求各区县教委做好《来京务工人员随迁子女在京接受义务教育政策宣传卡》和《来京务工人员随迁子女入学登记卡》的组织填写工作,登记卡编号与《来京务工人员随迁子女临时学籍登记表》中编号一致
	《北京市中长期教育改革和发展规划纲要(2010～2020年)》	一是将农民工子女接受义务教育工作纳入公共财政体系保障范畴,二是加强农民工子女融入首都生活的教育,注重对他们的学习能力、心理素质、生活习惯的培养
	《北京市教育委员会关于2010 年义务教育阶段入学工作的意见》	规定本市户籍学生和来京务工人员随迁子女均按照"免试、就近入学"原则开展,并要求各区县负责解决外来子女入学

续表

时　间	文件名	主要内容
2012 年	《随迁子女在京参加升学考试工作方案》	自 2013 年起,凡进城务工人员持有有效北京市居住证明,有合法稳定的住所,合法稳定职业已满 3 年,在京连续缴纳社会保险已满 3 年,其随迁子女具有本市学籍且已在京连续就读初中 3 年学习年限的,可以参加北京市中等职业学校的考试录取;自 2014 年起,凡进城务工人员持有有效北京市居住证明,有合法稳定的住所,合法稳定职业已满 6 年,在京连续缴纳社会保险已满 6 年,其随迁子女具有本市学籍且已在京连续就读高中阶段教育 3 年学习年限的,可以在北京参加高等职业学校的考试录取;学生从高等职业学校毕业后,可以参加优秀应届毕业生升入本科阶段学习的推荐与考试录取。自 2014 年起,凡进城务工人员持有有效北京市居住证明,具有合法稳定职业及合法稳定住所,其随迁子女具有本市学籍且已在京连续就读高中阶段教育 3 年学习年限的,可选择在京借考高考,北京市按教育部相关文件规定,经学生户籍所在省同意后为学生提供高考文化课在京借考服务,学生回户籍所在省参加高校招生录取

2004 年, 北京市教育委员会、市发展改革委员会等 10 家单位共同发布《关于贯彻国务院办公厅进一步做好进城务工就业农民子女义务教育工作文件的意见》, 免除了全市实施义务教育的公办小学和初中对符合来京务工就业农民子女条件的借读生收取的借读费, 同时规定各区县政府负责保证公办中小学办学所需正常经费, 区县财政要按学校实际在校学生人数和定额标准划拨生均经费。这较 2002 年的《暂行办法》有了一些改变, 但农民工仍需自己到暂住地附近的公办小学、初中或经批准的民办学校联系子女就读, 这意味着决定权仍然掌握在所联系的学校手里, 农民工子女虽然名义上有学上, 实质上却可能没学校收。

针对这些不足, 2008 年《北京市教育委员会北京市财政局关于进一步做好来京务工人员随迁子女在京接受义务教育工作的意见》(京教基〔2008〕26 号) 明确规定了对农民工子女接受义务教育工作的管理责任: 一是规定坚持"属地管理"和"公办学校接收"两为主的原则, 进一步强化区县政府对农民工子女接受义务教育负主要责任, 同时规定将富余且安全的公办学校校舍优先用于接收农民工子女就读。二是切实保障按公办学校实际在校人数核拨公用经费和核定教师编制, 并规定在年度预算中安排专项经费对接收农民工子女比较集中的区县给予重点倾斜, 调动公办学校接收农民工子女就读的积极性。2009 年《北京市人民政府办公厅关于贯彻国务院做好免除城市义务教育阶段学生学杂费工作文件精神的意见》（京政办发〔2008〕50号）进一步规定，免除民办学校、审批合格的自办学校中持有相关证明材料的农民工子女学杂费和借读费。2010年，北京市下发《北京市教育委员会关于认真做好来京务工人员随迁子女入学登记和宣传工作的通知》（京教基〔2010〕11号），要求各区县教委做好《来京务工人员随迁子女在京接受义务教育政策宣传卡》和《来京务工人员随迁子女入学登记卡》的组织填写工作，登记卡编号与《来京务工人员随迁子女临时学籍登记表》中编号一致。登记卡编号为8位，其中前两位为区县代码，按照北京市教育事业统计规定的区县代码编排，后6位按照自然顺序依次排列。登记卡编号即学生编号（临时学籍卡号），编号具有唯一性，学生在本区县内学校间转学，编号不变。跨区县转学，须在新转入区县的学校按照该区学生自然顺序重新编号，原号码作废。

《北京市中长期教育改革和发展规划纲要（2010～2020）》进一步阐述了今后10年北京市政府将如何增强农民工子女接受教育的能力，包括将农民工子女接受义务教育工作纳入公共财政体系保障范畴，加强农民工子女融入首都生活的教育，注重他们的学习能力、心理素质、生活习惯的培养等。

在子女升学方面，2010年北京市教委发布小升初及小学入学政策，规定本市户籍学生和来京务工人员随迁子女均按照"免试、就近入学"原则开展，并要求各区县负责解决外来子女入学。2012年，《北京市随迁子女升学考试工作方案》将其扩展到了初中毕业后的升学及后续学习问题，其中规定了近期实行的过渡期升学考试措施，可谓新的突破。该方案规定，自2013年起，凡进城务工人员持有有效北京市居住证明，有合法稳定的住所，合法稳定职业已满3年，在京连续缴纳社会保险已满3年，其随迁子女具有本市学籍且已在京连续就读初中3年学习年限的，可以参加北京市中等职业学校的考试录取；自2014年起，凡进城务工人员持有有效北京市居住证明，有合法稳定的住所，合法稳定职业已满6年，在京连续缴纳社会保险已满6年，其随迁子女具有本市学籍且已在京连续就读高中阶段教育3年学习年限的，可以在北京参加高等职业学校的考试录取；学生从高等职业学校毕业后，可以参加优秀应届毕业生升入本科阶段学习的推荐与考试录取。自2014年起，凡进城务工人员持有有效北京市居住证明，具有合法稳定职业及合法稳定住所，其随迁子女具有本市学籍且已在京连续就读高中阶段教育3年学习年限的，可选在京借考高考；北京市按教育部相关文件规定、经学生户籍所在省同意后为学生提供高考文化课在京借考服务，学生回户籍所在省参加高校招生录取。

专栏一：北京义务教育阶段随迁子女已达约47.8万人[①]

海淀区把随迁子女纳入"电脑派位"，开展自办学校教师课堂教学竞赛和"优秀教师""优秀学生"评选。在安置因城乡一体化进程中腾退自办校学生的过程中，坚持分流到公办中小学就读。

丰台区积极挖掘公办学校潜力接收随迁子女，公办学校接收比例达76%。通州区专门指定永顺小学、司空小学、南关小学、北关小学、东关小学、民族小学（均为公办学校）接收随迁子女。

朝阳区结合城市化建设推进，在来京务工人员相对聚集的东坝乡、金盏乡、崔各庄乡等地区通过整合公办资源，采取政府主导下的委托民办模式，选派有办学经验和优秀退休干部担任校长，政府无偿提供校舍，并按全区统一标准拨付生均经费。此外，教委还给予50%的保险补贴以及报销取暖费等经费支持。

石景山区所有学校均接收外来务工人员子女就读，为保证入学效果，还确定4所公办中小学重点接收外来务工人员子女接受义务教育。

大兴区合理调配教育资源，最大限度地扩大公办学校的接收能力，2011年，公办小学一年级新生共7473人，其中随迁子女3267人，占一年级新生总数的43.7%。

昌平区采取"批办一批、保留扶持一批（待批）、撤销一批和建专门学校"四项措施，大力扶持流动人口子女学校发展。截至目前，全区已经审批自办学校16所，累计投资4523.22万元，用于昌平区流动人口学校办学条件的改善。

（六）　探索住房保障

2011年10月，北京市建委正式公布《关于加强本市公共租赁住房建设和管理的通知》，通知规定外来人员持续稳定工作一定年限无住房者可申请公租房。首先出于对流动人口解决暂时居住问题的支持，故无租金补贴政策；其次，没有设定统一收入标准和工作时限，由各区县具体确定，原因是各区县实际情况不同。如旧城区本身就要疏散人口，标准可能会定高一些；新城由于有产业园区，希望吸引外来人才，标准可能会宽一些。这样各自制定标准会更符

[①]　中国广播网，2011年11月7日。

合实际要求①。2012 年 8 月，石景山区首次正式受理外地人租房申请，但保障对象规定为在石景山区行政区域内连续稳定工作 5 年以上，或经相关部门认定的专业人才，并符合北京市公共租赁住房标准的家庭。实际上这一规定将一大批层次较低的从事体力劳动的农民工排除在外，且到目前为止，除石景山区外仍无其他区给出农民工等外来人口申请公租房的具体政策。

2012 年，北京市民政局等六部门发布《关于推进城乡社区自治组织全覆盖的指导意见》提出，流动人口聚居区，指居住一年以上的流动人口占全体居民 20%以上的新建住宅区。1000 户以上的流动人口聚居区，应及时设立社区居委会。居委会下可增设流动人口管理服务委员会，加强对流动人口信息的采集更新，在治安管理、计划生育、医疗卫生等方面为流动人口提供便捷优质的服务，同时还有责任鼓励和引导流动人口参与社区的建设和管理。

专栏二：北京石景山率先出台外地人申请公租房细则②

>>准入条件

3 口之家年收入须低于 10 万

根据准入标准，主申请人需具有完全民事行为能力，在石景山行政区域内原则上连续稳定工作 5 年以上，或相关部门引进的专业人才，能够提供同期暂住证明、缴纳公积金证明、社会保险证明和纳税证明；公租房申请家庭成员包括申请人、配偶、未成年子女及已成年单身子女；家庭年可支配收入：3 口及以下家庭年收入 10 万元（含）以下；4 口及以上家庭年收入 13 万元（含）以下；此外，申请人及申请家庭成员在北京应均无住房。

>>配租家庭不享受公共租赁补贴

根据房源情况，每年年初制定外省市来石景山区工作人员申请公共租赁住房的摇号配租计划，配租采取单独摇号的方式进行。配租家庭不享受本市公共租赁住房补贴政策。

>>后期管理

拒不退出记入信用档案

后期管理工作参照 25 号文件执行，外省市到石景山区工作人员配租公共

---

① 新浪房产专题，http://bj.house.sina.com.cn/zhuanti/wlrysqgzf/；腾讯房产专题，http://house.qq.com/zt2011/gongzufang/。

② 张然、孙雪梅：《石景山率先出台外地人申请出租房细则　辖区内工作五年可申请出租房》，《京华时报》2012 年 8 月 9 日第 4 版。

租赁住房后如租赁合同期满不在石景山区继续工作，需按程序退出所承租的公共租赁住房。

如承租家庭已不在石景山区工作或虽在石景山区工作但已不符合准入标准的，租赁合同期满后不再续租，如暂时不能腾退承租住房的，租赁合同期满后给予两个月过渡期，过渡期内按同类地段类似房屋市场租金收取租金。过渡期届满后承租家庭仍不退出承租住房的，按房屋产权单位规定的标准收取租金，具体在租赁合同中约定；拒不退出行为记入信用档案。

四　北京市农民工市民化存在的主要问题

北京市在为农民工提供管理和服务上做了大量工作，虽然取得了明显成效，但在实现农民工尤其是外来农民工市民化上仍然存在许多问题。

1. 至今没有出台居住证制度，户籍制度改革还没有提上公共政策日程

长期以来，北京是全国户籍控制最严的城市。目前，全国已有20多个省市开始实行城乡统一登记的居民户口制度。近年来，上海、广州、深圳、重庆、成都等特大城市也纷纷推出户籍制度改革政策，但北京对户籍制度的改革却显得相当谨慎，总体上看北京还没有户籍制度改革的总体规划和政策设计。农民工市民化的实际意义在于农民工公共服务的均等化，也即农民工与当地城镇居民享受均等的公共服务，虽然它并不一定要求完全按照与城市居民同等标准来解决，但应允许不同水平的存在和选择权。目前，北京市的公共服务供给、资源配置、利益分配等仍将户籍作为最重要的分配标准。没有北京户籍，农民工就不可能实现市民化。可以说，户籍身份限制是北京市农民工尤其是外来农民工市民化最根本的制度阻碍。

目前，我国对特大城市的城镇化路径规划是"合理设定特大城市落户条件，逐步把符合条件的农业转移人口转为城镇居民"[1]。北京市作为首都以及特大城市，常住人口已突破2000万人，人口、环境、资源的矛盾比较突

---

[1] 2013年6月26日，在第十二届全国人大常委会第三次会议上，国家发改委主任徐绍史作了《国务院关于城镇化建设工作情况的报告》，报告称，我国将全面放开小城镇和小城市落户限制，有序放开中等城市落户限制，逐步放宽大城市落户条件，合理设定特大城市落户条件，逐步把符合条件的农业转移人口转为城镇居民。这是我国第一次明确提出各类城市具体的城镇化路径。

出。虽然北京短时间内可能难以放开户籍制度，但建立权利公平、机会公平、制度公平的社会和构建城乡一体化新格局，对北京的户籍制度改革又提出了内在的要求。

北京市从 2011 年起就提出探讨建立居住证制度，设想持有居住证的居民（包括当地户籍人口、来京务工人员）可以根据居住年限、社会保险参保年限、纳税情况等享受阶梯式公共服务，但到目前为止，北京并没有正式出台居住证制度。北京的户籍制度改革至今没有提上公共政策日程。就本市户籍的农民工来说，北京的户籍改革尚停留在传统的征地"农转非"政策上。对外来农民工的户籍制度改革，北京市还没有系统的思路和政策。2011 年，北京开始对优秀农民工给予落户鼓励政策，但当年获得落户的优秀农民工不过 20 多人，况且这样的奖励政策初定为每 5 年实行一次。这对数百万农民工来说，只是杯水车薪。

2. 尚未完全建立起城乡平等的就业制度，外地农民工与本地农民工就业服务差异较大

首先，北京市没有完全建立起城乡平等的就业制度。目前北京市在鼓励用人单位招用城乡就业困难人员的补贴政策上实现了城乡统一，在就业困难人员的社会保险补贴以及特困人员的托底安置两个方面，北京市先后出台了《北京市鼓励城镇就业困难人员自谋职业（自主创业）社会保险补贴办法》《北京市城镇失业人员灵活就业社会保险补贴办法》以及《北京市社区公益性就业组织安置就业特困人员专项补贴管理办法》，鼓励城镇就业困难人员自谋职业、灵活就业，解决城镇就业困难人员的就业问题，但缺乏针对本地农民工的政策支持。

其次，本地与外地农民工所享受的就业政策及服务存在较大差异。自1998 年至今，北京市下发的有关促进当地农民工就业及就业失业管理援助的文件共 12 份，其中包括建立农村富余劳动力就业登记制度；形成区县乡镇村三级就业服务组织管理网络；将绿化隔离矿山与关闭保护性限制地区的农村劳动力纳入困难群体援助范围；建立"零就业家庭"就业援助制度；建立"纯农就业家庭"转移就业援助制度；将建设征地、土地储备或腾退、整建制"农转非"、山区搬迁、绿化隔离建设等地区的农村劳动力纳入城镇失业登记范围，享受城镇促进就业帮扶政策；鼓励用人单位招用农村就业困难人员等。而对外地农民工，自 2003 年取消用人单位使用外地来京务工人员计划审批和岗位（工种）限制后，只在 2011 年和 2012 年为发展北京市的家政服务业出台了鼓励实行员工制管理、维护外地农民工合法权益的政策和措施。由此也可看出，北京市对当地农民工与外地农民工在管理服务理念上存在差别，对本地农民工是从农民工自身权利保护出发的重视和保护，对外地农民工则是从北京市经济发展与行业繁荣角度出发的。

3. 外地农民工参保率低，缴费标准低，缺乏失业保险保障

首先，外地农民工的参保率、缴费标准较低。从参保率来看，外地农民工养老、医疗、工伤保险的参保率在35%左右，其中养老保险参保率最低，相比较而言，本地农民工的养老、医疗、工伤保险参保率均超过90%，差距明显。外地农民工参保率低的原因主要有四个：一是用人单位不愿为农民工参保。北京市的外地农民工所在单位多为民营、外资、乡镇企业或个体工商户，主要集中在建筑、餐饮、服装等技术含量较低的劳动密集型行业。这些用人单位为追求利润，千方百计减少人工成本，主观上不愿为农民工缴纳社会保险。二是流动性高给农民工参保造成障碍。对于就业稳定性不高的农民工而言，由于从事工作技能不高，工资低、劳动强度大，且受到不平等对待，为寻找更好工作机会，多数人频繁流动，不能被有效纳入社会保障体系中。三是农民工对现行社会保险制度缺乏信任。由于现行养老保险制度规定按月享受基本养老金的最低缴费年限为15年，而农民工流动频繁，如果不能及时有效转移接续，多数很难达到该年限标准。所以农民工在离开参保地时普遍不愿将钱放在社保机构，一般都选择退保。四是政策宣传投入不到位。由于对相关政策的宣传投入不足，宣传的形式、范围缺乏广泛性、针对性和现实性，宣传的效果也不够理想。目前，在农民工中并没有形成一个参加社会保险的舆论氛围，不利于有关方面和农民工运用法律手段和相关的政策规定进行维权。

从缴费标准来看，虽然目前北京市在养老、医疗、工伤和生育保险上已经实现了农民工与城镇职工的统筹，但在缴费标准上仍然存在较大差距。以养老保险为例，2012年北京市各类参保人员养老保险缴费系数下限是1869元，上限是14016元，二者相差6.5倍，而与养老保险缴费额密切相关的是达到法定退休年龄后领取养老保险的金额，这在一定程度上决定了农民工与城镇职工在老年生活保障上的差距。

其次，北京市的失业保险制度未实现统一。目前，北京市农民工失业保险制度与城镇职工失业保险制度还未实现统一，其他"四险"都是同城待遇，唯独农民工不能享受到与城镇职工同等的待遇，主要原因是受《失业保险条例》限制。1990 年颁布的《失业保险条例》规定农民工参加失业保险由单位缴费，农民工个人不缴费，其失业保险待遇为一次性补助，替代按月领取的失业保险金，且一直沿用至今。

4. 农民工子女实际上没有享受到与北京孩子平等的就学机会

主要体现在三个方面：一是学校仍掌握着农民工子女能否就学的决定权。虽然北京市在农民工子女教育方面出台多项政策，并在不断更新政府的服务管理思路，改善农民工子女的就学环境，包括免收借读费、学杂费，并将随迁子女接受义务教育纳入公共财政保障等。但从根本上来讲，2002 年出台的《北京市对流动人口中适龄儿童少年实施义务教育的暂行办法》中规定的"流动儿童少年可持在京借读批准书和原就读学校出具的学籍证明，到暂住地附近学校联系借读，经学校同意后即可入学"的政策并未动摇，也就是说，农民工子女是否可以到所联系学校就读的决定权仍掌握在学校手中，农民工子女与北京孩子享受的就学机会并不完全平等。

二是外地农民工子女学习环境相对较差、教学质量不高，尤其是就读于民办学校和打工子弟学校的孩子。2012 年北京市义务教育阶段来京务工人员随迁子女 49 万人，其中公办学校接收比例达到 74.7%，北京市各区县积极采取措施，挖掘公办学校资源，扩大公办学校接收数量，这些举措取得了明显成效。但不可忽视的是，来京务工人员所处的社会地位低、拥有的社会资源少，因此来京务工人员随迁子女公办学校接收比例这一总的数字可能与外地农民工子女的公办学校就学率相去甚远（目前尚没有外地农民工子女就学率的确切数字）。同时，北京的大多数农民工都居住在城乡结合地区，工作地点经常发生变化，子女的流动性也随之较大，子女符合借读条件的人所占比例较低，而且即使是这些地区的公办教育资源，与市区相比仍比较少而且落后，更遑论就读于民办学校或打工子弟学校的农民工子女，他们所拥有的教学设施简陋，教学质量参差不齐，且教师队伍流动性较大。对农民工子女，尤其是外地农民工子女来说，与教育机会不平等相伴而生的是教育资源的不平等。

三是农民工子女异地升高中问题。2010 年北京市教委发布了小升初及小学入学政策，规定本市户籍学生和来京务工人员随迁子女均按"免试、就近入学"原则开展，统一了城乡儿童义务教育阶段的就学方式。但农民工子女异地高考问题并没有解决。2012 年《北京市随迁子女升学考试工作方案》规定，符合条件的农民工子女可以参加中等职业学校、高等职业学校的考试录

取，但仍不可升普通高中，也不能参加北京市高考。

5. 农民工居住条件差、环境恶劣，缺乏托底保障

根据对北京市农民工的调查数据显示，农民工目前仍以集体宿舍和自己租房为主，由于目前住房租赁市场的不健全以及农民工的省钱心理，他们往往选择租住最便宜的房子，包括地下室、工棚、隔断间等，居住条件差、环境恶劣，安全性差。调查中，他们回答在住房上最期望获得的帮助是"提供廉租房"，占48.4%；其次是期望"稳定房租"，占27.7%。

就实际情况来看，目前北京市虽然已出台政策允许农民工参与申请公租房，但只有石景山区出台详细细则允许符合条件的农民工参与摇号，且租金不享受政府补贴；此外，北京市的出租房屋租金持续上涨，这无疑加大了农民工的生存压力，目前的住房政策并没有将农民工纳入住房补贴范围。近些年来引起社会高度关注的"蚁族""蜗居""胶囊公寓"等社会现象，正是农民工等外来流动人口居住环境差的现实反映。

五　推进北京市农民工市民化的政策建议

推进农民工市民化是新型城市化的核心任务，是城乡一体化发展的重要体现。北京作为首都，更需要在实现农民工市民化上走在前列。

1. 推进户籍制度改革，赋予农民工市民身份

本地农民工是北京的市民，在户籍身份上应当完全平等一致。涉及对本地农民工的户籍改革上，一是要取消农业户口与非农业户口的划分，统一登记为北京市居民户口。现行的"农转非"政策、征地"农转居"政策是传统城乡二元社会结构的产物，应当予以废止，必须彻底改革城乡二元户籍制度，建立城乡一体化的户口登记制度。二是原农业户口人员所享有的农村土地承包经营权、宅基地使用权、林权、集体资产及其收益权、有关农业补贴政策等权益保持不变，不因户籍改革而变动。要深化农村产权制度改革，规范和允许农民通过市场机制依法、自愿实行农村产权的交易。三是征占农民土地应按照公正合理的原则给予财产补偿，不再与户口身份挂钩。新生婴儿与其他居民一样统一登记为居民户口，但不得剥夺其应当享有的农村集体财产权利。四是加快实现城乡基本公共服务均等化，确保农民与其他所有的职业阶层一样，公平享有基本公共服务。户籍改革后，农民只是一种职业，不再保留农业户籍身份。

外地农民工是北京的新市民，必须通过制度改革，实现外地农民工向市民身份的转换。对涉及外地农民工的户籍制度改革，可以分步有序推进，有步骤地实现基本公共服务均等化。一是尽快实行居住证制度。将长期实行的外来人口暂住证改为居住证，实行居住证制度后，赋予取得居住证的农民工基本公共服务待遇。居住证制度应当覆盖签订正式劳动合同一年以上的农民工。二是凡取得居住证一年或三年以上者，可以办理常住户口手续，从"准市民"身份转为正式市民身份，享受包括社会保障和住房保障在内的市民完全待遇。三是居住证持有者在转为常住户口半年或一年后，可以申请办理家属落户手续，以此保护家庭，促进社会和谐。四是不得借口资源、环境、交通等"城市病"而限制农民工的基本公民权利。与当前的主流政策和主流研究观点不同的是，我们认为越是大城市、特大城市，越要推进户籍制度改革。解决人口、资源、环境矛盾和"城市病"的正确途径是放弃 GDP 主义、切实转变经济发展方式、调整产业布局和公共资源高度集中的格局，而不是限制和剥夺公民的基本权利。户籍制度改革的目标是保障和实现公民的迁徙自由权。

2. 实施城乡平等的就业政策，拓宽外地农民工就业和获得信息途径，尤其重视新生代农民工的职业理想和自我实现

在就业政策方面，一是进一步完善北京市的农民工就业政策，逐步将就业困难人员的社会保险补贴以及特困人员的托底安置两个救助性政策覆盖到本地农民工，实现城乡统一。二是改变对外地农民工的"用人观念"，坚持以人为本，保障公民权利，从促进和帮助外地农民工更好就业、提高收入的角度逐步完善针对外地农民工的就业政策，在公平的基础上追求效率。

在就业服务方面，一是建立健全农民工就业培训工作网络，完善公共就业服务信息化手段，动态掌握农民工就业信息，促进农民工就业培训制度化；二是充分利用社会现有教育资源，委托具有一定资格条件的各类职业培训机构开展培训工作；三是引进和培育高等技术人才、稀缺岗位人才，在对高端人才的使用和管理过程中，发挥人才示范效应，进而带动农民工素质的整体提高；四是加大公共财政用于农民工培训的投入比例，将农民工培训全面纳入城镇职工培训体系。

在提供农民工就业信息服务上，一是要进一步拓宽农民工就业信息的渠道，建立健全农民工求职信息系统，并在农民工较为集中的区域建立职业中介园区，引导农民工合理流动。二是政府部门要进一步完善管理服务。既要为农民工从事非正规就业做好服务工作，又要加强对非正规就业用人单位和雇主的管理和监督，运用行政、法律手段规范劳资关系，杜绝对农民工各种侵权事件的发生。特别是要按照国际劳工组织的普遍做法，全方位保护农民工的各项合法权益。三是推行和完善新型劳务用人机制，引导和规范农民工与企业的双向自主选择权。

3. 尽快推进社会保险的跨省转移接续和全国统筹，提高外地农民工社会保险覆盖率、缴费标准，健全和完善北京市的社会保障体系

首先，由于目前社会保险没有实现全国统筹，在跨省转移接续不顺畅的前提下，农民工群体工作不稳定、流动性强的特点决定了农民工入保意愿低、用人单位逃避责任空间大。要提高外地农民工社会保险覆盖率，其决定性前提是实现社会保险的跨省转移接续、全国统筹。据此，中央政府要积极承担社会保障责任，尽快从全国层面统筹谋划，加强社会保障制度建设，提高社会保险统筹层次，由人力资源和社会保障部实行统一收缴、管理、运营、结算和发放，使各省市、城乡间社会保险的转移接续顺畅有序；进一步完善公共财政制度，中央财政要对在全国跨省级行政区流动迁移人员的社会保障待遇给予相应补贴，减轻流入地的财政压力。

其次，北京市应进一步完善社会保障政策制度，全面实现农民工享有平等的社会保险权利。要加强对用人单位缴纳职工社会保险的监管力度，加大基本养老保险扩面力度，扩大"三险一金"覆盖范围，继续从制度全覆盖向人群全覆盖努力，逐步提高缴费标准。同时要积极探讨建立失业保险的城乡统筹，进一步健全和完善城乡统一的社会保险体系。

4. 确保义务教育阶段的农民工子女与北京孩子享受平等的就学机会和资源，同时探索中考、高考制度改革

首先，农民工子女的义务教育政策应以公平为首要的价值目标，农民工子女应与北京孩子一样享受平等的就学机会和教育资源，就学的自主选择权需掌握在学生和家长手里，而非学校。其次，加快推进基础教育均衡发展。不断提升农民工子女就学的公办学校的教学质量，包括资金投入、硬件设施和教师配置等方面，需要进一步完善政策制度，同时也要重视农民工子女就学等软环境的营造。农民工子女一般集中在城乡接合部的公办学校中，对于这些学校必须增加市级财政投入，帮助其达到城市学校的标准化水平。在师资方面，应通过提高待遇等方式吸引优秀教师，实行教师在城乡学校之间的正常轮岗交流。最后，积极鼓励社会力量办学。要降低民办学校的办学门槛，鼓励社会力量参与创办多种形式的民办学校，包括社区学校、教会学校、打工子弟学校等，以接纳更多的农民工子女上学，不断提升这类学校的教育能力，制定优惠政策扶持民办学校的正常发展。

要适应城市化和人口流动的现实需要，从维护公民受教育权和实现公平正义的角度，积极探索农民工子女参加北京市中考、高考的政策制度。北京应在公平正义基础上建立一座更加体现包容性的现代文明城市。北京精神中的包容，需要具体的政策制度来体现。

5. 尽快将农民工全面纳入城镇住房保障体系

为农民工提供基本而有体面的住房保障，是政府保障农民工居住权的重要职责。要实现城镇基本公共服务常住人口全覆盖，必须将为农民工提供住房保障作为城镇住房政策的重中之重。

首先，逐步将农民工全面纳入公租房保障范围。要从根本上转变公租房建设的指导思想，明确将农民工作为公租房保障的主要对象。对于无住房的本地农民工和在北京市稳定就业的外地农民工，只要签订正式劳动就业合同，就可以申请公租房，给予市民同等待遇。

鉴于农民工聚居区以城乡接合部为主，应当加大农村集体建设用地发展租赁住房的试点和推广政策支持力度，进一步改革土地制度，创新集体建设用地利用方式，规范集体建设用地建设租赁住房政策，加强和完善相关管理制度。在投资形式上可借鉴浙江省公租房建设经验，鼓励和引导民间资本参与，尤其是引导用工单位、村集体等各类投资主体参与建设，出台鼓励公共租赁住房建设和运营的相关优惠政策，统一纳入北京市公共租赁住房管理，优先向出资用工单位符合条件的职工出租。同时要在农民工聚居的公租房区域按照实际需求和健康标准建设生活服务配套设施，使公租房环境达到改善农民工居住环境、提高生活质量的目的。

其次，应扩大公积金制度覆盖面，将农民工全面纳入其中。充分发挥住房公积金制度的住房保障属性，所有正式用人单位，都必须将符合条件的农民工纳入住房公积金制度范围内。

再次，规范农民工住房租赁市场，为农民工平等提供住房补贴。公租房等保障性住房起的是托底作用，对于北京市四百万农民工来说，绝大部分人住房问题的解决靠的是租赁市场。目前北京市的租赁市场仍处于发展初期，农民工租住的房屋往往环境恶劣，安全性差。有关部门应大力规范房屋租赁市场，积极落实《北京市人民政府办公厅关于进一步规范房屋租赁市场稳定房屋租金工作的意见》（京政办发〔2012〕20号）的有关规定，各区县成立国有房屋租赁经营机构，业务对象限定为农民工群体，业务内容以农村富余房屋集体出租、单位闲置房屋低价出租为主。同时，要将农民工全面纳入城镇住房补贴政策体系，使农民工与其他城镇职工一样公平享受住房政策补贴。

参考文献

国务院研究室课题组：《中国农民工调研报告》，中国言实出版社，2006。

韩俊主编《中国农民工战略问题研究》，上海远东出版社，2009。

国务院发展研究中心课题组：《农民工市民化：政策创新与顶层设计》，中国发展出版社，2011。

国家发改委宏观经济研究院课题组：《"十二五"时期促进农民工市民化的总体思路》，《宏观经济管理》2011年第9期。

朱传华：《改善农民工的收入分配状况促进我国城市社会的和谐与稳定——北京联合大学副校长冯虹博士、教授学术观点的启示》，《生产力研究》2009年第9期。

国务院发展研究中心课题组：《农民工市民化进程的总体态势与战略取向》，《改革》2011年第5期。

张英洪：《推进北京市户籍制度改革的思考》，《北京农业职业学院学报》2013年第3期。

课题负责人：郭光磊　张秋锦

课题组组长：张英洪

课题组成员：樊汝明　周立今　王启宁　张国锋　曹永生
　　　　　　　纪　韶　赵金望　齐振家　刘妮娜

执笔：张英洪　赵金望　齐振家　刘妮娜

2013 年 8 月 21 日

图书在版编目（CIP）数据

北京市新型城市化研究/张英洪等著. —北京：社会科学
文献出版社，2014.11
（新型城市化和城乡一体化丛书）
ISBN 978 - 7 - 5097 - 5974 - 5

Ⅰ.①北…　Ⅱ.①张…　Ⅲ.①城市化 - 研究 - 北京市
Ⅳ.①F299.271

中国版本图书馆 CIP 数据核字（2014）第 083568 号

· 新型城市化和城乡一体化丛书 ·

北京市新型城市化研究

著　　者／张英洪 等

出 版 人／谢寿光
项目统筹／周　琼
责任编辑／周　琼　章　玲

出　　版／社会科学文献出版社 · 社会政法分社（010）59367156
　　　　　　地址：北京市北三环中路甲 29 号院华龙大厦　邮编：100029
　　　　　　网址：www. ssap. com. cn
发　　行／市场营销中心（010）59367081　59367090
　　　　　　读者服务中心（010）59367028
印　　装／三河市东方印刷有限公司

规　　格／开本：787mm × 1092mm　1/16
　　　　　　印张：17.25　字数：300 千字
版　　次／2014 年 11 月第 1 版　2014 年 11 月第 1 次印刷
书　　号／ISBN 978 - 7 - 5097 - 5974 - 5
定　　价／69.00 元